戦後復興首脳列伝

Leaders of Postwar Reconstruction

麓直浩

まえがき

人類の歴史は、戦争の歴史です。しかしながら、戦争は多くの人々を不幸にするものである事も、改めてここで申し上げるまでもないでしょう。歴史を振り返ってみても、戦いに敗れ、荒廃した祖国を立て直さねばならぬ人々がいました。また、何とか戦勝国となったものの、被った被害は大きなものとなった国々もあります。内乱を鎮定したが、従来の体制ではどうにもならない事が露呈した政権もありました。

こうした事例の中には、廃墟同然となった国土から立ち上がらねばならぬ事例あり。かつては大国・大帝国であったのが、威信を失墜し、斜陽となりながらも現実に対応し生き延びようとした例もあります。逆に、戦争とその処理を契機に従来の問題を解決させ、飛躍へ向かったケースがあったりもしました。形はどうあれ、戦争という災厄を乗り越えた後の世界を、少しでもましなものにしようと努力を積み重ねた人々である点で変わりはありません。

本書では、そうした国々の姿を当時の国家首脳を軸に概観していきます。その意味では、前著『敗戦処理首脳列伝』の続編的な意味合いがなくもありません。しかし、そうでない部分もあります。まず、敗戦国だけでなく戦勝国の事例も取り上げています。それになにより、これは首脳だけの物語ではありません。政治の表舞台にいた首脳たちの背後には、よりよい明日を切り開くべく奮闘する多数の国民たちがいたのは言うまでもないでしょう。彼らこそ、戦後復興における本当の主人公かもしれません。

さて、現在の日本は長期にわたる経済の退潮にあります。加え、東日本大震災による被害と原発問題により大きな岐路を迎えていると言って良いでしょう。戦争という大きな禍を乗り越えた人々の姿は、今日の我々に、そして現在においてビジネスに生きておられる方々にも資するところ、参考になるところがあるのではないかと考える次第です。

前著『敗戦処理首脳列伝』は、性質上やむを得ぬとはいえ陰鬱な話も多くなりました。本書も同様に戦禍に焦点を当てた話になりますが、灰の中から蘇る不死鳥の如く逞しい人々の姿から希望を見出していただければ幸甚です。

麓直浩拝

目次

第二部　廃墟より甦れ

第一部

栄光との決別

盛者必衰という言葉があるが、どのような大国であれ、いつまでも繁栄を享受できるわけではない。下り坂になる時が必ず訪れる。その際にそれを直視し、現状に沿った対応を取れるかで国家の余命も決まってくると言える。ここでは、戦争を契機にかつての栄光を失い、現実と戦った国々の事例を紹介。

こうした国家が取るべき段階は以下の通り。

①栄光を失った事を直視する

これができなければ次の段階に進めないが、プライドを捨てるのは意外に難しい。頭で理解できても、次に既得権益者を納得させるあるいは排除するのは更に困難である。

②現在、何が手元に残ったかを見極める

曲がりなりにも大国だった場合、衰亡期に入っても何らかの強みがある事が多い。その時点でどのような取り柄を確保できるかが重要。次の時代を生き延びるためのよすがとなる。

③それに沿って、どのように次の時代を生き延びていくか新体制作り

出来ることと、出来ないことがある。①と②の段階を踏んでいれば、それを見極める事が出来ているはずである。次にするべきは、出来る事を前面に出し、出来ない事からは撤退する事。かつての国際的地位を守る事、大国としての面子にこだわる事は大概の場合「出来ない事」に分類されるはず。無理のない国家経営の形に向け、実行あるのみである。

ここでは国家運営・改革を題材にして話を進めているが、天下国家だけではない。下り坂に入った企業においても通用する所は少なからずあるのではないかと思われる。

過去の栄光にとらわれず現状を冷静に判断し、強みと弱みを客観的に見極める。生き延びるためには、それは不可欠といってよい。無論、それだけではダメである。新たな事を始めるには、反発が生じるのは世の常。それに対処するには、行った分析の結果を分かりやすくリストアップし、改革のメリットを説くのは必須である。そして硬軟取り混ぜた工作によって意図を遂行する能力も求められよう。交渉力、人脈も大きくものを言うのは言うまでもない。

　この章でお目にかける事例が、皆様の参考になれば幸いである。

属国化を乗り越えた先に訪れた経済発展

対マケドニア戦争後のアテナイとリュクルゴス

三度目の敗戦

紀元前四世紀後半、ギリシア北方のマケドニア王国が急速に台頭し、ギリシアへ進出する。これに対し、アテナイもデモステネスら主戦派の下で同じくギリシア有力都市国家であったテーバイと連合してこれに当たったのであるが、カイロネイアの戦いでギリシア連合軍は大敗。マケドニアのギリシアにおける覇権が確立した。

ここにペロポネソス戦争や同盟市戦争に引き続き、またしてもアテナイは敗軍の憂き目を見ることとなったのである。しかも、今回はアテナイのみの敗北にとどまらず、ギリシア全体の敗北であった。こうしてアテナイを始めとするギリシア諸国は生き延びるため、征服者の厚意を求める立場となる。ここで活躍したのがフォキオンやデマデスら和平派であった。彼らの働きによりアテナイはマケドニアへの属国化は余儀なくされたが極めて寛大な条件で和平することができたのである。間もなく、マケドニア王フィリッポス二世が暗殺され、反マケドニア派によって好機が到来したかに見えた時も、テーバイが反乱しフィリッポスの後継者アレクサンドロスに滅ぼされたのに対し、フォキオンやデマデスらはこれに同調せず難を逃れている。詳細は拙著『敗戦処理首脳列伝』に譲るが、こうしてアテナイは対外的にマケドニアへの臣従を少なくともアレクサンドロス在世中は保ち続けた。その一方、内政に力量を発揮し、戦禍からアテナイを蘇らせたのがリュクルゴスである。

リュクルゴス

リュクルゴス（前三九〇～前三二四）は名門氏族・エテオブタダイの出身で、ポセイドンやエレクテウスを祀る神官を務める家系であった。祖父はアリストファネスの『鳥』にも登場し、ある程度の重要人物であったようだが、ペロポネソス戦争後の三十人僭主体制の下で処刑されている。リュクルゴス自身のカイロネイア以前の経歴については不明な点が多いが、プラトンやイソクラテスに師事し、弁論・政治思想を学んで俊英と称され、最終的にアッティカ十大弁論家の一人に数えられるまでになっている。マケドニアの台頭に際しては、当初はデモステネスら反マケドニア派を支持したが後に袂を分かったようだ。

財政を担当し、国政を主導するようになるのは前三三八年からの事である。当時のアテナイ政界は商工業によって台頭した新興富裕層が中心であり、名族出身である彼は異色の存在であった。

敗北したアテナイに何としても誇りを取り戻さねばならない。しかし、マケドニアの属国となった今となってはもはや覇権は望めない。ならば、まずは経済、そして次に文化の振興というのが手順となる。幸い本土の戦禍は比較的軽く、マケドニアからの条件も寛大だ。見込みはあった。その見通しに沿って、リュクルゴスはアテナイ国家再建のため精力的に策を打ち出していった。

復興政策

第一に財政再建である。その際に模範となったのは、同盟市戦争後に財政再建に成功したエウブロスの手腕である（本書におけるエウブロスの項を参照）。まずはその前例に倣い、通商を振興し、鉱山採掘を奨励した。貿易を盛んにするためには、国外の商人にとって魅力的かつ安全でなくてはならない。そこで、エジプトやキプロスの商人に神殿貿易の特権を与えた。また同時に海賊を取り締まり、海上交通の安全を確保している。

更に、歳出を削減するため祭祀財務官の権力を弱め、緊縮財政をとった。エウブロスを手本にした財政政策が、嘗てエウブロスの権力の源泉であった祭祀財務官の力を削ぐ方向に向かったのは歴史の皮肉である。それはともかく、こうした政策が功を奏し、歳入はペリクレスらによるアテナイ黄金時代すら凌ぐ一二〇〇タラントンにまでのぼるようになった。政治的に対外従属を余儀なくされたアテナイ。しかし、経済的にはこの時期にこそが「黄金時代」だったのである。

国庫に余裕が出た事もあり、リュクルゴスは文化政策へと段階を移した。その手始めがインフラ整備である。まずリュケイオンに体育施設（ギュムサシオン、パライストラ）を、更にアゴラにアポロンやパトロスを祀る神殿を建設した。それに加えてパンアテナイア競技場を設立し、ディオニュソス劇場を改築（大理石の座席、特別席を設ける）。また、民会場を倍近い規模に拡張して一三八〇〇人の収容を可能にし、外港ペイライエウスも整備した。

これらの公共事業は市民に職を与える効果があるだけでなく、その満足度を高め、国威を発揚する意味があった。更に港の整備は貿易振興にも寄与したのは言うまでもない。

リュクルゴスの文化事業はそれにとどまらなかった。マケドニアとの戦いに敗れはしたが、その和平においてアテナイは新たにオロポス地方の領有をマケドニアから認められていた。彼はその地にアンフィアラオスの神殿を建設し、デモクラティア（民主制）信仰を導入した。新領土にアテナイ文化を浸透させ同化させる、それがリュクルゴスの次の狙いだったのである。

また、目に見える建築物だけでなく演劇にも彼の手は及ぶ。アテナイが誇る劇作家であるアイスキュロス、ソフォクレス、エウリピデスらの作品には従来、複数の版が存在していた。そこで彼はそれらの公式版を定める。国家主導によりアテナイ文化を称揚し、アテナイ市民の愛国心や誇りを高めようとしたのである。この時期、国家儀式の整備が熱心におこなわれたのも同じ文脈で理解できるであろう。

属国化したとはいえ、経済に専念して国防を疎かにする事は無論できない。そこでリュクルゴスはエフェベイア制を導入し、一八歳以上の男子に二年間の体育・軍事訓練を課した上で国境警備に当たらせることとした。若年層の祖国への帰属意識を高める効果も期待されていたのは言うまでもない。

我も他人もアテナイのためにあるべし

リュクルゴスは、理想をあくまでも栄光のペリクレス時代においていた。そのための一歩として、まず財政を再建し、経済的余裕を基礎に人材育成や国家への求心力を高めていたのである。そのためか、リュクルゴスはアテナイの経済的繁栄を招いた一方で、厳格な告発者として知られた。非愛国的行動をとったと信じる市民に対してしばしば告発しており、リュシクレスやアイトリュコスなどが彼の標的になっている。当時、自身の政敵のみを告発する事例が多かった中、こうした彼の行動は異例であった。一説ではスケープゴートを作る事で市民の愛国心を鼓舞しようとした狙いがあったという。私利私欲ではなく国益・国威第一の態度ではあるが、何とも窮屈な話ではある。因みに彼自身も何度か告発されているが、志操堅固で知られていたためか全て無罪となっている。リュクルゴスが没したのは前三二〇年代半ばであるという。

むすび

アテナイはマケドニアへの属国となることを余儀なくされたが、政治的服従以外に領土割譲や賠償、内政干渉などを課される事はなかった。これは再建にあたったリュクルゴスにとって、そしてアテナイにとって極めて大きな幸運であった。属国になるという屈辱さえ忍べば良いだけなのだから。そしてリュクルゴスはその条件を充分に活かし、経済を優先し、しかる後に内向きな姿勢で国威発揚するという現実的な選択肢を選び、成功したのである。

稀代の天才武将、敗れし祖国の改革に乗り出す
～既得権益者の壁は厚かったが、財政は健全化～

第二次ポエニ戦争後のカルタゴとハンニバル・バルカ

ハンニバル・バルカ
Hannnibal Barcas
前 247 頃～前 183 頃

ポエニ戦争とバルカ家

かつて、古代地中海で交易を牛耳った大国カルタゴ。だが、新興勢力のローマを相手とした三度にわたる戦いで敗れ、歴史からその姿を消す。そのうち一度目と二度目の戦争において、苦闘するカルタゴをある父子が柱石として支えていた。その名はハミルカル・バルカとその子ハンニバル・バルカ。中でもハンニバルは古代世界最大級の名将として名高い。だが、彼らがそれぞれの戦争で

敗れた祖国の復興に尽力したことは、どの程度知られているであろうか。

ハミルカル・バルカ

シシリー（シチリア）島の権益をめぐり、ローマと衝突した第一次ポエニ戦争。武門の家柄に生まれたハミルカルはシシリーでローマ軍を破り、一時はイタリア半島沿岸部も荒らす戦果を上げる。だが最終的にカルタゴは制海権を失って敗北。ハミルカルはその勇名を活かして和平交渉に従事する。

しかし、カルタゴは戦争終結後もハミルカルの手腕を必要とした。敗戦後、政府が給与支払を拒んだため、傭兵が反乱を起こす。そしてそれを鎮圧したのがハミルカルだったのである。

その後、前二三七年に彼はイベリア半島へ移る。当時、カルタゴには二つの派閥が存在した。一つは、海外交易を通じて富をもたらそうとする一派で、バルカ家はこちらに属する。そしてもう一つが、北アフリカの豊かな農業生産を背景に対外的摩擦を避けようとする派閥であった。こうした状況下でのバルカ家のイベリア行きは農業派の領袖ハンノとの政争の末、中央から距離をおいて新天地を求めての行動である。無論、積極的な理由も存在した。というより、減退したカルタゴの勢力を回復させるため、新たな海外領土を拡大する事が主目的であった。中でもスペイン産の銀が国庫を潤すであろう事は大いに期待された。

反乱の鎮圧と新たな勢力圏の拡大。これが、第一次ポエニ戦争後におけるハミルカル・バルカの戦後復興事業だったのである。

さて、ハミルカルがスペインへ渡った時、息子ハンニバルは九歳であった。渡海にあたり、ハミルカルは幼いハンニバルをバール神の神殿に伴い、

「今後、決してローマとは友好関係を結ばない」

という誓いを立てさせたと言われている。ハミ

ルカルはスペインで傭兵軍を編成し、ガデス（現カディス）からアンダルシア地方を平定し、勢力を拡大。だが、前二二九年、遠征から引き揚げる途中で道半ばにして溺死する。ハンニバルは、まだ領袖となるには若年であった。そのため、ハミルカルの娘婿ハスドルバルがその地位を継承。ハスドルバルは政治的手腕に長じていた。まず、東岸に首都カルタゴ・ノヴァ（現カルタヘナ）を建設して根拠地を定め、現地豪族と婚姻政策によって関係を固める。また、旧敵ローマと利害が衝突した際の対策も忘れなかった。エブロ川を越えないという協定を結び、共存路線をとったのである。

第二次ポエニ戦争～ハンニバルの栄光と挫折～

そのハスドルバルも、前二二一年に暗殺される。その時、ハンニバルは二五歳。継承するには若すぎるという声は今度は上がらなかった。彼はスペイン豪族の娘を妻とし、現地の協力体制も取り付けたのである。かくして彼はスペイン中部へと征服を進め、やがてサグントラムを巡ってローマと衝突。この対立は、ローマと再びの戦いへの序曲となった。第二次ポエニ戦争である。ハンニバルが当初からローマとの戦いを想定していたかは、不明だ。だが、交易重視路線を採る限り、勢いを伸ばしつつあるローマと地中海権益をめぐる対立はいずれ不可避といえよう。ならば、決着を今付けるのも悪くないと考えたのではなかろうか。

ローマと再び戦端を開いたハンニバルは、大胆な作戦に出る。アルプスを超え、イタリア半島に侵入したのだ。そこで、カンネーでローマ軍を壊滅させるなど華々しい戦術的成果を上げたのは広く知られている。一時はローマ近郊に迫り、以降のローマ人は泣き止まない子供にこう言い聞かせる程であったという。

「泣き止まねば、戸口にハンニバルが来ている」

さて、ハンニバルの狙いは軍事的成果によってローマ支配下の諸都市に離反を促す事であった。しかし、目覚しい大勝利の数々にもかかわらず、それに関しては目立った効果がなかった。ローマと諸都市との繋がりは、彼の予想以上に強固であったようだ。それでも、彼は補給すら充分でない敵地で、十年以上粘り強く戦い続けた。その間、兵士たちから離反されなかったという統率ぶりは特筆される。古代において、これは希なことであった。

だが、ローマもやられっぱなしではなかった。苦しみながらも次第に戦局を盛り返す。やがて若き天才武将大スキピオが台頭。彼はバルカ家の拠点であるスペインを征服し、更にアフリカに上陸してカルタゴ本国を狙う。この危機にあたり、ハンニバルはやむなくイタリアから撤退。大スキピオとザマで決戦を挑んだ。この際、彼は劣勢を覆すべく様々な工夫を凝らし善戦するも及ばず、敗北。ここに第二次ポエニ戦争もカルタゴの敗戦が決定的となった。

過酷な和平

戦争終結にあたり、ローマから課された和平条件は強硬なものであった。

- スペインを始め全ての海外領土を放棄する
- カルタゴが保有を許される軍艦は一〇隻まで
- 賠償金として一〇〇〇〇タラントを五〇年分割払い
- アフリカ以外での戦争を禁止する
- アフリカ内部の戦いもローマの許可を必要とする
- 求められた際はローマへの軍事援助を行う
- 貴族からローマへと人質を出す

というのが要点である。元老院や市民集会ではこれに反発し、戦争続行を訴える者も少なからずいた。だが、これをハンニバルは説得する。もはや戦いを続けられる力がないことは、彼が最もよく知っていた。それでも戦争継続を求める者はおり、ある時にはハンニバルの演説中に演壇へ躍り込んで自説をまくし立てる男まで出る始末。ハンニバルはこの人物を引きずり下ろし、聴衆に無礼を詫びてこう聴衆に呼びかけた。

「市民諸君よ。私は九歳の子供のときこの町を去り、今三十六年ぶりに帰ってきた。私自身のおかれた立場あるいは国家の状態が私に戦争の法則を教えてくれた。この法則はたしかによく知っているつもりだ。しかし都市とか広場（公の場の意を込めて）の規則、法や慣習については、私は皆さんの御教えを乞わなければならない」

（長谷川博隆『ハンニバル』講談社学術文庫、一七四頁）

その上で、こう付け加える。

「この和平は受けるより他ない」

（同書、同頁）

最終的に、人々もこの結論を受け入れた。ここに、第二次ポエニ戦争は終結。カルタゴは、対外進出を封じられた過酷な条件下で再出発を果たさねばならなくなる。もはや、地中海の覇者ではありえなくなった。スペインからの収入もなくなる。その上で、賠償金支払いの義務も加わった。更に、防衛戦争もままならなくなったのである。

ハンニバルの戦後復興

さて、戦争終結からしばらく後まで、ハンニバルは総司令官職に留まっていた。市民の人気は敗れたとはいえ、この名将の下にあったということであろう。だが、流石にこれをローマが見過ごす訳はなく、前二〇〇年に職を退かされた。だが、歴史はまだ彼のための舞台を用意していた。

前一九九年、ローマへの賠償金支払いのうち、銀の量が規定より四分の一も少ないことが判明。その背景には、貴族たちの腐敗があった。彼らは賠償金を捻出するため市民に特別税を導入したが、貴族たち自身は国庫を私的に流用していたという。そして、支払いに偽造銀貨を用いたのが、上述した事態を生んだ直接の原因であった。見識ある人々の間には、

「カルタゴを再生させるには、財政再建が必要だ。そして、それには貴族勢力が障壁となる。彼らの力を弱めねばならない」

という認識が生まれる。

それを断行できるだけの器量がある人物は、カルタゴには一人しかいない。

市民の期待は、ハンニバルに集まった。かくして前一九六年、ハンニバルは行政長官に選出される。父に続いて、戦場の英雄となった後に祖国の再建を担う事となったのである。さて、貴族勢力を弱体化させる改革を進めるためには、元老院・百人会といった貴族勢力の牙城との対立が不可避だった。そして行政長官は複数人制で、任期は一年限り。大胆な施策を為すには制約が多く、時間もない。だが、強みがないわけではなかった。カルタゴの法では、行政長官と元老院が対立した時、民会が最終決断をする事に定められていた。そして、民衆を味方にしているハンニバルにとって、これは大きな切り札となる。

まず、彼は予算の支出・収入を厳密に管理するよう提案。だが、予想通りこれは私腹を肥やしていた貴族たちによって反発される。そこで彼は百人会の力を削ぐべく、その制度改革を民衆に諮問した。

従来は終身制だった百人会議員の任期を一年とし、連続再選を禁止する。

これは民会によって可決され、貴族の力は大きく制限された。その上で、ハンニバルは財政改革を敢行。これによって、増税を行わなくとも賠償金の支払いは可能になると彼は見ていた。交易は思うに任せなくとも、カルタゴの農園経営は高い生産性を誇っていたためである。それに加え、彼

は新たな貿易ルートの模索などに務め、増収を目論んだ。

報われぬ英雄

しかし、既得権益を奪われた反対派も諦めなかった。彼らはローマにこう告げたのである。

「ハンニバルは、ローマへの復讐戦を諦めていない」

そうした雰囲気の中で前一九五年、ローマからカルタゴに使節が派遣された。

「これ以上、祖国にとどまっては、ローマに干渉の口実を与える事になる」

こう考えたハンニバルは、やむなく祖国を脱出。シリア王国の首都アンティオキアへと逃れた。この時期、シリアはオリエントの大国で地中海世界においてローマと対抗できる数少ない勢力である。以降、ハンニバルはシリア王の客人として、ローマ包囲網の建設を策したという。だが前一九一年とその翌年、シリアはローマと戦端を開くものの大敗。ローマがハンニバルの身柄を和平条件として求める事は明らかだった。ハンニバルはシリア王の助言を受け、クレタ島を経てビテュニアへ亡命。しかし地中海世界にローマと対抗できる勢力がない今、ハンニバルに安住の地はなかった。ローマはビテュニアにハンニバルの引渡しを求める。それを知った彼は、虜囚として死ぬ事を恥じ、毒杯をあおった。

一人の年取った人物の死を待ち望んでいても、なかなか叶えられそうにないようだから、今こそ、自分はローマ人に、その永遠の心配・渇望を満たしてやろうと思う

（同書、二一〇八頁）

これが、最期の言葉だと伝えられる。ここに、生涯をカルタゴのために捧げ、ローマを最も恐れさせた男ハンニバルは死んだ。前一八三年から前一八一年の間の事であるという。

カルタゴ、その復興と滅亡

さて、本項目のテーマはカルタゴの戦後復興である。なので、カルタゴのその後についても少し見ておこう。当然ながら、ハンニバルの失脚と共にその改革・復興も道半ばにして終わった。貴族たちの権益も、奪い取られるには至っていない。だが、財政改革に関しては少なからぬ成果を上げたようだ。経済情勢が著しく改善し、前一九一年には賠償金を全額一度に支払う事が可能なまでになっている。数年前の体たらくを考えると、別の国を見ているような話であった。

また、ローマ覇権下の一国家として、カルタゴは危なげなく生きていけるように見えた。上述の前一九一年におけるローマとシリアの戦争でも、大麦・小麦を輸出して援助し、同盟国として行動している。確かにローマ政界には、ハンニバルの記憶からカルタゴを危険視する急進派がいないわけではなかった。中でも、大カトーは何に関する演説であれ最後に

「諸君、カルタゴは滅ぼさねばならぬと考える」

と締めくくった事で有名である。だが、ヌミディアの暴走を防ぐ抑止力としてカルタゴは有用であると考える穏健派もローマ政界でしばらくは有力であった。カルタゴは、農業国として豊かな生産性を誇っていたが、この時点では国力そのものはローマにとっての脅威ではなかったのだ。とはいえ、防衛戦争を自由に行えないのはやはり不利であった。実際、ヌミディアとの国境紛争で、ローマによって不利な裁定を下され、苦汁を舐めている。それでも、ローマ傘下での共存体制によりカルタゴの延命はなったかに見えていた。

だが、カルタゴは不運であった。ヌミディアの侵入に耐えかね、攻勢を取ろうとしたのがローマの逆鱗に触れる。当時、ローマはギリシアにおける度重なる紛争もあって対外強硬派が勢いを強めていた。更にハンニバルへの恐怖の記憶が彼らを反カルタゴに傾けたのは想像に難くない。カルタゴは無防備化を求められ、更に本拠地の内陸への移転を要求される。ここに至り、カルタゴでも主戦派が激昂。和平派も反ローマ派を抑えられなくなった。通商国として出発したカルタゴにとって、内陸への移転はありえなかったのだ。かくしてローマ覇権下での平和は半世紀で敗れ、前一四九年に第三次ポエニ戦争が勃発する。戦いは、孤立無援となったカルタゴ市の攻防戦として展開。カルタゴは三年にわたり善戦するが、前一四六年に陥落した。ローマ軍は、カルタゴを完全破壊して廃墟としたという。再びこの地に都市が築かれるのはユリウス・カエサルの時代であった。

むすび

ハンニバルは、自身は短期で失脚したとはいえ祖国の財政再建には大きく貢献した。これは、カルタゴが覇権国家の地位を諦め、一小国として生き延びるには重要な事項であったのは間違いない。彼は、祖国の栄光回復のため奮闘し、その後はその生存のため尽力。最後はツキに見放されたとはいえ、カルタゴは「栄光と決別」して再生するのに一度は成功したといってよい。ただ、最後にハンニバルの偉業が負の方向に働いた辺り、「偉大な個人」の影響は本人ですら思うに任せない事があると思わされる。

「市民の第一人者」から「支配者」へ
皇帝の権威強化によって、
乱れた帝国の再建目指す

軍人皇帝時代後の
ローマと
ディオクレティアヌス
&コンスタンティヌス

コンスタンティヌス
Flavius Valerius Constantinus
274？～337　副帝在位306～310、
正帝在位310～337

ディオクレティアヌス
Gaius Aurelius Valerius
Diocletianus
245？～311？
在位284～305

軍人皇帝時代～混迷する帝国～

　地中海全域を支配下に収め、繁栄を極めたローマも、三世紀には混沌を極めた。軍人皇帝時代である。二三五年にマクシアヌス即位から始まったこの乱世の間、二六人の皇帝が擁立され、そのうち二四人が殺害される体たらくであった。更に国境地域の軍団で有能の指導者を求める兵士たちが担ぎ出した「自称皇帝」も多数乱立している、といえばいかに混乱していたか分かるであろう。

　この時期のローマは、まさしく内憂外患であった。西部国境ではゲルマン人が侵入、東部ではササン朝ペルシアとの戦いに追われている。それにとどまらず、国内でも軍閥の自立傾向が見られた。

　打ち続く戦いは財政危機を呼び、貨幣改悪が繰り返され、物価も上昇。経済的な混乱が広がる。また内乱による防衛の脆弱化や政治的空白のできやすさから治安が悪化。北方や北アフリカでは異民族が侵入し、農民は都市に安全を求めて逃げ込む。国内でも元兵士や異民族を由来とする盗賊が跋扈していた。

　そうした時代に何とか収拾を付け、新たな政治的安定へ向けて一定の成果を上げたのがディオクレティアヌスとコンスタンティヌスであった。

ディオクレティアヌスの四分統治

　ディオクレティアヌスの若い頃については不明な点が多い。二四五年ごろにアドリア海東岸で生まれたと考えられ、解放奴隷の子という説もある。ヌメリアヌス帝の警護隊長となっていたが、二八四年に皇帝の死を受けて皇帝に推戴された。皇帝となった彼は、乱世を終焉させるためには防衛体制の再建と治安の安定を最優先と考えた。そして、こう考えたようだ。

「現状では、私一人でどうにかできるレベルではないな。信頼できるパートナーがいる」

　かくして、彼は親友マクシミアヌスを取り立てる。翌年にはマクシミアヌスを共同皇帝とし、西方の防衛責任を委ねた。マクシミアヌスもよくこの期待に応え、ガリアや北アフリカで戦果を上げる。ディオクレティアヌスも負けじとばかりにドナウ川流域、東方、エジプトを動きまわり、侵入する異民族に対応した。

「これならいけそうだ。広い帝国をカバーするため、もう少しきめ細かくしよう」

そう考えたのかは分からないが、二九三年にディオクレティアヌスは東西でそれぞれ副帝を立て、防衛責任区域を四分割する。

・**東方正帝：ディオクレティアヌス**
担当地域は小アジア・メソポタミア・エジプトなどで首都はニコメディア（小アジア北岸）。港町ニコメディアは担当区域に船で駆け付け易く、またドナウにも援軍を送り易い。

・**東方副帝：ガレリウス**
担当地域はドナウ以南・ギリシアで首都はシルミノム

・**西方正帝：マクシミアヌス**
担当地域はイタリア・北アフリカで首都はミラノ

・**西方副帝：コンスタンティウス・クロルス**
担当地域はガリア・ヒスパニア・ブリタニアなどで首都はトリーア

四人とも本拠地を前線近くに置いており、国防重視の体制である事が伺える。一方で、混乱を避けるためか内政の主導権はディオクレティアヌス一人が握っていた。帝国の防衛責任を分担する方式は功を奏し、国内における治安は著しく回復。対外的にも、東方のペルシア相手にガレリウスが二九七年に大勝するという成果が上がっている。

「国境防衛軍だけで対処できない場合の備えも、しておかねば」

かくして、各地を動き回り、対応する事が可能な皇帝直属軍が重要となった。それにより兵力は三〇万から六〇万に急増。広範な地域に駆け付けるため機動性が重視され、騎兵の比率が上昇する。その結果、騎兵戦に長じた異民族が取り込まれるのは必然であった。だが彼らは威信の低下したローマの風には必ずしも染まらなかったようで、文化摩擦を招く。また、兵力の増加は軍事費急増を招き、増税が必要となった。無論、徴兵の強化も求められ、それを遂行する官僚制度の整備も急務となる。

税制・行政・貨幣の再編成

そこで税制改革が行われた。従来は属州で収入の一〇%、ローマ市民に相続税五%というのが租税の伝統であった。関税を中心に低税率で広くとる税制である。だが、ディオクレティアヌスは土地に等級を付けて地租を徴収すると共に、人頭税も採用した。その結果、重税に耐えかねた農民が都市に流入。そこで職業・居住地の固定化を図る事で対抗しようとした。

また、行政区画も再編された。特筆すべきは本国イタリアと属州の区別をなくした事であろう。これは、本国の人々にとって衝撃であったに違いない。また、国防上の観点で安全な地域が存在しないと判断し、元老院属州と国防上重要な皇帝属州とを区別しないようにした。その上で、管轄区を設けた下に「属州」をおく。ただし、彼の時代の「属州」は郡県制に近い性格であった。

軍人皇帝時代における貨幣の粗悪化によるインフレーションも社会問題となっており、ディオクレティアヌスは良質の銀貨アルジェンテウスを鋳造し、混乱の収束を図った。だがせっかくの良貨も死蔵され、目立った効果は出せずに終わった。「悪貨は良貨を駆逐する」とはよく言ったものである。次なるインフレ対策として上限価格を設定したが、経済は生き物である。上から強制したところで、効果が出るはずもない。結局、インフレには十分な手を打てるには至らなかった。

皇帝権の強化～「代表者」から「絶対者」へ～

軍人皇帝時代に皇帝の地位が不安定であった事に対し、ディオクレティアヌスは思うところがあったようだ。

「政治体制を安定させるためには、皇帝の権威を強化しなくては」

こうして、彼の時代から皇帝の有り様が変質。彼は皇帝の絶対性を人々に示す必要を感じた。まず伝統的な神々への信仰を重視し、これらの神殿や祭儀を復興。そして自身をユピテルの地上の体現者「ヨウィウス」と称する。更に他の皇帝にもそれぞれ守護神を選ばせた。神々の権威を借りる事で、帝権を強化しようとしたのである。臣民と謁見するに際しても、豪華な衣装で玉座に座り人々に拝跪礼を行わせる。皇帝の呼称もまた、「市民の第一人者」すなわち「元首(princeps)」から「支配者」すなわち「御主人様（dominus）」へと移っていった。

そうしたディオクレティアヌスにとって、唯一の神を信じ、伝統の神々を認めないキリスト教徒は許せない存在であった。特に宮廷や軍隊で神々への祭祀に反抗する態度が見られた事は、彼を激怒させる。かくして三〇三年、ディオクレティアヌスはキリスト教の大規模な弾圧に踏み切る。ニコメディアの教会を兵士に破壊させたのを皮切りに、宮廷内教徒を処刑・追放。ついで教会の閉鎖・礼拝の禁止・聖書没収が命じられ、聖職者は逮捕・拷問されたとされる。

四分統治の破綻

三〇五年、一通りの体制が安定したとみなした彼は皇帝位を退く。この際、マクシミアヌスをも退位させた。一市民としてソポレトで隠居生活に

入った後は、再出馬を求められても

「わしが野菜の世話にどれほど心を砕いているかをわかってくれるなら、そんな頼み事はできないはずだよ」

（『世界の歴史5　ギリシアとローマ』中央公論社、四一八頁）

と拒絶したという。しかしながら権力から遠ざかった事は結果として禍根となった。

四皇帝政はディオクレティアヌスの強力な個人的指導力に依存していた事が、彼が表舞台から去る事より明らかとなった。後継者達の間では地位争い・主導権争いが絶えず、しばしば皇帝も入れ替わる。そうした中でディオクレティアヌスは上述のように当初は介入の意志を持たず静観し、後に争いが深刻化した際には軍権を手放していた事から無力になっていた。そして内乱の中で彼の妻・娘は追放・殺害され、彼自身も失意のうちに病没する。そうした内紛の中で台頭したのがコンスタンティウス・クロルスの庶子コンスタンティヌスであった。

コンスタンティヌス、帝国を再統一

コンスタンティヌスはコンスタンティウス・クロルスが居酒屋の娘ヘレナとの間に設けた子である。しかしコンスタンティウス・クロルスは副帝となる条件としてマクシミアヌスの娘テオドラを妻に迎えたため、コンスタンティヌスは庶子扱いとなった。そこで東方に逃れ、ディオクレティアヌスの下で軍経験を積む。後に正帝へと昇格した父の元に戻り、ブリタニアでピクト人を破るなど武将として力量を発揮した。

そして三〇六年、父が死亡。彼の支配下にあった軍は、有能な指導者を要求した。指揮官の能力が、軍の生死に直結するためである。かくして、軍は指揮官としての才覚を示しつつあったコンスタンティヌスを擁立。無論、東方正帝ガレリウスの許可を得ない僭称であった。だがガレリウスは国境防衛や戦乱回避を重視し、彼を西方副帝として追認する。しかしこれが戦乱の契機となった。マクシミアヌスの子マクセンティヌスの野心に火が付いたのである。

「前皇帝の子でありながら、なぜ自分は不遇なのか」

従来からそうした不満を抱いていたマクセンティヌスにとって、同じく前皇帝の子が強引に地位を認めさせた前例は倣うに足るものと映ったようだ。同年、彼はローマ元老院や近衛軍と結びつき、皇帝を名乗り、マクシミアヌスも帝位復帰を宣言する。そして首都ローマもディオクレティアヌス時代に実質上首都の地位を奪われ、不満を蓄積しており、彼に協力する事で地位回復を画策したのだ。その勢力に近接していたコンスタンティヌスは、マクシミアヌスの娘を妻に迎え、一旦はマクセンティヌスと友好関係を結び、安全を確保している。

その後、コンスタンティヌスはライン川国境でゲルマン人と戦い、更にマッシリアを占領したマクシミアヌスを討つ。そして三一一年、ガレリウスが没すると、若き野心家たちを抑える事のできる人物はいなくなった。四皇帝政は事実上崩壊し、群雄割拠というべき事態に立ち至る。

「ならば、実力ある者が勝利するのみである」

コンスタンティヌスは時の東方正帝リキニウスと結び、イタリアに攻め込んだ。そしてローマ近郊でのミルヴィウス橋の戦いでマクセンティヌスを討ち取る。なお、エウセビオスによればその際にコンスタンティヌスが空に十字架を見て、「これにて勝て」との文字も読み取ったという。無論、後に彼がキリスト教を公認した事に由来する作為である事は言うまでもない。

さて勝利者となったコンスタンティヌスは、ローマに入ると元老院に自らの地位を認めさせた。そして三一三年六月にはリキニウスと共同でミラノ勅令を発布。ここでキリスト教を含めあらゆる信仰を認めることを宣言し、国家の宗教に従う必要もないと定める。誤解されるが、この時点では別にキリスト教を特別扱いしたわけではない。

やはり、皇帝は一人でよい。当面の敵マクセンティヌスを討った今、リキニウスと共存する理由もない。

かくして三一五年、彼はリキニウスとの間で戦端を開く。戦いは彼の優位で進み、リキニウスは小アジア以東へ追いやられた。コンスタンティヌスはしばらく東方の国境安定に時を費やした後、三二四年に決戦を挑みリキニウスを滅ぼした。ここにローマは再び一人の手に統一されたのである。

東方への遷都～キリスト教の都～

三三〇年、コンスタンティヌスはビザンティウムに遷都。「コンスタンティノポリス」と名づける。この地は黒海と地中海を結ぶ地にある交通の要所でありながら、特に大きな都市ではなかった。そのため、彼の思うように手を入れる事が可能だった。この都市に元老院も設置されたが、皇帝の色が強い新天地に置かれる事で完全に形骸化する。また、この新たな都にはキリスト教会のみを建設させ、従来の神々の神殿は置かれなかった。コンスタンティヌスのキリスト教会への傾斜が見られるようになるのは、この時期からといえる。

彼はディオクレティアヌスと同様に、皇帝専制を目指した。皇帝直属の野戦軍を強め、兵士や将校としてゲルマン人を採用。そして重臣たちですら皇帝の面前では起立する事を強いられるなど、皇帝の絶対化が推進された。都市も自治の伝統を失い、中央集権的支配を受け入れるようになる。

経済対策としては、粗悪化の止まらない銀貨にかえてソリドゥス金貨を基本通貨に据える事で対応。貨幣経済が不振となっていた事から、物納も見られるようになっていく。また農業労働力確保のため、土地緊縛の措置がとられた。こうして、ディオクレティアヌス時代に続いて身分・居住地の固定化傾向が進む。

ディオクレティアヌスとの違いといえば、キリスト教への態度であろう。大規模な弾圧を行ったディオクレティアヌスと異なり、コンスタンティヌスはキリスト教に寛大であり、後には明らかな優遇措置をとるようになる。上述した新都での教会建設許可をはじめ、教会への私有財産の寄進や、聖職者への公職免除、司教区内の司法権付与を行っている。こうした態度の理由については、現在も論争が続いている。一説によると彼は早くから太陽神を信仰した関係から、唯一神崇拝への好意をもっていたともいう。また、東方にキリスト教徒が多い事から彼らを慰撫する事が不可欠と判断したという説もある。実際のところ、彼はローマ最高神官の職を保持し、神々の伝統祭儀も従来と変わらず行わせた。

一方、キリスト教聖職者にとって、皇帝は重要な庇護者と映った。例えばカエサリア司教エウセビウスは、皇帝を神の地上の代理人と称え、キリスト教を帝権を支えるイデオロギーとして皇帝に接近。恐らくはこれこそがコンスタンティヌスの狙いだったのではないか、という話もある。唯一神を奉ずる宗教を強め、帝位をその「唯一神」によって権威付ける事で皇帝の絶対性を強めるのが目的という事である。となると、表面的には真逆に見えるディオクレティアヌスと目指す方向性は同様だったという事になる。説得力のある話である。皇帝に近づく事で地位を固めようとした教会は、自らの教義論争の決着も皇帝にゆだねた。三二五年、ニカイア公会議が招集された。そこでアリウス派が異端として排斥されたのは知られている。こうした皇帝と教会の関係は、ローマ帝国東部を起源とするビザンツ帝国における皇帝教皇主義に発展した。

　晩年、コンスタンティヌスは一族間の不和に悩まされ、長子クリスプスと妻ファウスタを処刑する羽目に陥る。後継者が決まらぬまま、三三七年五月二二日に没した。一説によれば、死の直前に洗礼を受けたとも言われる。

むすび

　ディオクレティアヌスとコンスタンティヌスは混乱し、国防・治安が崩壊に直面したローマを再建した。その結果として重税や身分の固定化といった負の遺産も生まれたのは否定できない。だが、帝国の空中分裂や無政府状態を防ぎ、秩序を回復してみせた彼らの業績は称えられてしかるべきであろう。かつてのローマの栄光は過去のものとなった。そして全盛期の栄光は彼ら二人の手でも、取り戻す事はかなわなかった。だが、彼らによってローマ帝国は現実に沿った形で変質し、生きながらえたのである。

短期に終わった統一帝国、
地方政権として命脈保つ
～アメとムチを巧みに使い分け
貴族連合の神輿に徹する延命術～

西晋の動乱と
元帝《司馬睿》・王導

司馬睿（276～322）

帝国の崩壊と難を逃れた皇族

三世紀の中国は、魏・呉・蜀漢に分裂した戦乱の時代である。だが最終的な勝者は、三国のいずれでもなかった。魏の重臣・司馬氏が建国した晋である。しかしその晋による統一も長くは続かない。統一を成し遂げた武帝（司馬炎）が病没して間もなく、晋は内乱に陥ったのである。後継皇帝が力量不足だった事もあり、帝室の間で内紛が勃発。八王の乱である。そしてその混乱に乗じ、中国に移住していた北方騎馬民族が蜂起した。かくして華北は北方民族の手に落ち、皇帝は捕らえられる。晋はこのまま歴史から姿を消すかに見えた。

だが、晋帝室の中で一人、この難を逃れた人物がいた。その名は司馬睿。彼の手によって、北方民族の手が及ばない江南で晋は復活を遂げる。さてこの司馬睿、当初は比較的目立たない存在であった。琅邪王という富貴の身分にはあったものの、八王の乱においても一族の有力者に従属する身でしかない。そのため、反対勢力から抑留されそうになり、辛うじて逃れる憂き目にもあった。この際、歌舞伎『勧進帳』を思わせる逸話が残っている。黄河を渡る際、番人に身元を見破られそうになった。この時、従者が機転を利かせ、主を救う。彼は司馬睿の背を小突き、

「貴族といつのまにか人に疑われるほど偉い者になったものだな。早く行け」

と叱りつけ、どうにかやりすごしたのだという。

（宮崎市定『世界の歴史7大唐帝国』河出書房新社、一三八頁）

亡命政権としての帝国復活

司馬睿が属していた東海王の派閥が力を持つと、彼は安東将軍・都督揚州江南諸軍事の称号を与えられた。その直後、司馬睿は建業（後の建康）へ赴く。江南を勢力圏に収めようという東海王の意図に沿った行動ではあったが、司馬睿自身が将来に備えたためでもあった。側近である王導（二六一～三二五）の献策によったのである。

「華北は戦乱によって荒廃し、当面は安寧を望めまい。ならば、戦火の及ばぬ南の地で力を蓄えよう」

この方針に沿って、彼らは江南の豪族を支配下

に治め、属官に任じて半独立勢力を形成する。北方民族の反乱が起こると、貴族たちが安全な地を求め南下。司馬睿の勢力は不安に怯える人々にとって希望の星になりつつあった。そして三一七年、皇帝は敗北し、反乱軍に捕らわれる。これを聞いた司馬睿は晋王を名乗って百官を任命。今や、晋王朝の正統を継ぐ存在である事を天下に宣言したのである。そして皇帝が敵の手にかかったと報告を受け、正式に帝位に就いた。その際、以下のように述べたという。

「**昔、高祖宣帝**（司馬懿　三国時代魏の武将で、蜀の諸葛亮の好敵手として知られる。魏の実権を握り、晋政権の基礎を築く）**が国家の基を築かれ、それを景帝**（司馬師　司馬懿の子）**・文帝**（司馬昭　司馬師の弟）**がそれを引き継がれた。そして世祖**（司馬炎　司馬昭の子で、魏から帝位を奪い晋王朝を創始）**が天命を受け即位された。その功績は天地を覆い、仁徳は全世界に及ぶ。しかしその後、天運は我が王朝に与せず、懐帝陛下は短い治世で帝都を失われた。災いは更に重なり、先帝が崩ぜられた今となっては、国家の祭祀を行うものはもはやいない。天下の人々は、天命が朕に降りたという。朕は天の威を恐れるが、あえて南面してここに天に報告する。朕は不徳であるが、文武の俊英たちよ、朕を助けて欲しい。天下に栄光があらんことを**」

北方民族に征服され、一旦滅亡した晋は、ここに復活した。従来の統一王朝としての晋を西晋、司馬睿即位以後の江南政権は東晋と称される。そして司馬睿は、後の世に元帝と呼ばれた。

北方人と南方人

新政権の下には、北方から逃れた人々と江南に土着していた豪族たちとがいる。元帝たちは、ともすれば対立しがちな彼らをうまく配下として統治せねばならなかった。

まず北方由来の人々である。彼らは異民族支配を逃れて江南に大挙して移住していた。王朝創設以来の有力貴族たちが多く、東晋時代にもまた政治的・軍事的に彼らの力が大いに頼みとされる。建国以来の名門が多い北方貴族の方が、かつての敵国・呉出身の現地豪族より信頼ができたためである。そのため、戸籍はかつての登録地のままで力役を免除する特権待遇を与える事となった。当時、人材登用は本籍地単位で行われており、流民を収容した地域では人口把握・人材評価のため本籍地にちなんだ名が居住地に付けられている。

当然ながら、従来より江南に勢力を張っていた現地豪族はこれに反発。そこで、彼らに対しては分断策が取られた。顧氏・陸氏・賀氏・孔氏といった一部豪族のみを重用、更に一族内部の対立も利用する。現地豪族が一致して政府に反抗しないためである。

こうして、中央出身の名門貴族（王氏・謝氏・袁氏ら）を頂点とし、次に第二種の中央貴族や江南の名門（陸氏・顧氏・朱氏・張氏）らをおく身分秩序がとられた。だがその後も現地豪族の間では北方系貴族への反発が根強く残り、通婚の拒絶や江南方言への固執などが見られている。

東晋の軍事的主力は、やはり北方貴族たちであった。彼らは広陵・鎮江といった要地に軍を駐屯し、北府軍閥を形成した。現地豪族を中心とした軍も編成されたが、上位には北方貴族が置かれている。彼らは荊州に駐屯し、西府軍閥と呼ばれる。この両軍閥が、国防の要であった。

王導、東晋を安んじる

こうして、元帝は江南政権を固める。その際、政治的補佐を務めたのが上述の王導であり、軍事面で支えとなったのが王導の従兄・王敦である。王導が北方貴族と現地豪族との対立を調整し、政情安定化に貢献する一方で、王敦は長江中流域の平定に手腕をふるった。彼らが名門貴族出身であった事もあって、人々は

「王は馬と天下を共にする」

と称する。だが、これは元帝の警戒を呼ばずにはおかなかった。

「これでは、司馬氏の帝位が危うい」

皇帝がそう考えたのも無理はない。やがて元帝は王氏二人を遠ざけ、劉隠ら下位豪族を重んじるようになる。これに反発した王敦は、三二二年に反乱を起こした。軍事的な第一人者であった王敦を止められるものはなく、その軍は都近くに迫った。元帝はこれに恐慌を来し、一時はこう泣き言を言う体たらく。

「皇帝の位が欲しいなら、そういえばよい。そんなものはくれてやる」

だが、王敦は丞相の地位を得る事で一旦満足したようで、皇帝の地位に触れる事はなかった。国家の柱石による反乱の衝撃の中、元帝はこの年に没した。その後も王敦は都近くに駐屯し、簒奪は時間の問題とさえ思われたが間もなく彼も病没する。王敦がいなくなるとその軍は勢いを失い、三二四年に鎮圧される事となる。一方、王導は王敦が反乱した後も東晋陣営に留まり、従兄の反乱を皇帝に陳謝するポーズをとり続けた。とはいえ、彼も反乱を契機に復権した一人ではあったから、裏で繋がっていた可能性は否定できないが。

反乱鎮圧後も王導は政界を主導する。

「貴族に対しては、寛容を重んじて下手な刺激をしない」

それが、彼の基本方針だった。晩年の彼は、政治書類を箱にしまって「よし、よし」というのみであったとも伝えられる。王導はその卓越したバランス感覚から、あくまでも司馬氏を守り立てることが自分たちにとっても漢民族社会にとっても最善であると理解していた。巨大な軍事力を有する北方貴族同士が潰しあったり、現地豪族と対立することは中国北部の異民族政権を利する事にしかならない、という考えである。

むすび

内紛と異民族反乱によって一旦は滅亡した晋王朝。だが、元帝や王導の奮闘により、統一を失いはしたが新たな生命が晋に注がれた。その後、帝室・司馬氏は専制君主としてではなく、大豪族連合の盟主という形で生き延びていく。そのため、東晋の皇帝には強い政治的指導力を有する人物は出ていない。だが、中華の正統支配者である、というブランドは貴族たちの上に立つ存在として大いに価値を有していた。何しろ、晋の支配を離れ北方民族を中心に群雄割拠する中国北部でも、涼州（甘粛省）を支配する前涼のように名目上は東晋の宗主権を認めるケースが存在したのである。

無論、周辺勢力に対抗するための便宜的なものに過ぎないが、それでも権威がもつ力の一端を示していよう。

一時は統一王朝として栄光を誇った晋。しかし短期にしてその統一を失い、都を含め主要地域を異民族に譲り渡す羽目となった。ここで、残存勢力が統一を諦めざるを得ない状況となったのが、逆に幸いする。戦火を免れた地域の支配を固め、地域政権として生きる道をためらいなく選んだ事が、王朝の寿命を延ばした。そして皇帝が集権的支配を捨て、有力者連合に担がれる「象徴」となった事が寄り合い所帯の崩壊を防いだ。

司馬睿は決して英雄的人物ではなかったが、社会が求める役割を過不足なく果たした。そして王導は、主君に道を誤らせる事がなかった。崩壊に直面した国家を延命できるのは、才気溢れる人物より寧ろこうした人々なのかもしれない。

大陸権益の断念と引き換えに手にした、
古代帝国への道
～敗戦から生まれた島国「日本」～

白村江の戦い後の日本と天智天皇

天智天皇　626 ～ 671
在位 668 ～ 671

白村江の敗戦

長らく高句麗・新羅・百済の三国の対立が続いていた朝鮮半島。だが六世紀半ばより新羅が急激に成長、七世紀後半には中国大陸の唐と結び朝鮮統一へと乗り出す。一方、日本列島に成立した大和政権は六世紀までは朝鮮半島南部の加羅に勢力を有し、その支配権を喪失した以降も百済と友好関係を築いていた。六六〇年、新羅・唐連合軍は百済を滅亡させる。百済の残存勢力は大和政権に助けを求め、それに応じ大和政権は朝鮮半島に出兵。だが六六三年、大和政権は白村江で新羅・唐に大敗する。新羅は高句麗を滅亡させた後、唐の勢力をも駆逐して六七六年に朝鮮半島統一を達成した。

一方、大和政権が受けた衝撃は大きなものがあった。敗れた以上、唐による侵攻に備えねばならない。大和政権の実権を握っていた皇太子・中大兄皇子（後の天智天皇）は難しい舵取りを余儀なくされる。

苦悩する中大兄皇子～権威の再建～

中大兄皇子は舒明天皇を父に、皇極天皇を母として生まれた。彼が育った時期に権勢を誇っていたのは、有力豪族の蘇我氏である。中大兄は中臣鎌足らと協力し、六四五年にクーデターで蘇我氏本家を打倒。大王家に実権を取り戻した上で中央集権国家の建設を志した。「大化の改新」である。

以降、中大兄は事実上の最高権力者として改革に従事した。大王（「天皇」という称号が定着するのはもう少し後である）の位には叔父・孝徳天皇や母（復位後は斉明天皇）を擁立し、自らは皇太子として自由な立場で力量を振るう。百済勢力を救援する戦いの最中に母・斉明天皇が崩御した後も、即位する事がないまま為政者として君臨していた。

さて、敗戦後の中大兄である。政権内部には、彼の敗戦責任を追及する声もあった。

「……今は、自分が目立たない方が良い」

中大兄はそう考えたのか、同母弟の大海人皇子との連携を強め、彼を前面に出すようになる。豪族たちの動揺を抑えるべく、施策が打ち出される。まず六六四年二月、冠位を一九段階から二六段階に増やし、中級・下級官職を充実させた。更に豪族たちを大氏・小氏・伴造の順に序列化し、それぞれに大刀、小刀、楯を与える。豪族たちが政府に従属する事を再確認すると共に彼らに栄誉を与える事で、国内支配を引き締めたのである。中央政権の承認を条件に豪族に私有民所有を認めたのも、アメとムチで支持・支配を固める方針の延長上にあるだろう。

国防体制の構築と遷都

その一方、唐の来襲に備えて国防体制を整備しなければならない。まず最前線となる対馬・壱岐・筑紫に防人《さきもり》、すなわち衛兵を設置した。この任務に当たったのは東国出身兵である。一説によれば、先の戦いで渡海せず親衛軍として北九州に留まっていたのを転用したという。また九州の政庁・大宰府の防備を固めた。襲来の情報を迅速に得るため狼煙台を立て、外縁に「水城《みずき》」と呼ばれる水堀を備えた土塀を設置。更に防衛拠点として大野城を建設した。百済系技術者により設計された、谷や盆地を取り込んだ巨大な朝鮮式山城である。

この年、唐の将軍・劉仁願の使者が訪問。中大兄らは、

「敵情偵察が目的かもしれん」

そう考えて警戒心を強めた。とはいえ、外交使節を無視するわけにもいかない。翌年には唐に使節を派遣し、唐との関係修復を目論んだ。侵攻の危険は、少しでも軽減しておきたかったのである。

それ以後も、日本西部の防衛強化は勧められた。六六七年には対馬に金田城、讃岐に屋島城、高安山にも山城が建設される。

この年、飛鳥から近江国大津へ遷都した。より東方に移る事で唐の侵攻に備える意図があったろうし、内陸でありながら水上交通の要地という地理的条件も魅力だったようだ。翌六六八年、対唐対策が一段落した所で中大兄はようやく正式に即位。後世からは天智天皇と呼ばれる。

大津遷都後も、中央集権を目指した改革は続行

された。六七〇年、庚午年籍が編纂された。我が国初の全国的な戸籍である。同時並行で「近江令」と呼ばれる基本法典も作られたとされるが、天智天皇の生前には完成しなかったとも言われている。

天智天皇と近江政権

さて、百済滅亡に伴い多数の亡命者が日本列島に移住していた。彼らへの処遇も重要な政治問題である。旧王族は難波に住まわせ、後に河内国交野郡に移住させた。貴族や庶民は近江、後には東国に移住させ開発に従事させている。彼らの中には優れた技術者や知識人も多く、大和政権が中央集権国家へと脱皮するのに大きく貢献した。

六七一年に子の大友皇子を太政大臣とし、蘇我赤兄を左大臣、中臣金を右大臣、蘇我果安・巨勢人・紀大人を御史大夫に任命した。中国を見本とした中央集権国家としての官制が一応は成立した事になる。この措置には、大友皇子を後継者にするため引き立てようという天智の意図があるようだ。だが、大友皇子の母は身分が低く、大王位に就いた際には権威の一時的な低下が避けられないと見られた。また、多くの人々は大海人皇子こそが後継者であろうとみなしていた。この頃既に病気がちであった天智にとって、頭の痛い問題であった。

この年の末、天智天皇は大津で崩御した。御陵は京都市山科区御陵上御廟野町にある。没する前、天智は大海人皇子に後事を託した。だが、大海人は受諾したら粛清されると考えて辞退し、吉野に隠棲。大友皇子が後継首班となる。

天武天皇と古代帝国の完成

だが間もなく、大友皇子と大海人皇子の間で後継者の地位をめぐって内乱が勃発。壬申の乱である。天智天皇の急激な改革は地方豪族の反発を買っており、彼らの支持を獲得した大海人が勝利し、都を飛鳥に戻して即位した。天武天皇と呼ばれる。この内乱で近江方の中央豪族が没落しており、強力な王権が確立した。天武天皇の時代には新羅とも関係改善し、地方においても中央から派遣された国司（地方長官）の下に軍事力が集中されていく。

一方、大陸への外交は消極的であった。当時、大陸では唐と新羅の対立が深刻化しており、両方から使者が来朝していたが、どちらにも深入りはしていない。また、百済の属国であった耽羅（済州島）からはその後も支援を求めてきたが、これにも応じなかった。だが、新羅が日本との敵対を避けるため接近したのは大陸文化吸収に利用している。ちなみに新羅が唐の影響力を朝鮮半島から排除した後は、日本との関係を維持する必要性が薄くなり、関係は冷却化していった。一方、日本の唐への使節派遣が再開されるが、対外的には「朝貢」であったものの政治的な性格は薄く、体内的には自国中心主義を貫いている。

むすび

この時期、大和政権は日本列島内の支配を強め、中央集権体制を確立させていた国力上昇期であった。また、戦いに敗れたとは言え、島国であった事も幸いして侵攻を受ける事はなかった。これは、敗北に伴う国家の衰退を防ぐ結果となった。ただし、白村江での敗戦は、大和政権の大陸との繋がりを失わせた。また、圧倒的な国力を持つ唐からの侵攻に備える必要から、政権に内向きな姿勢を余儀なくさせている。元来、西日本は東日本との繋がりより大陸との繋がりのほうが文化的に濃厚であり、遺伝的にも大陸との方が近かったとされる。この時期までの大和政権は、中国文明圏の東方辺境という性格が強かった。

しかし中国への対抗心や島国である事を最大限に利用した防衛体制は、朝廷の政治的強制力によって日本列島を「日本」という文化圏に纏め上げていくことになる。この敗戦が、その意味では従来の「倭国」とは異なる「日本」の成立を決定的にしたといえよう。そうした意味で、白村江敗北後の大和政権は、従来の有り様が困難になった中で現実に沿った転換をして、生き延びた例と見ることができる。「日本」文化圏は、敗北からの再出発によって生まれたのである。

安史の乱後の唐と楊炎

全土支配が無理なら、金で解決
〜斜陽の「世界帝国」、強かな転身〜

安史の乱〜世界帝国・唐の黄昏〜

日本人にとって最も馴染み深い中国王朝・唐。日本が古代国家建設において、政治制度や文化を大いに吸収した相手であり、国際色豊かな文化は今日の我々をも魅了している。しかしその唐も八世紀に勃発した大反乱によって大きな危機に直面する。まずはそれについて概説しよう。

八世紀前半に黄金時代を迎えた唐であったが、同時に社会的矛盾も表面化していた。まず貧富の差が拡大し、大土地所有が進行。従来は特定地域の農民を兵士に充てる府兵制を採用していたが、農村の変質に伴って空洞化した。これは辺境地域の防衛が傭兵主体の大軍団とその司令官（節度使）を常置する方針に転換する結果を招く。中央政府は慢性的な財政難に陥り、苛酷な徴税を行う財務官僚が台頭。その結果、有力節度使の安禄山と財務官僚出身の楊国忠が台頭して権力争いを行うようになる。そして七五五年に安禄山は身の危険を感じて反乱に踏み切った。安史の乱である。

中央政府は長安・洛陽の都を失い、一時は四川省に逃れたが、地方軍の抵抗や反乱軍の内部分裂、ウイグルの軍事的援助によってこれを鎮圧する。

反乱後、軍事的対処のため各地に節度使がおかれるようになり、中には軍事力を背景に半独立傾向を呈するものも現れる（藩鎮）。中でも降伏した元反乱軍有力武将からなる北方の盧龍・成徳・天雄、すなわち「河北三鎮」は、既得権益を追認される事で唐に寝返ったものにすぎず、独立性が強かった。彼らはしばしば中央に反抗的な姿勢をとる。中央政府の支配は長江下流域を中心としたものに限られ、その周辺地域は不定期に上貢するのみ。こうした状況で中央政府が把握している戸口は乱前の三分の一程度まで落ち込み、税収も激減した。もはや唐は統一王朝としての実質を半ば失い、更に財政破綻に直面していたのだ。もうこの王朝は長くない、そうした観察が出てもおかしくなかった。楊炎（七二七～八二一）が宰相として国家再建に腕を振るったのはそうした時代の事である。

楊炎、宰相となる

楊炎は字を公南といい、鳳翔（陝西省）天興の人である。祖父、父、本人の三代続けて孝を理由に表彰されており、名は知られていた。河西節度使の書記になったのを契機に中央政界に進出し、中書舎人として同僚・常袞と共に詔勅を起草。その際に同郷の宰相・元載に認められて吏部侍郎まで出世したが、元載の失脚に連座して地方に左遷され、一旦挫折を味わっている。しかし徳宗が即位すると、宰相・崔祐甫の推挙を受けて宰相となった。楊炎はなかなか権勢欲の強い人物であったようで、宰相の地位を得た後は自らの足場を固めるべく競争相手を排除していく。まず推挙してくれた恩人である崔祐甫を排し、更に元載および自らに対する復讐も兼ねて政敵・劉晏を讒言し、死に追いやっている。

さて、唐は実質支配の及ぶ領域が限定され、財政的にも苦境にあった。それでも、人々は唐王朝を必要としていた。半ば独立国と化していた藩鎮であったが、配下を支配下に繋ぎとめるため権威が必要だった。彼らはその拠り所を唐から授けられる官位に求めたのだ。また、彼らは自らの軍勢を維持するため莫大な資金が必要で、中央政府からの給付金は大きな助けとなっていたのである。こうして最も反抗的な藩鎮ですらも、完全に唐から離反することはできない状況が成立していた。誰も、唐の滅亡は望んでいなかったのである。となると、中央集権的な再統一は望むべくもないにしても、藩鎮をある程度大人しくさせることはうまくやれば不可能ではない。また中央政権の把握する地域は州の一五%、戸籍の六〇%が密集する先進地帯だった。財政再建に関しても望みはある。そして、藩鎮を従えるためにも経済力は不可欠である。楊炎にとって腕の見せ所であった。

両税法

実のところ、楊炎が実権を握る前にも既に財政再建のための対策が打たれてはいた。安史の乱が下火になりつつあった粛宗時代の事。当時の政府実力者であった第五琦は、反乱鎮圧に協力を得たウイグルへの報酬を支払うため原価の一〇倍という価格設定で塩税を導入した。そして劉晏がこれを整備して恒常的なものとし、国家収入の半分を塩税に頼るに至っている。長期的にはこれが唐の命取りとなるが、それについては後述しよう。

さて、楊炎は八二〇年、更なる税制改革を断行。この新しい法は後に「両税法」と呼ばれ、長らく中国における基本税制となる。従来は政府による人民への農地割り当てに基づいて様々な徴税が行われていた。いわゆる「租庸調」である。しかし、戸籍による人民の把握が難しくなり、従来の方法が実情に合わなくなっていた。また、複雑な税制を利用して藩鎮が恣意的な増税を行う事例も多くなっていた。

そこで、楊炎は建前では従来の税制を残しつつも、実際には税を基本的に一本化し、有産者を対象に資産に応じて課税する現実的な方式に切り替えることとした。納税者把握に関しても、本籍地より居住地を重視し、小作人を除外するという形で現実主義が貫かれている。そして納入時期も同様に実情に合わせ、麦作地に対しては六月、粟・稲作地には十一月と定められている。そして商人からは売上の三十分の一を徴集する事とした。こうした改革には、人民への負担軽減や便宜が考慮されたものである一方、為政者側の運用上の都合という面も無論大きかった。税額があらかじめ予算計上した上で決定し、各地に割り当てる事と定められ、また税額計算をしやすくするため銭納が基本と定められたのもその一環であろう。

新たな税制について乱暴に説明すると、以上の通りである。法制度が実情に合わないなら、実情に法を合わせる、そして耕作農民の土地所有を認め面積・生産力・収穫時期に応じて課税を効率化したのである。もはや、全国的に人民を把握し、彼らから物資・兵力を調達することは難しい。なら、物資も兵士も必要な時に金で買うしかない。そのためには、支配下にある経済先進地域から効率的に税収を確保する国家経営にシフトしなければならない。そのための体制が、楊炎によって整えられた。これによって唐の財政は改善し、更に二百年弱の命脈を保つ事になる。かつての「世界帝国」は、現状を一旦受け入れ、その性格を変えることで見事に生き残ったのである。楊炎は華やかな英雄ではなかったが、長期的視野と現実感覚に長じた逸材というべきであろう。

むすび～楊炎と唐のその後～

しかしその功労者・楊炎の運命はその功績に見合ったものではなかった。彼の中央集権策は諸藩鎮の反発を買い、徳宗の信頼を失う。最後は彼自身も宰相・盧杞の讒にあって崖州（海南島）司馬に左遷され、その途中で死を賜った。不幸な最期であるが、かつて彼自身が政敵に行った事を考えれば因果応報であろう。

両税法は現実情勢に合致した徴税によって財政を効率化すると共に農民の負担を軽減する事も狙いであった。しかし銭納は貨幣の不足と物価下落を招いた。これは農民の生活を圧迫し、更に様々な臨時税もあって彼らの負担は実質的に増大する事となる。また、政府による塩の専売や高価な塩税は人々の反発を招き、秘密結社による闇塩の横行を招く結果となった。

とはいえ、中央政府はこれで財政的に一息付いた。憲宗の時代になると、改善した財政状況を背景に傭兵で近衛軍を強化し、反乱する藩鎮を一時的に平定するまでになる。しかしながら、藩鎮弱体化は地方の治安悪化も招き、闇塩を扱う塩賊の活動が活発化するという問題点も生じた。これが、やがては黄巣の乱という形で爆発し、唐の命脈を絶つ事になるのである。

形がどうであろうとも、
したたかに現実へ適応し「ローマ帝国」守りぬく

対イスラーム戦争後のビザンツ帝国と皇帝たち
ニケフォロス一世&アレクシオス一世

アレクシオス一世
Alexios Komnenos
1048 ～ 1118
在位 1081 ～ 1118

ニケフォロス一世
Nikephoros I
？～ 811　在位 802 ～ 811

斜陽に向かう東ローマ

かつて、地中海を内海として繁栄したローマ帝国。だがその栄華も永遠ではありえず、四世紀末にはついに東西に恒久的に分裂する。西ローマは間もなく滅亡したが、東ローマはその後も存続。六世紀のユスティニアヌス一世時代には、再び地中海世界に広範な勢力を広げた。だが、それも長続きはしない。そして迎えた七世紀、東ローマは危機にあった。東方でイスラーム帝国が台頭し、北からはスラブ人が侵入。そうした中、帝国は地方支配を転換する。属州制からテマ（軍管区）という形に改めたのである。テマでは軍司令官が責任者となり、独自の徴税・徴兵を行う。当時、帝国の勢力が後退し戦乱で地方が交配すると、各地で地方豪族が勃興。帝国は彼らの支配を追認し、それを防衛に利用しようとしたのである。無論、帝国も地方を豪族たちに放任するつもりは毛頭ない。例えばレオン三世のように腹心をテマに司令官として送り込み、支配を固めようとした皇帝も存在した。

ともかく、東ローマは斜陽の中で時代の流れに苦しんでいた。それに伴い、曲がりなりにも中央集権的な体制から、豪族・軍人が割拠し、皇帝を盟主として推戴する体制へと変質していく。この頃からの東ローマをビザンツ帝国と呼称する事が多いのも、そうした変化のせいであろう。この時代、歴代皇帝たちも帝国を存続させるために苦労を強いられていた。そのために手段を選ばず、後世に悪名を残した者も珍しくない。九世紀初頭のニケフォロス一世もその一人である。

ニケフォロス一世

ビザンツでは、ローマ時代と同様にクーデターによる皇帝の交替がしばしばだったが、ニケフォロス一世も御多分に漏れずそうした手順によって玉座についている。ニケフォロスの祖先は、アラビア出身の家系であったようだ。財務長官に出世した後、宮廷クーデターでイレーネ女帝が位から逐われた後に即位。彼は即位して間もなく、財政再建と帝国支配の締め付け直しに着手した。

まず、彼は税金台帳の再整理から始める。その上で、様々な免税特権を取り消した。中でも不評を呼んだのは、教会や修道院、慈善施設、更にその下にいた民をも課税対象にしたことである。そして教会・修道院の所領を一部没収して国有とし、教会の力を弱めると共に財政基盤を強化した。この際、皇帝自らが総主教となったというから念が入っている。なるほど、これなら反発が大きいこれらの政策も強行しやすいし、宗教勢力を国家の管理で利用できる。

彼の新たな税制はまだ終わらない。人頭税を導入、更にかつて廃止された納税連帯制を復活させ、取立てを確実なものとした。なお、この際にテマの詳細な特務調査を行い、現地にも納税連帯制を利用。ただし、兵士装備を連帯負担する、という形とした。貧しい農民も兵士とできるようにである。

こうした重税策は、聖職者や豪族から強い非難を浴びた。それだけでなく、ニケフォロスは新興商人層にも目を付けて増収を図っている。

「船を持てるような商人なら富裕だろう。彼らに高利息で強制的に金を貸そう」

なるほど、そうすれば商業の上がりも徴集出来る訳である。もっとも、これは商業資金を与える事で商業振興を図ったものだ、とする説もあるようだ。

ともかく、ニケフォロスはこうして収入を増加させ、全国支配も強化した。この成果を活用し、彼は帝国の勢力圏拡大を進める。具体的に標的となったのがバルカン半島である。彼はギリシア方面へ植民を進め、マケドニア・テッサロニキ・ドゥラキオンなどにテマを新設した。

もっとも、ニケフォロス一世の治世は長く続かなかった。八〇九年、ブルガリアのクルム王が侵攻。これに対し、ニケフォロスは自ら出陣し、討伐に向かう。だが、深追いした結果、逆襲されて八一一年に皇帝自らも戦死した。

こうした悪評をも辞さない財政政策もあって、やがて帝国の体制は整っていく。地方豪族の現地支配をある程度認め、皇帝はその連合体盟主として君臨する国家である。こうした基盤作りを経て、ビザンツは国力を回復。ニケフォロス二世やバシレイオス二世ら英雄的君主による黄金時代の基礎が築かれた。

アレクシオス一世

しかしこれも当然ながら永続的なものではありえない。やがて地方豪族は貴族化し、独立性を強める。例えば一〇七一年、帝国軍がセルジューク朝にマンツィケルトで敗北したのも、貴族の一部が故意に兵を引き上げたためであった。それだけでなく帝国内部では貴族反乱が相次ぎ、南イタリアでもノルマン人に領土を奪われつつある。ビザンツは再び振るわなくなっていた。そうした中、栄華を取り戻すべく奮闘したのがアレクシオス一世である。

アレクシオスは小アジアの地方大貴族出身である。一族が帝冠と縁がなかった訳ではなく、イサキオス一世は彼の叔父であった。彼は混乱の中で武名を上げ、一〇八一年にニケフォロス三世を廃して登極。アレクシオスから始まる系統をコムネノス朝(一〇八一~一一八五)と呼ぶ。

帝国の混乱を収めるには、何とかして貴族たちを宥めると共に政府の従属下に置かなくてはならない。彼は、自らをこう位置づけた。

「朕は、貴族たちの代表者である」

その上で、官制の再編を行った。上位官職を新設し、従来の官位は下の順位とした。これによって、受け継いできた官職の地位が下がる事で貴族たちの既得権を巧みに削る事ができた。一方、どうしても敵に回せない有力者には上の官位を与えて不満を抑えるという懐柔策を余儀なくされたようだ。こうして貴族たちを皇帝の下に序列付けする一方、貴族たちには軍務と引き換えに国有地の支配権・徴税権を与えて地方領主化させて支持を獲得する。とはいえ実際のところ、貴族たちの現地支配を抑えられなくなったがゆえの現状追認という側面もあったのではあるまいか。

また、混乱に伴って貨幣が粗悪になり、経済の混乱を招いていた。アレクシオスはこれにも手を打ち、金含有量の異なる三種類の金貨にそれぞれ交換率を設ける。政府が通貨管理を行う事で信用を回復し、物価にも秩序を回復させようという意図があった。

こうして国内秩序を回復させたアレクシオスは、対外問題への対処にも力を注いだ。当時、アドリア海にはノルマン人が、北方からはベチェネグ人がビザンツに攻め入り、脅威となっている。アレクシオスはノルマン人に対しては海軍国ベネチアと組んで対抗し、ベチェネグ人に対しては遊牧民クマン人を雇い、対処した。

彼の時代における最大の対外危機は、ルーム・セルジュークの脅威であった。

下手をすると、首都コンスタンティノープルも危うくなる。

アレクシオス一世は、西欧に援軍を要請。これに応じる形で編成されたのが、第一回十字軍である。待ちに待った援軍とはいえ、ビザンツにとっては一つ間違えば火事場泥棒に化けかねない厄介な相手であった。だがともあれ、援軍は援軍である。十字軍との距離を巧みに保ちつつ、アレクシオスは小アジア西部の失地を回復した。それが一息付くと、今度は十字軍に参加していたノルマン人ボエモントの野心が明らかになる。すると彼はトルコ人と結んで対抗し、帝国を守り抜いた。

かくして、アレクシオス一世は硬軟取り混ぜた手腕によりビザンツの勢威を回復させた。皇女アンナ・コムネナは、敬愛する父の生涯と治績を『アレクシアス』に残している。彼によって立て直された帝国は、ヨハネス二世・マヌエル一世など名君が続いた事で再び繁栄を誇った。

だが、彼の施策には後の禍根となるものも少なくない。例えば国有地の私有化を大貴族たちに認めた事は、経済的独立性を強めた貴族を制御する事を難しくした。また、一〇八二年に援軍の代償としてベネチアに帝国港湾での関税免除の特権を与えたことも、帝国の経済への主導権を失わせる結果となる。かくして西欧の商人と貴族たちが政府を介さず直接結びつくようになり、やがて帝国の求心力は著しく低下した。これらの動きが、第四回十字軍によりビザンツ帝国が一旦滅亡する遠因となったのは間違いない。

むすび

ビザンツ帝国は、時を経るごとにローマ時代の栄光を手放して行かざるを得なかった。領域は縮小し、地中海世界の中心という地位もイスラーム世界に奪われる。そして帝国内部でも豪族・貴族が各地で自立傾向を示し、中央の支配は弱体化傾向にあった。それでも、歴代皇帝たちは各々の才覚が及ぶ限りで、時流に合う統治モデルを模索して再興・存続を図った。ある者は失敗し、ある者は成功しつつも悪名を残す。やがて「ビザンツ人」という言葉は西欧で「二枚舌」という含みを持つようになるが、これも考えようによっては困難な環境で生き延び続けた彼らの勲章といえるのかもしれない。

承平・天慶の乱の衝撃と村上天皇

軍事力は豪族に、徴税は地方官に丸投げだ
～「小さな政府」か焼け糞か、島国だから許された前代未聞の国家再編～

村上天皇
926～967
在位946～967

承平・天慶の乱～日本古代帝国の挽歌～

七世紀に完成し、八世紀初頭に黄金期を迎えた日本古代国家。だが、早くも八世紀中頃から矛盾が噴出するようになる。相次ぐ気候変動の影響もあって、農村では貧富の差が拡大。税の負担に耐えかねた農民には没落するものが相次ぐ。中には農村そのものが消失する事例もあり、農民社会に変動が訪れていた。その結果、地方豪族が貧農を保護下に置いて有力化し、政府は十二分に農民を把握できなくなった。

そうした中、一〇世紀前半に大きな衝撃が走った。関東と瀬戸内海でほぼ同時期に反乱が勃発したのである。関東で挙兵したのは豪族・平将門であった。将門は土地を巡って一族との争いを余儀なくされており、時には他の現地豪族にも巻き込まれていた。そんな中で天慶二年（九三九）、常陸国府と対立する豪族を保護したのを契機として常陸国府を襲撃。国府を攻め落とした以上は、理由はどうあれ中央政府への反乱にほかならなかった。将門は以降、関東各地を制圧し、自立の動きを示す。一方、瀬戸内海で反乱したのが藤原純友である。彼は東国での混乱に乗じるかのように、瀬戸内海の海賊連合の盟主として各地を襲撃した。しかし、中央政府は彼らに対して迅速な対応を示すことができなかった。結局、将門は藤原秀郷ら現地豪族によって鎮圧される。そして純友は遅れて派遣された追討軍によって敗れ、伊予で討ち取られた。この一連の反乱を、後の世に承平・天慶の乱と呼ぶ。

この大反乱の衝撃が冷めやらない時期に、村上天皇は即位する。そして、反乱鎮圧後の国家運営を担うこととなる。

成明親王、後の村上天皇は醍醐天皇の第十四皇子として生まれた。母は藤原穏子であり、初の関白・藤原基経は母方の祖父にあたる。同母兄・朱雀天皇に男子が生まれなかったため、天慶七年（九四四）に皇太子となった。母・穏子は成明が早く皇位に就くことを熱望したと伝えられる。母の願いもあってか、即位したのは早くもその二年後であった。

反乱以前の諸改革

実のところ、将門・純友による反乱以前から、法と実情とのずれがもはや看過できないレベルになっていた。村上天皇の祖父にあたる宇多天皇時代、既に朝廷は崩壊・破綻に瀕する地方政治の再編に取り組もうとしている。その際に登用されたのが藤原保則・菅原道真ら実務に長じた中級・下級貴族であった。どうなっているのか、何をなすべきか。それを最もよく知っているのが、地方政治の現場を知っている彼らだった。そして更に民衆の声を聞くため、問民苦使《もみくし》が派遣された。

まずは、税制改革である。徴税のためには戸籍が不可欠だ。だが、人民を把握できなくなり戸籍が既に用をなしていない。ならば、人ではなく土地を単位にするしかない。こうして、律令に定められた人頭税から土地を基礎とした税制へと切り替えが図られていく。その上で、国司すなわち地方長官が徴税を請け負う方式へ移っていった。

また、国防問題もあった。当時は新羅の衰退期である。そのため、朝鮮半島周辺には海賊が跋扈し、日本海側はその脅威にさらされていた。これは、一四世紀に日本が内乱状態になると倭寇が盛んになり、大陸沿岸で暴れまわったのと同様である。現に、この時期にも日本沿岸から新羅に向けて海賊行為を働く動きもあったようだ。『日本三代実録』によれば、貞観八年（八六六）に肥前の地方役人・地方豪族たちの海賊計画が明るみに出ている。彼らは新羅人と共謀して新羅を襲撃しようとしていたという。朝廷は、これらの海賊にも対応せねばならなかった。そこで対馬に防衛のため兵を置くと共に、本州の日本海沿岸、すなわち越前・能登・越中・越後にも弓兵を置いた。

更に、貴族の再編にも手が付けられた。天皇の秘書である蔵人所が充実され、側近の制度化や上級貴族の格付けが行われた。

醍醐天皇時代になると、側近も変わる。宇多天皇から信任を受けていた菅原道真は追放された。だが、彼を追い落とした藤原時平も政治的には同様な路線を継承したのである。農地・戸籍の実態が調査され、私有地への制限が試みられたのはこの時期であった。

朝廷を揺るがす大反乱が起きたのは、そうした流れの中であった。そしてその余波が冷めやらぬうちに、村上天皇は即位したのである。

村上天皇、威信高揚への苦心

当初、村上天皇は父や兄と同様に、時平の弟・忠平を関白として政権を主導させた。だが、財政状況は相変わらず酷かった。何しろ、大嘗会の費用すら出せない。大嘗会とは、簡略に言ってしまえば即位して初めての収穫を神に感謝する儀式である。現在でも同様であるが、天皇にとって最も大切で神聖な行事の一つと言って差し支えない。その費用すら、朝廷は自力では捻出できなかった。この時は、忠平の私財から助けを得て、何とか事なきを得た。

天暦三年（九四九）に忠平が没すると、天皇はその子・実頼らと協調して自ら政治を行うようになる。実頼らは治安維持や収取確保に努め、本質的解決には至らないものの何とか小康を得る。一方、村上天皇は、人材登用において主導権を握り、藤原氏の言いなりでは必ずしもなかった。例えば、菅原文時のような中級貴族も献言が採用される事があったのである。この時期、朝廷内部に火種を作るわけにはいかない。そういう意図もあったであろう。そのためか、人事においては他氏族からも不平がでなかった。

政治情勢が少し落ち着くと、村上天皇は文化事業にも取り組んだ。動揺する国家の威信を高めるため、華やかな文化的な成果を。そう思ったのであろうか。その際に模範となったのが父・醍醐天皇の前例である。まずは和歌。醍醐天皇時代、初めて公式に和歌が編纂され『古今和歌集』として結実した。そこで村上天皇は、和歌所を設置して勅撰和歌集『後撰和歌集』を編纂させる。次に歴史事業。父の時代に成立した『日本三代実録』に続ける形で、新たな歴史書の編纂に取り組んだ。だが、これは完成には至っていない。こうした試みが、朝廷の文化的な気風を高める効果があったのは確かであった。大江維時が漢詩集『日観集』を編纂したのはその一例である。また、朝廷の儀礼が整備され、ほぼ完成したのも村上天皇の時代であった。彼の文化事業は、威信回復に一定の成果をもたらした。

防衛を地方豪族へ委託！

とはいえ、大反乱によって露呈した朝廷にとって最大の問題は、軍事力の欠如であった。朝廷自身の力では十分に対処できず、将門らと出自を同じくする地方豪族の力を借りてようやく収拾したのである。もはや、古代国家を支えてきた従来の軍事制度は機能していない。時代にあった方法で、防衛を再建しなければならない。

そもそも、軍事力の崩壊はこの時に始まったことではなかった。既に九世紀から、有力貴族の私兵を公認し、宮門警備に振り向けざるを得ない事態が生じている。また、国単位で地方豪族から兵を動員する事もしばしば行われるようになっていた。

結局、朝廷は自力での軍事力再建を諦めた。ならば、どうするか。持っている所から引っ張ってくればよい。という訳で、地方豪族の力を借りる事で補う事にした。具体的には、彼らを都の軍事・警察に任用するようになる。例えば天徳四年（九六〇）、将門の子が入京したという噂が流れたが、その際も源満仲らに捜索させる事で対処している。無論、司法・警察機関がなくなった訳ではないが、有力豪族の私的武力に依拠するところ大であった。

こうして任用された有力豪族は、やがて中央で軍事貴族となった。読んで字の如く、軍事・警察を専門として朝廷に仕える存在である。彼らは、中央での職務を日常的に行うため、私兵を常に持ち続けねばならなかった。それまでは、少数の騎馬兵のみを所有し、必要な時に農民を招集するのが一般的だった。だが、もはやそれでは間に合わない。そこで、中小規模の地方豪族たちを部下に組み入れて組織化するようになる。こうして、軍事貴族たちは地方豪族たちを束ねる「武家の棟梁」となり、時には大貴族の私兵をも勤めながら存在価値を高め、やがては時代を左右する存在となっていく。

地方でも事情は大同小異であった。押領使・追捕使といった治安担当の役職を有力土豪が担い、更に必要に応じて武装した地方豪族が動員される体制が基本になった。

王朝国家

村上天皇の一連の施策は、社会が比較的安定していたこともあって後世から模範と仰がれる。父・醍醐天皇の時代が「延喜の治」と称えられたのと同様、「天暦の治」と呼ばれたのである。とはいえ、華やかな成果を追求し、無理をした時代なのも確かだった。例えば村上天皇は独自の貨幣・乾元大宝を鋳造したが、結局は古代日本での貨幣鋳造はそれが最後になっている。

以降の朝廷は、村上天皇時代の体制を引き継ぐ。いわゆる「王朝国家」である。その特色は、以下のとおりであった。

・有力貴族、主に藤原北家が外戚として天皇の周囲を取り巻き、政治の主導権を握る
・地方政治は、地方長官が土地単位での徴税を委任される
・軍事・治安は有力地方豪族出身の軍事貴族が私兵を保有して担い、彼らは地方豪族を組織化し「武家の棟梁」となっていく

集権的支配が動揺し、大反乱に直面した日本古代国家。その選んだ道は、前代未聞の体制であった。徴税・国防を、国家の要を丸投げする。これは、今日的な眼からは無責任に見える。国家の存在意義を問われかねない形式にも思われる。少なくとも、現代において「王朝国家」を直接参考にすることはできまい。もっともこれも考えようによっては、現実を直視し、対応する一つの方法と言えなくもなかった。出来る事と、出来ない事がある。その事実に抗わない事を、朝廷は延命の秘訣としたようだ。

ともあれ、「王朝国家」は中央での大乱がないままに二百年前後の命脈を保つ。これには、歴史的な蓄積による畿内の圧倒的な文化的優位がものをいったのは間違いない。しかし、やがて「王朝国家」は、社会的な実力を有する地方豪族らによって主役の座を取って代わられる。だが、「文化的」なブランドを武器として、その後もしたたかに朝廷は生き残り続けるのである。

対金戦争における南宋と秦檜

戦火を収めるためならば、手段を選ばぬ辣腕家
～その業績、是か非か～

秦檜　1090～1155

宋帝国の崩壊と再建

北宋は、中国統一王朝とはいいながらも北方民族王朝・遼からの圧迫に苦しみ続けた。だが一二

世紀前半、雪辱の好機が訪れたかに見えた。北方で新たに勃興した女真族の金王朝と共に遼と対抗する事となったのである。だが、これは実は破滅への入口だった。遼が滅亡した後、金との盟約を守らなかった北宋は怒った金によって蹂躙される。首都・開封は制圧され、皇帝らも虜囚の憂き目を見る始末。この辺りの詳細は拙著『敗戦処理首脳列伝』を参照いただきたいが、軽率な外交のもたらす重大な結末の見本としか言いようがない。

それでも、宋王朝の命脈は尽きなかった。金に中国北部を奪われた後も、難を逃れた皇弟を高宗皇帝として擁立し、江南を拠点に抵抗を継続する。以降の宋を南宋と呼ぶ。やがて金との戦いの中で、義勇軍から岳飛を始めとする名将たちが台頭。しばしば金軍を破るようになった。だが、金との戦いによる社会への負担は大きく、戦乱が長期に及ぶと国家の存立が危うくなるのも否めなかった。そうした中で、和平派として秦檜が台頭する。

秦檜の登場〜当初は対金強硬派だった〜

秦檜は地方官の子として生まれ、苦学の末に一一一五年に科挙に及第した人物である。若い時代は教育関係の役職を中心に務めた。宰相王珪の孫娘を妻に迎えており、閨閥の面でも将来を約束されていた。金と北宋の交渉で領土割譲が問題になった際、使者として金陣営まで赴いている。帰国後は殿中侍御史、左司諫、御史中丞といった役職に任じられ、危機にある北宋の中枢を担う一員となった。しかし、それが皇帝と共に北方へ拉致される不運へとつながる。金への和平を強行し、後世から売国奴として批判される秦檜であるが、少なくともこの時点では通常の対金強硬派の一員であったようだ。上述の領土割譲の際には相手の言いなりになる事に反対している。更に、彼が連行される直接の原因は、金が中国北部を傀儡皇帝擁立によって支配しようとした時に反発した事であった。

和平派として帰還～「天下を動かす秘策がある」～

北方にいた秦檜が宋に戻るのは一一三〇年の事。南宋と金の戦いが膠着状態に入ろうとしていた時期であった。金帰りということで重用され、礼部侍郎に任じられる。戦いの最中、金内部の情報を有すると思われる秦檜の存在は貴重と考えられた。ところで、彼が北から逃れた経緯について昔から疑惑が持たれている。本人は

「金からは、見張りを殺して脱出した」

と唱えた。だが、妻や奴僕までも連れ帰っていた事を考えると、それを疑問視する向きが出るのも無理はない。敵と何らかの取引をし、言い含められた上で帰還したのではないかと当時から考えられていたようだ。実際、山東方面軍のダランとの間で黙契が成立していた可能性は高いと現在でも推定されている。ダランは同じく金軍司令官であった宗翰と主導権争いをしていた。主戦派の宗翰と対抗するため、膠着した戦況を打開するため、ダランは和平を模索しようと考えたのである。

一一三一年、秦檜は宮廷内でこう吹聴した。

「自分には天下を動かす秘策がある」

その内容こそが講和論であったのは言うまでもない。これが高宗皇帝の興味を惹き、宰相に任じられた。だが、この時は彼の意見を通すことができず、翌年に解任される。南宋でも主戦論が強かったのだ。そしてこの頃から岳飛が襄陽を奪回するなど、金との戦いの中で台頭。更に一一三四年、金が大規模な侵攻をしたが、南宋軍はこれを打ち破る大戦果を上げた。岳飛の他にも、韓世忠・張俊といった軍人たちがこの時期には活躍を見せている。しかし、これらの軍人達は不仲で連携を欠いていた。これが、秦檜にとっては付け入る隙となり、岳飛の悲劇へとつながっていく。

さて、和平論を通す事に失敗した秦檜は、一旦中央から距離を置き、江州・紹興府などの地方長官を歴任。枢密使として政府に戻ったのは一一三七年であった。この頃から、秦檜は表立って反論できない名目を立てることを考えたらしい。曰く、

「北方で崩御された徽宗皇帝の棺を迎えられるようにしよう」

というものである。徽宗は高宗の父親であった。異郷で没した父の棺を取り戻すというのは、孝を重んじる中国において子の務めであると言ってよい。実に巧妙な大義名分と言えよう。だが、秦檜の凄みが発揮されるのは、ここからであった。徽宗の棺を返還するよう求める一方で、前皇帝・欽宗の帰還は避ける方針を採ったのである。高宗の即位は拉致された兄・欽宗の代理としてで、あくまで臨時の措置である。そういう建前であったからだ。欽宗がもし帰還すると、理屈の上では高宗は兄に帝位を返還せねばならない。

「今更、そんな事ができるか」

高宗の本音としては、そんなところであったろう。仮に欽宗が復位を望まなかったとしても、高宗の正統性は著しく傷付くのである。秦檜の案は、そうした高宗の心の襞を巧みに突いたものであった。かくして、秦檜は高宗の心を捉えていくのである。

一度目の和平

ここで目を北方に転じると、金もまた中国北部の経営に苦しんでいた。金は漢民族出身者を皇帝とする傀儡政権を樹立する事で中国支配に乗り出していたが、現地民の支持を得られなかったのだ。彼らの後ろ盾となっていた宗翰はやがて兵権を奪われ、その政敵ダランが金の主導権を握る。彼は

一一三七年、傀儡政権を廃止し、南宋との直接交渉に乗り出した。ダランは前述の通り、虜囚の身であった秦檜と密約を結んだとされる人物である。秦檜にとっては、和平のお膳立てが整ったといえよう。

ここに南宋と金の間で和平交渉が持たれる。南宋政府内では強硬派の勢いはなお侮れなかったが、秦檜は高宗の支持を後ろ盾に全権を獲得。一一三八年八月、一旦和平条件がまとまった。黄河以南を金が南宋に返還する、南宋が金に毎年銀二五万量・絹二五万匹を貢納する、南宋が金に臣下の礼をとる、というのが条件であった。屈従を余儀なくされるとはいえ、旧都・開封を含む河南や長安を含む陝西などもこの時には返還されるはずであったという。実利としては悪くない条件であろう。

この際、秦檜は国内の反対論を抑えるため姑息ともいえる工夫をしていた。まず、徽宗の喪を理由として、高宗自らが金の国書を受け取らない事で金と同意を取り付けた。また、金からの使者が来る際には重臣たちを同席させない一方、配下の官僚に朝服を着せ、百官が出迎えたように見せかけてもいる。こうすれば、金から見れば南宋が臣下として礼を尽くしたように見え、南宋内部からは金と対等な立場で交わっていると見えなくもない。一種のペテンである。それでも、武人の反対を覆す事はできなかったのだが。

岳飛の粛清

かくして一度は和平が成立する。だが、そうそう上手くは運ばなかった。金の和平派であったダランが一一三九年に暗殺され、強硬派が再びとって変わったのである。こうなると、せっかくの和平も破綻するのは自然の勢いであった。一一四〇年、金軍は再び南宋に侵入。南宋はこれを迎え撃ったが、この時も秦檜は高宗を説き伏せている。

「最終的な方針はあくまで和平であるべきで、そ

れは揺るぐものではありません」

かくして防衛戦に成功すると、南宋軍は追撃する事なく撤退した。

「国内における和平派の力を確かなものにするためには、武人を切り崩さねばならない」

秦檜は、主戦派との対立の中でそう考えるようになる。一一四一年、彼は有力武将の一人・張俊を買収、和平派に転身させる事に成功。この時、張俊は秦檜の勧めに従って兵権を返還している。そのため、主戦派である岳飛・韓世忠もこれに倣わざるを得なかった。だが、彼らが内心で不平なのは明らかだった。

中でも秦檜が危険視したのが岳飛である。岳飛は主戦派武将の中でも功績が図を抜いており、学もあった。そのため軍の中でも大きな影響力があったのである。和平派の優位確立のため、自らの地位を守るためには彼を除く必要があると秦檜は判断した。

元来、中国では伝統的に文官の武官に対する優越が確立している。特に北宋では文治政治が行われ、その傾向が顕著であった。とはいえ、自ら兵を養う軍閥から有力武将が成長している現状では、いつ中央政権にとって変わろうとするか分からない。まして、宋は後周王朝の有力武将・趙匡胤が配下の軍人たちに擁立され、皇帝となる形で建国された王朝なのである。岳飛自身は王朝への忠義を貫いているであろうが、としても、将来への危険な前例になる事には変わりない。秦檜はそう自らを正当化したのではあるまいか。

この年の七月、朝廷に岳飛を弾劾する言説が流れた。言うまでもなく、秦檜の手によるものである。その上で、秦檜は岳飛配下の部将を味方に付け岳飛軍の幕僚を訴追させる。そして、それを足がかりとして一〇月に岳飛父子を捕縛。そのまま一二月に殺害した。かくして主戦派の重鎮は取り除かれ、秦檜にとって国内の障害はなくなったといえる。

再びの和平

岳飛の追い落としと同時進行で、金との和平交渉が再度進展していた。一度は強硬論に転じた金であったが、南宋征服が難しいという事実に直面。更に北方民の脅威もあり、宋との手打ちを考えるようになっていた。かくして岳飛が捕らえられた直後の一一月、二度目の和平案が固まる。この時の条件は、南宋の金への臣従、南宋から毎年銀二五万両・絹二五万匹の貢納という点では前回と同じだが、淮水中流を国境という点が異なっていた。前回より、国境線が南にずれ込んだのである。

なお、秦檜が国内向けに金への臣従を隠蔽したのは今回も同様であった。宋側の記録では和平条件のなかの「世々臣節を守る」という一説が省かれているのである。一一四二年、金と誓書を取り交わして正式に和平が成立、八月に徽宗と皇太后の棺が返還された。

権勢への執着

和平が成立後、秦檜は武人勢力を政府から駆逐する。韓世忠は時勢に背を向けて引退し、秦檜に協力した張俊も退けられた。

秦檜は、その後も一一五五年一〇月に六六歳で没するまで南宋の実権を握り続けた。その間、自らの権勢と名声が傷つかないよう腐心したと伝えられる。まず言論を統制し、野史・稗史を禁じた。更に養子・孫を史官に就けている。恐らくは、自分に都合の悪い史料を廃棄させるためだろうと推定されている。秦檜の強圧的な姿勢には、高宗も次第に圧迫を感じるようになったようだ。和平の際にあれほど信任した秦檜が没した際、高宗はこう述懐したという。

「今日ようやく、靴の中に刀を隠さなくて済むようになった」

思えば、秦檜は高宗が兄・欽宗の帰国を内心では望んでいない事を見透かしていた。そうした、人には言えぬ思いまで彼に把握されていたのが、皇帝には負担になっていたのであろうか。

この男、是か非か

秦檜がこだわり続けた金との和平は、南宋の国力を考慮すると止むを得ないと思われる。当時、淮水以北の回復が難しい状況であり、長引く戦乱は南宋の民衆に大きな負担を与えていた。実際、領内では反乱が相次ぎ、これを討つため岳飛・韓世忠・張俊らをも動員する必要が生じている。また、有力な武人は地方に勢力を張り、地方軍閥として自立する危険もあった。長期的視点に立つと、南宋にとって戦いが慢性化する事は望ましくなかった。

だが、それはそれとして秦檜による専制・圧政は反発を買っていた。敵国への屈従を強いられた和平の主導者という側面ともあいまって、彼には後世まで悪評がつきまとう。例えば、孔文卿『地蔵王征東窗事犯』や金仁傑『秦太師東窗事犯』といった演劇作品では悪役とされ、明末の口語小説集『三言』に至っては秦檜を無限に地獄の責め苦を受け続ける存在として描いた。後に、岳飛が救国の英雄として崇められ神として祀られるようになると、その廟には鎖で繋がれ跪く秦檜夫妻の像が据えられた。参拝客は唾を吐きかけたり石を投げ付けたりするのが常だったという。

むすび

秦檜が推進した金との和平は、北宋末からの動乱に一旦の幕を引き、安定をもたらした。だが、その過程での悪辣なまでの敵対者の排除、為政者としての専権ぶりが反発を招いたのはやむを得ない。彼の業績は正当に評価されたとは言い難いが、それも本人に責任がないとは言えないであろう。だがともあれ、彼がもたらした平和が南宋の経済的繁栄につながった事実は否定できないところである。秦檜は個人として見ると間違いなく「極悪人」であろう。だが、そうした「極悪人」が社会に貢献をなすこともある。そこが歴史の面白さと言える。

承久の乱後の朝廷と九条道家

無理が通らなきゃ道理を掲げろ、武威がなければ借りるまで

～威信失墜からの再建　民意を重んじ信頼回復～

十三世紀の激震

一三世紀前半、日本列島は政治的激震に襲われた。承久三年（一二二一）、歴史開闢以来、列島の支配者として君臨してきた朝廷が、地方の武人政権によって完膚なきまでの軍事的敗北を喫したのである。そして、それにとどまらず朝廷を動かしてきた帝王たちが、臣下に過ぎ無いはずの武人たちによって流罪に処せられた。幸いにして朝廷はその後も存続を許されはしたが、敗北の痛手はあまりにも大きかった。何しろ、実力の低下を全土に露呈した。そしてそれによって権威を著しく喪失したのだ。そこから立ち直るには、並大抵の苦心ではすまないであろう。その難局に立ち向かったのが、最有力貴族・藤原氏嫡流の九条道家（一一九三～一二五二）である。だが、彼の奮闘について語る前に、なぜこのような事態に至ったのか、それを少し時代を遡って概観したい。

武人政権・鎌倉幕府の成立

大和地方から発展し、日本列島に初めての集権的古代国家を樹立した朝廷。しかしその勢いは八世紀後半には陰りを見せ、一〇世紀になると徴税を地方長官の裁量に任せ、国防を軍事貴族やその支配下にある地方豪族に依存するに至った。徴税・軍事という中央政府としての大きな柱を弱めながらも、朝廷は有力貴族・寺社に推戴された盟主としてなお百年以上君臨する。だが、一一世紀後半に入ると、地方反乱の鎮圧、寺社や貴族の抗争への関与を通じて軍事貴族が徐々に存在感を強め、一二世紀後半には最有力軍事貴族・平氏一族が平清盛を中心として朝廷の実権を握るに至った。だがその急激な台頭は各方面からの反発を招き、彼らに排斥・圧迫されていた軍事貴族や地方豪族が各地で挙兵する。中でも源頼朝・源義仲らは平氏と並び称された名門軍事貴族・源氏の出身で、中央への不平を蓄積していた現地豪族たちに推戴され有力勢力となった。最終的には関東を中心に勢力を固めた頼朝が義仲や平氏を打倒し、鎌倉に軍事政権を樹立する。いわゆる「鎌倉幕府」である。軍事的な頼朝の対抗馬が存在しなくなると、自前の軍事力を持たない朝廷はそれを追認する他に手はなかった。朝廷は頼朝に右近衛大将、次いで征夷大将軍の位を贈り、鎌倉幕府はその名分を整えた。朝廷はその後も幕府に対する建前上の宗主権は有していたが、列島の支配力に大きく掣肘を加えられることとなる。

承久の乱〜伝統的王朝、新興武人政権に惨敗〜

朝廷の最高権力者である後鳥羽上皇はこれを快く思わず、承久三年（一二二一）に朝廷と幕府は軍事的に衝突する。承久の乱である。軍事力に劣る朝廷は幕府軍に一蹴され、幕府による朝廷への処分は前例のないものであった。最高権力者・後鳥羽上皇を始め土御門上皇・順徳上皇が流罪とされ、即位後間もない仲恭天皇が退位させられた。また、幕府に敵対した貴族も処罰され、領地が没収される。上述のように、朝廷にとってこれはただの軍事的敗北ではなかった。形式上は臣下である幕府に実力が大きく劣る事を天下に知らしめ、権威に大きな傷を残すものであった。以降、幕府と朝廷の力関係は大きく幕府に傾き、朝廷は依然として西日本を中心に政治的支配権を残していたものの支配体制の再建や権威の回復が急務となったのだ。九条道家が朝廷の主導権を握るのは、そうした時期のことである。

九条道家の登場

道家は朝廷における名門貴族の頂点である摂関家の一つ・九条家の出身。父親は九条良経、母親は一条能保の女（源頼朝の姪）である。そして祖父の九条兼実は、頼朝と結んで朝廷と幕府のパイプ役を担って朝廷再建に努めた人物であった。父が早世したため建永元年（一二〇六）に家督を継ぎ、承久元年（一二一九）に鎌倉で将軍・源実朝が暗殺されると、幕府の要請で四男の頼経を将軍として鎌倉に送っている。伝統貴族の頂点に立つ存在であると同時に、頼朝や幕府とも縁戚関係にある人物だった。

承久の乱後、道家は仲恭天皇の外戚であったため一旦は蟄居を余儀なくされる。しかし将軍の父親であった縁もあって、やがて復権を果たす。何より、この時の朝廷を取り仕切れる人物が他にいなかったのだ。それを契機に、安貞元年（一二二七）には叔父良平が左大臣、子の教実が右大臣と道家の近親が重職を占める。そして翌年、道家は近衛家実に変わり、関白に就き、名実ともに朝廷における臣下の第一人者となった、三年後の寛喜三年（一二三一）には教実に関白を譲ったものの、その後も「大殿」と呼ばれ宮中で大きな力を振るった。そして関白はその後も近衛兼実、二条良実、一条実経と道家の縁者が継いでいる。更に道家は叡山座主、三井寺長吏、山階寺別当、仁和寺に子を入れて宗教勢力の取り込みにも力を注いだ。もっとも嘉禎二年（一二三六）には東福寺を建立した事から分かるように、道家が純粋に仏教への信仰が篤かったのも事実ではある。

訴訟改革～道理ある裁判で説得力を～

さて、当時の政務において最も大きな要素を占めるのが、裁判である。幕府はもちろん、朝廷にとってもそれは同様であった。しかし、この時期の朝廷は大きな問題に直面していた。前述したように未曾有の敗北を喫した朝廷は、有無を言わさず判決を受け入れさせるだけの威信もなければ、判決内容を実行する上での強制力もなかったのだ。ならば、朝廷の裁判は社会一般における「道理」を根本に据え、社会の認識を追認するしかない、そうして人々が納得する結論を出していく事で信頼を回復するよりない。それが道家らの基本方針となった。となると、朝廷がそれまで基本法典としてきた律令にこだわるわけにはいかない。というわけで、これ以降、律令が判断基準とされるのは貴族・寺社、すなわち朝廷の構成員を輩出していた権門同士の訴訟にとどまる。権門外部の関わる訴訟においては、もはや律令は参照も引用もされなくなったのである。朝廷が一般庶民への視線や価値観を政治に導入する、それは当時としては画期的な出来事であった。

強制力のないままで、人々を納得させる判決を出す。言葉にするのは簡単だが、実行するのは大変な難問であった。そのためには、今までの家柄重視の人事はもはや通用しない。これからは能力第一だ。道家の四条天皇への上層文からは、そうした考えがうかがい知れる。曰く、任官叙位は家門より才能・奉公ぶりを基準とする、次に彼らの合意による訴訟体制を確立する、というものであった。結果、従来の家柄によって定まった地位を得ただけの上級貴族はその椅子を剥奪されこそしなかったものの実権を失い、形骸化。一方、菅原為長、吉田為経、葉室資頼、二条定高といった実務に長じた下級貴族たちが数多く登用されたのである。

幕府との友好関係～強制力確保のために～

　また、「道理」や一般社会の認識を重んじるからといって、全く強制力を持たないままでいるわけにはいかなかった。何しろ、独自の武力を有する寺社も、既得権益を守るためしばしば訴訟を持ち込んでいたからだ。朝廷自身が強制力を持たない以上、持つものに頼るほかはない。となると、欠かせないのが強大な軍事力を有する鎌倉との関係を良好に保つことであった。そして、その点も将軍の実父である道家が地位を確保するには有利に働いた。当時、関東との繋がりを背景に西園寺実経が朝廷内部で我が世の春を誇ったのは比較的知られているが、実はその権限は割合限られていたらしい。実質的には、鎌倉との交渉において大事は道家が、雑事は高階経雅が道家の意を受けて行っていた。

　こうした道家らの朝政再建のための努力は少なからず報われた。当時の日記は、訴人が雲霞の如く後を絶たない、としばしば記している。これは、道家の改革によって朝廷の訴訟能力が評価されるようになった事を意味するに他ならない。朝廷への信頼回復は成功したのである。

　この時期、道家の朝廷における権勢は相当なものであった。何しろ最大の功労者であると同時に、幕府とのパイプの持ち主なのである。政務の施行形態からもそれが伺い知れる。まず奉行が要件を目録に書き、仲介人（諸大夫、殿下家司）を経て道家に伝達する。そして道家の「仰」を申次が奉行に伝え、奉行は「仰」を目録に記して一部を道家の手元に残す。そして最後に口頭で天皇に報告し、了解を得た上で実施に移すというものであった。意思決定において道家が最終的な鍵を握っていたのがよくわかる。当時の文書にもそうした傾向は明らかだった。この時期、綸旨、すなわち天皇の略式命令書が著しく減少。代わって殿下御教書・藤氏長者宣・氏院別当宣といった摂関家家長からの文書が主になっていたのである。

転機～後嵯峨天皇の即位～

しかしながら、満ちた月はやがて欠けていかねばならない。権勢の絶頂にいた道家にも、陰りが忍び寄っていた。この頃、鎌倉では道家が権勢を振るう事に対する警戒がなされつつあった。何しろ将軍の父である。それを契機に幕府内部に介入する危険すらあった。それに加えて、道家が嘉禎元年（一二三五）に後鳥羽・順徳の帰京を願い出た事も一因となった。乱の首謀者である危険人物を復権させようとする動きは、幕府にとって認められるものではなかった。そんな中、暦仁元年（一二三八）に将軍頼家が上洛。この際、最初に将軍が訪問した先は西園寺公経であり、実父である道家はその次に廻された。これには、そうした微妙な関係が影響しているのかもしれない。そうした中で幼少の四条天皇が急死。後継の決定が急務となった。そこで道家は順徳上皇の子・忠成王を擁立しようとする。しかし、幕府にとっては承久の乱に積極的に関与した順徳の子が即位するのは認められなかった。順徳は流刑地でいまだ存命であり、子の即位を契機に復権するという予想図は幕府にとって悪夢である。結局、幕府が後継に指名したのは土御門上皇の子・邦仁王であった。同じ御鳥羽の子でも、土御門は寧ろ御鳥羽の挙兵に否定的であったためである。こうして邦仁王が即位した。後嵯峨天皇である。成年に達した天皇の即位は、朝政にも影響を与えずにはいられなかった。以降、天皇の側近として土御門定通が台頭し、綸旨の交付数も増加する。一方で道家はほとんど参内しなくなった。道家の権勢が以前ほどではなくなった事、道家と天皇の間に距離があった事がここからは分かる。

とはいえ、その後もしばらくの間は、鎌倉と道家の緊密な関係は表面上保たれていた。まず寛元二年（一二四二）、道家は関東申次となり、鎌倉との交渉を正式に担うこととなる。また、将軍の地位も頼経からその子・頼嗣に受け継がれ、道家は引き続き将軍の尊属であった。そして寛元三年

（一二四五）、道家は後嵯峨の退位を鎌倉に申し入れ、鎌倉もこれに反対はしなかった。かくして翌年、御嵯峨の子・後深草天皇が即位している。鎌倉が道家を引き続き重んじていた背景には、幕府自身の内紛があった。この時期、幕府の実権を握る北条氏家長（得宗）と将軍・北条氏反主流派（主に名越家）との対立が尾を引いており、外部に強く出るのをためらっていたのだ。

道家時代の終焉

しかしながら、道家の運命に垂れ始めていた暗雲はやがてついに表面化する。寛元四年（一二四六）、鎌倉で名越光時が反乱。それに関与したとして前将軍頼経が京に送還された。そして京では道家の謀叛が囁かれるようになる。これに乗じて鎌倉は道家の力を削ぐ方向に動き出した。まず、朝廷に道家を関東申次から罷免する事を予告し、次いで後嵯峨上皇に朝政の主導権を握るよう申し入れた。すなわち、これは道家を切り捨て、御嵯峨を新たな朝廷の代表者と認めるとの幕府からの意思表示に他ならない。これを受ける形で、この年一〇月には西園寺実氏が関東申次となる。

こうした幕府からの動きに対し、道家は縁戚関係にあった幕府有力者・三浦氏との連絡を密にする事で北条氏に対抗し、巻き返しを図る。しかし、朝廷内の反道家派や幕府の動きは迅速だった。翌年には道家の子・実経が摂政の地位から退かされ、関東では六月に盟友・三浦泰村が北条氏によって滅亡に追い込まれたのだ。ここに、道家は朝廷・鎌倉における大きな足がかりを失ったのであり、その政治的打撃は計り知れないものであった。

更に四年後、鎌倉で反幕府の動きがおこると、道家が裏でそれに関与したと疑われ、九条家は勅勘を蒙ってしまう。朝廷の威信を回復させ、自らも祖先の藤原道長をも彷彿とさせるほどの栄華を誇った道家であったが、ここに政治生命を絶たれてしまった。失意のうちに道家が急死したのはその直後であった。

後嵯峨院政～道理ある裁判路線の継承～

道家死後に朝廷政治の主導権を握ったのは後嵯峨上皇であった。かつて道家と対立関係にあった御嵯峨であるが、基本的な政治方針は道家時代とほぼ共通している。すなわち、家柄でなく能力第一とする人材登用や、それに基づく合議主義の路線が引き続き採用され、葉室定嗣に代表される実務官僚が重用されていた。もっとも、摂関家中心から上皇中心へと移った関係上、政務の形態に幾許かの変化は生じる。一例を挙げると、文殿衆は本来、紀伝道、すなわち詩文を専門とする学者を中心に編成された、詩会を行うための組織であった。しかし御嵯峨の時代には、明経・算・明法、すなわち儒教・数学・法律を専門とし、実務に強い学者を多く参加させるようになり、政治諮問組織としての性格を強めている。そして、そこから中原氏・清原氏・小槻氏といった下級官人が台頭。訴訟処理等にその能力を発揮するようになる。後嵯峨以降、退位した天皇の一人が皇室の家長として主導権を握る、すなわち院政が朝廷政治の基本となる時代がしばらく続いた。院政と言えば、一一世紀末から一三世紀前半、すなわち白河上皇から後鳥羽上皇までの専制的なそれが一般には知られている。だが、御嵯峨上皇に始まるこの時期の院政は上述のように性格が異なるため、区別して「後期院政」と呼ばれる事が多い。

むすび

承久の乱によって失墜した朝廷の政治的威信は、九条道家が幕府との協調や同時代の実情に合わせた実務処理への転換を果たす事である程度の回復に成功した。そして、政治的に敵対したといってよい御嵯峨上皇も、その路線を受け継ぎ、発展させたのである。しかし、この時期の朝廷には新たな問題が発生していた。御嵯峨の死後、皇室はその家長の地位をめぐって二系統に分裂、やがては幕府をも巻き込んでの対立に発展する。やがてそれが日本全土を巻き込んだ戦乱のきっかけになるとは、この段階では知るすべもなかった。

第四回十字軍後のビザンツ帝国再建とミカエル八世

「最も狡猾なギリシア人」、生き残りをかけて西欧を翻弄す

ミカエル八世パラエオロゴス
Michael Ⅷ Palaeologos
1224～1282
皇帝在位　1259～1282

ビザンツ帝国の滅亡と再建への奮闘

ビザンツ帝国。それは、かつて地中海全域を支配したローマ帝国の末裔である。ビザンツは長きに渡りギリシア・小アジアを中心に繁栄したが、一二世紀にはいると衰退が明らかになっていく。貴族の独立傾向が強まり、中央政府はこれを制御できなくなっていったのである。そんな中、西欧で第四回十字軍が企てられた。本来はエルサ

レムをイスラームから奪回する事が目的のはずだったが、紆余曲折の末にビザンツの首都・コンスタンティノープルを攻略。ここにビザンツは一旦滅亡し、十字軍の手によるラテン帝国が建国された。しかし少数の外来者であるラテン帝国は旧ビザンツ領を完全に掌握する事は出来ず、ビザンツ残党が各地に割拠して反撃の機を伺う情勢となる。一方、ビザンツ系勢力もニカイア、トレビゾンド、イピロスなどの地方政権を樹立して抵抗するが大同団結には至らなかった。その中から、ニカイア帝国が比較的豊かな直轄地の農業生産力を生かして抜け出し、帝都奪還とビザンツ再興の期待を担っていく。その中でミカエル八世パラエオロゴスが台頭する。

梟雄ミカエル・パラエオロゴス

ミカエル・パラエオロゴスは父方の祖母がコムニノス家、母方の曽祖父がアレクシオス三世という名門貴族の出である。テオドロス二世時代の一二五七年には包囲を受けていた味方を救出するための援軍を率いてイピロス専制公国と戦うが勝利できなかった事が知られている。またその直後、反逆を疑われ、投獄されたこともある。赦免された後にニカイアの統治官となっているが、再び疑いをかけられ小アジアに亡命している。何とも波乱万丈な経歴であるが、比較的早い時期から野心を警戒されていたということだろう。そうした時期の話だと思われるが、ミカエルは何らかの疑惑を掛けられ、神意裁判によって無実を証明するよう求められたと伝えられる。素手で灼熱した鉄の玉を受け取り、手が焼け爛れたら有罪、無事なら無罪。常識で考えて無事で済むとは思えない。絶体絶命の危機に陥ったミカエルだが、ここで一計を案じ、立ち会い人である聖職者に対し、こう言った。

「その焼けた鉄の玉を閣下から自分に直接手渡しするようにしてほしい」

この一言が効いて、その審判は中止となった。ミカエルは、当意即妙の才に長じた人物であった。
さてヨハネス三世時代の一二五三年、ミカエルはヴォディナ統治官として復権を果たした。この頃になると、ヨハネス三世にとって甥の娘にあたるテオドラを妻に迎え、有力者の地位を確保していたのだ。そして一二五八年、幼少のヨハネス四世が即位するやいなやミカエルは勝負に出る。幼帝即位からわずか九日後に不平貴族たちと共謀し、摂政ムザロンを殺害したのである。それも事前に総主教アルセニオスと話を付けた上での事であり、自らが後継の摂政となる事への了解を取り付けるのは造作もない事であった。そして一二五九年一月一〇日には一歩進めて共同皇帝の地位についている。ミカエル八世である。ニカイア帝国はビザンツ系諸国の中では一歩ぬきんでているとはいえ、まだまだ対外的に危うい状況であった。そうした情勢に対処できるような強力な支配者が欲しい、皇帝が幼少では心もとない。そういった声が国内には高かった。ミカエルはそれに乗じる形で、自らが玉座に就く正統性の乏しさを乗り越えたのである。なお、共同皇帝への即位を求める際にミカエルはこう言ったと伝えられる。

「ムザロンのようになりたくない」

最高指導者として安定した地位が欲しい、という意味だろうが、それにしたってムザロンを追い落としたのは誰か、というのを見事に棚に上げた何とも厚顔無恥な物言いではある。

帝都奪回～ミカエル、単独皇帝に～

さて、ミカエルが即位すると、ニカイアによる旧都奪回へ向けた動きは活発化していた。この年、ミカエルの弟ヨハネスがペラゴニアで勝利してイピロスを無力化させる。勢いに乗ったミカエルはラテン帝国からの休戦申し入れを拒否。権謀術数に自信があった彼は、敵内部との内通によってコンスタンティノープルを奪回しようと目論んだ。一方、外交によってラテン帝国やその庇護者に圧力をかけることも忘れなかった。一二六〇年には東方のルーム・セルジューク朝と同盟を更新、またヴェネツィアに対抗するためジェノヴァと同盟したのである。

こうして旧都奪回への準備を整えていたミカエルだったが、それは思いもかけない形であっけなく実現する事となる。一二六一年七月二五日。この日、ラテン帝国の主力部隊は出撃し、コンスタンティノープルは空に近くなっていた。たまたま旧都を偵察したニカイア帝国の軍勢がそれに気づき、労せずしてコンスタンティノープルを奪回する。当初ミカエルはこの吉報を信じなかった。余りに話がうまく出来すぎている、そう考えたのも無理もなかった。鹵獲したラテン皇帝の冠が届けられるに至って、ようやく悲願が果たされたのを信じたという。この輝かしい戦果を、ミカエルは自らの権威向上のため最大限に利用した。八月一五日、ミカエルは「導きの聖母」のイコンを掲げて黄金門から入城。ストゥディオス修道院・聖ソフィア聖堂を通過するコースで凱旋式を挙行して自らの威光によるものである事をアピールした上で、九月に改めて戴冠式を行ったのである。ここに、ビザンツ帝国は名実共に復活した。ミカエル八世は、歴史的快挙を成し遂げた英主として名を刻むことに成功した。こうして自らの地位が確立したと見たミカエルは同年一二月にヨハネス四世の目を潰し幽閉、単独の皇帝としての形式を整える。とはいえこの暴挙は流石に反感をかったようで、ミカエルは総主教から破門されている。

東西教会合同の試み
～西欧の脅威を抑えるために～

さて帝都を奪還し、ビザンツ帝国を再興したミカエルであるが、周囲を敵に囲まれ、国力がまだまだ弱体であるという危機的状況は変わりなかった。イタリア都市国家がビザンツ旧領の各地に支配権を及ぼしていたし、ギリシア中南部にフランク人勢力が居座っており、セルビアやブルガリアも侵入していた。そして何より、アンジュー伯シャルルがシチリア王（当時のシチリアはラテン帝国の基地というべき存在であった）としてラテン帝国再興の野望を燃やしていたのである。ミカエルはこうした状況を外交によって切り抜けようとする。まず何よりも防がなければならないのは、シチリア王シャルルとローマ教皇が結びつく事であった。そうなるとシャルルの軍事行動に聖戦としての名分が整い、第四回十字軍の再現になりかねない。そうなってしまえば、今のビザンツには対抗する力はない。

そこでミカエルは、奇策に打って出た。ローマ教皇に対し、東西教会合同を呼びかけたのである。ローマとビザンツは、共にキリスト教を奉じていながらも、互いに相手を異端として長らく敵対していた。第四回十字軍によるビザンツ攻略も、それが背景にあった。その宿敵の総本山に、ミカエルは直接働きかけた。ローマとしても、向こうから折れる形で呼びかけてきた以上、血を流す事なくカトリック主導の教会合同が実現するのだから断る理由は何もない。こうして話は順調に進み、一二七四年七月六日のリヨン公会議で教会合同が決議された。こうして教皇とビザンツが結びつく事でシチリア王とローマの同盟を阻止するのに成功したかに見えた。しかし、落とし穴はミカエルの足元、すなわちビザンツ国内にあった。長い年月をかけて育まれた敵対心を人々から除くのは用意ではない。ましてやこれに宗教が絡み、更に直近の恨みまであるのだから。カトリックとの合同に対して、ビザンツ国内から強い反対が出た。そのためなかなか教会合同を実施に移すことが出来ず、結局一二八一年に教皇マルティヌス四世が約束の不履行を責め、ミカエルを破門するという形で決着。ミカエルの秘策は不発に終わった。

ミカエルの辣腕～ビザンツ、当面の危機を脱出～

　西欧の精神的総本山を外交で篭絡する事はできなかったが、イスラーム諸国をも含めた東方諸国との外交は順調であった。例えば、キプチャク・ハン国と同盟してブルガリアに対抗、イル・ハン国と結んでルーム・セルジューク朝を牽制、ハンガリーの友好関係によってセルビアを抑え、更にエジプトのマムルーク朝とも同盟関係樹立に成功していたのである。これらの遠交近攻策が奏功し、周辺諸国との軍事的関係は比較的順調であった。バルカン半島やギリシアでは有利に戦いを進めており、ブルガリア相手にも攻勢に出ていた。そして西欧に対しても別の布石を打った。ビザンツはジェノヴァやヴェネツィアに特権を与えて同盟を結ぶ。彼らがシチリアと結びつくのを阻止するためである。

　しかし、やはり西欧の情勢はビザンツにとって難題であった。教皇との連携が最終的に失敗した一二八一年、シチリア王シャルルはヴェネツィアと同盟。ビザンツにとって、これは大きな脅威である。これに対し、ミカエルは非常手段で対抗する。翌一二八二年、シチリアでシャルルへの不平分子が反乱、シャルル側の勢力はシチリアから駆逐された。世に言うシチリアの晩鐘事件である。この背後でミカエルが反乱勢力を扇動・支援していたのは言うまでもない。こうして、復興間もないビザンツ帝国は当面の危機を脱したのである。それを見届けたミカエル八世が没したのは間もなくの事であった。

むすび

　ミカエル八世は、「最も狡猾なギリシア人」と称される。当時、ビザンツ人は西欧からは一般的に「二枚舌」というイメージを持たれていたのだが、その中でも際立って謀略の才に長じていたということであろう。その卓越した権謀術数によって皇帝にまで成り上がったミカエルは、その才を対外的にも遺憾なく振るった。それによって一旦は滅亡したビザンツ帝国の再建に成功し、更に弱体な祖国を守り抜いて見せたのだ。しかし、これは逆に言えばビザンツの存続はミカエルの個人的能力に大きく依存する事で辛うじて成り立っていた事を意味していた。この頃、ビザンツの国力は既にイスラーム勢力に遠く及ばず、更に成長しつつある西欧商業勢力からも浸食を受けつつあった。もはやビザンツは地中海周辺における経済面で主導権を握る事はかなわなくなっていた。またミカエルによる国家再建のための戦いは国庫や人民に負担をかけ、国内で反乱が相次ぐようになる。ミカエルの事業は、彼自身の才覚によって無理を重ねた上に辛うじて成立した、危うい綱渡りの所産だったのである。

ミカエルの死後、彼と同様な才覚の持ち主はビザンツにはついに現れなかった。もっとも、現れたとしても如何ともしがたかったかもしれない。その後のビザンツ帝国はかつての栄光を取り戻す事はかなわず弱体化を続け、最終的にはオスマン帝国への属国化を余儀なくされた挙げ句に滅亡することとなる。とはいえ、彼の創始したパラエオロゴス王朝はその後も継承され、百余年の余命をビザンツにもたらした。そしてパラエオロゴス王朝はビザンツ史上最長かつ最後の王朝としてビザンツ文化の光輝を後世に残す。それは、彼らのせめてもの意地の所産だった。

たとえ権力を失おうとも、
神話以来の権威ここにあり
～これぞ「象徴天皇」の原点～

南北朝動乱後の日本と後小松天皇

後小松天皇
1377～1433
在位 1382～1412

南北朝動乱と天皇家の衰微

一四世紀の日本は、全国を二つに分けての大乱の時代であった。南北朝の動乱である。その戦いでは、朝廷すら二つに割れた。京都に置かれた北朝、そして吉野を拠点とする南朝である。戦いは六〇年の長きにわたり、最終的には北朝を擁立する足利氏の武人政権、いわゆる室町幕府によって統一がなされた。だが、戦乱を通じて朝廷の権威・実力は承久の乱の時をも凌ぐほどの失墜ぶりを見せ、形式ばかりの存在にまで転落する。内乱当初、朝廷は官職・所領の公認、京都の商工業者への課税、寺社領の治安取締、寺社官職の任命といった権限を有していた。しかし動乱の後半には、京都の行政・治安取締といった首都を動かす権限すら満足に実施できなくなり、多くが足利政権の手に渡っている体たらくである。そして、やがて幕府からは朝廷内部で処理すべき案件にまで介入が為されるようになった。例えば貴族や寺社への所領・家門（家督）の安堵や官職の任命、更に勅撰集（天皇の命で編纂される和歌集）の編纂といったものに至るまで。特に、第三代将軍・足利義満が幕府を主導するようになると、義満は貴族としても栄達を果たし、名実共に第一人者として振る舞う。そうした時代に朝廷の長として生きたのが後小松天皇である。後小松は、その生涯を通じて朝廷の権威回復に意を注ぎ、その生存に力を尽くす。

幹仁親王、後の後小松天皇は、永和三年（一三七七）に北朝第五代・後円融天皇の第一皇子として生まれた。母は通陽門院藤原厳子である。永徳二年（一三八二）、幼少ながら父より譲位を受けて帝位に就く。この際、後円融は皇室の家長として院政を敷く形式をとったが、義満は後円融の執事となり、その家政をも手中にしていた。

南北朝動乱とは

さて、後小松の時代について詳細に述べる前に、朝廷がここまで衰微した原因である南北朝動乱について概観しておこう。一三世紀、承久の乱の敗北によって衰退した朝廷だったが、九条道家や御嵯峨上皇らが尽力することで時代への適応を遂げ、政治的信頼をある程度回復する。だが、御嵯峨の死後、皇室はその家長の地位をめぐって二つに分裂した。後深草天皇の系統・持明院統と、後深草の弟・亀山天皇の系統・大覚寺統である。そして貴族たちもそれぞれに分かれ、朝廷そのものが二つの派閥に割れた。その争いは当時、日本最大の実力者であった東国の軍事政権・鎌倉幕府にも飛び火する。両派閥はそれぞれ、幕府に支持を求めたのである。こうして幕府による調定を経て、それぞれの系統が順番に皇位継承するのが原則となった。

だが、それに満足しない天皇がいた。後醍醐天皇である。後醍醐は大覚寺等の傍流出身だったが、一代限りという条件で即位する。嫡流が幼少だったからである。しかし彼は自らの系統に帝位を継がせたかった。そして、天皇を中心とする中央集権国家の理想を抱いていた。こうして、後醍醐天皇は鎌倉幕府打倒へと動く。計画は二度にわたり失敗するが、徐々に支持を集め、幕府を滅亡させた。三度目の正直というべきか。楠木正成に代表されるような、商業を通じて台頭しつつあった新興豪族が後醍醐の支持に回ったのである。こうして後醍醐による統一政権が樹立されたが、その急進的かつ性急な改革は反発を呼ぶ。不平派の期待は源氏の流れを汲む名門・足利尊氏に集まり、尊氏は彼らに擁立される形で後醍醐に反旗を翻した。

内乱を通じて尊氏は京都を占領し、後醍醐政権を崩壊させ、持明院統の天皇、すなわち北朝を擁立して自らの幕府を樹立する。だが、後醍醐はなおも諦めず南方の山地・吉野へと逃れ、自分こそが正統な天皇だと宣言。南朝である。ここに、二つの朝廷が並立する南北朝動乱が幕を開けた。基本的に圧倒的な武力を有する幕府側が優位を保っていたが、幕府自体がしばしば内部抗争に陥り、内乱は長期化。南朝は次第に微弱な存在になっていくが、一方で北朝も自らの武力を持たず戦乱を通じて実力基盤を失い、存在感が希薄となっていったのである。内乱当初、朝廷は官職・所領の安堵、洛中商工業者への課税、寺社領への侵害の取り締まり、寺官職任命といった権限を有していた。しかし幕府からの介入は大きく、また検非違使による京都支配の実力洛中の治安・裁判・商業統制の活動は低下する。こうした中、長い戦乱にも一応の終わりが訪れた。

後小松、隠忍自重する

明徳三年（一三九二）閏一〇月、南朝の後亀山天皇から皇位の印・三種の神器が譲渡され、朝廷は後小松天皇の下に合一された。南北朝はここに幕を下ろしたのである。しかし、これもそれを実現させた義満の権威を高からしめる結果となった。この時期には、天皇の文化的役割・伝統的権威としての領域も義満によって侵食され、義満やその一族は皇室の家長に準じた扱いを受けるまでになる。義満が天皇の位を簒奪しようとしていた、そういう学説が一部で唱えられたのも決して理由のない事ではない。

こうした、天皇にとって、皇室にとっての冬の時代。後小松天皇は、どう過ごしたのか。彼は、耐えた。そして、流れが変わるのを待った。

「今は刃向かっても、どうにもならない。流れがくれば、巻き返す機会もある」

それが、後小松の思いだったろう。義満は思うがままに貴族へも権力を及ぼしていたが、その義満でさえ従来の権威を完全に無視できたわけではなかった。例えばこの時期でも、形式的には朝廷に関する事では関白の承認を経て行われるのが基本だった。そしてそうでない時も、関白は情勢を把握していた。また、保護を求めて義満に擦り寄っていた貴族たちだったが、その専権に反発してもいた。幕府内部にさえ、義満が専制者として振舞うのを好ましく思わない向きがあった。見たところ、付け入る隙がないわけではなさそうだった。

後小松、天皇の名誉的権威は確保する

そして、機会は意外に早く訪れた。応永十五年（一四〇八）五月、義満が急死。子の義持が幕府の最高権力者となる。義持の時代も、幕府による朝廷への圧倒的優位は変わらなかった。後小松は、義持を「室町殿様」と最大級の敬称で呼んでいる。だが、その専権ぶりは義満時代ほどではなくなっていた。義満は天皇家をも圧倒するほど権勢を誇ったが、それは義満個人の力量に依存していた面があった。そして、幕府内部でも義満の強権には反発も強かった。若年の義持は幕府を運営するにはそうした有力者達と協調せねばならず、また義持自身も義満のやり方には不満を募らせていた。そうした事情が、朝廷への接し方にも何らかの影響を与えたのかもしれない。ともあれ、義満死後になると後小松は少なくとも朝廷内部において存在感を回復。天皇の手による綸旨（命令書）の数はこの時期から増加するのだ。そして、伝統貴族への家督公認権を天皇は取り返していく。少なくとも上級貴族の家督公認に将軍は介入しなくなった。義満の時代を経た後にも、貴族への家督公認は本来、天皇や皇室の家長が行うべきものだという認識が朝廷・幕府の双方に存在したのだ。伝統が持つ強さというべきだろう。

この時期に至っても、朝廷の政治的な権限が著しく弱くなっていたのは変わらない。だが、義満という嵐を乗り越えた天皇は、少なくとも以下の権限を確保していた。

①自身の即位・退位の決定
②皇太子や皇后の決定
③大臣・摂政・関白の任命
④寺社への告文奉幣
⑤官位の贈呈
⑥大赦の発布
⑦服喪などの規定
⑧天台座主の任命
⑨改元

⑩有力な僧侶に大師・国師・禅師などの号を賜う権限

等々である。主に、宗教・名誉的な権威が残ったといえよう。言葉を代えると、いわゆる「国事行為」というべきか。その後も、幕府からの介入はあり、例えば第六代将軍義教の時代には再び将軍によって貴族の家督公認が行われたりもした。だが、基本的に朝廷と幕府は相互補完的な関係を保ち続ける。すなわち、朝廷は権威によって幕府を正統化し、幕府は実際的な権力で朝廷を保護した。

後小松天皇は、辛抱強く機会を待ち、伝統という強みを最大限に活かした。そして、現実問題として確保できるだけの権限は確保した。権力奪回のために無理はせず、朝廷の失墜を直視した。そして、安全確実な生き残りの道を選んだのである。権力は持たずとも、神話以来の長い伝統に裏打ちされた権威を有する存在として。その後における朝廷、皇室の有り様の基本がここで築かれたのだ。

応永十九年（一四一二）、後小松は位を子の称光天皇に譲って上皇となる。だが朝廷の実権は手放さず、永享三年（一四三一）に出家した後も朝廷の主導権を握り続けた。没したのは二年後の永享五年（一四三三）一〇月二〇日である。深草北陵に葬られた。

それ以後の天皇～「象徴天皇」への第一歩～

後小松以降も、天皇の基本的なありようは変わらなかった。称光天皇を継いで傍流から即位した後花園天皇は、父親から学問・和歌・管弦・道理を修める様に説かれたという。そしてその後花園も、子の後土御門天皇に譲位する時には同様な事を命じている。出処進退を慎重にし、言動を温和なものにする事、学問・和歌・音楽に励む事。まさしくこの時代を境に、政治的存在ではない「宗教的皇帝」へと天皇は変身した。

さて将軍義教は強権を振るう事で幕府の権威を

誇示しようとしたが、関東の分家・鎌倉公方との関係には苦慮した。永享十年（一四三八）にはついに鎌倉公方・足利持氏が反旗を翻し、それに畿内の南朝残党が乗じる。そこで義教は後花園から彼らを征伐するよう勅命を出させ、天皇の権威を借りている。そして嘉吉元年（一四四一）に嘉吉の乱で将軍義教が暗殺されると、幕府の権威が動揺。それに乗じる形で、朝廷はまたある程度権威を回復する。その後も幕府は威信の低下を天皇の権威によって補おうとした。例えば、反逆者を討伐するにもしばしば天皇から勅命を引き出すようになる。更に、関東管領、すなわち関東地方の長官が綸旨で任命されるという事態まで生じている。本来は、関東管領は幕府の役職で将軍が任命するはずのもの。義満時代なら考えられなかった話である。

一五世紀後半になると、応仁の乱を契機に幕府が全国の支配権を失い、各地で群雄が割拠する戦国の世となる。朝廷もまた政治的には無力であったが、この時期に至ってもなお伝統貴族への家督公認権は天皇にあった。地方に下った貴族すら、自らの家督公認を現地大名に任せる事はなかった。彼らは地方にあっても京都に留まった知人に金品を贈り、天皇が崩御した際は香典を送った。たとえ没落し、地方に移り住もうとも、彼らは廷臣としての意識は失わなかった。何しろそれこそが、彼らに残された最後の誇りであった。そして、大名に自らの尊さをアピールし、優遇を勝ち取るための武器であった。こうして、天皇や朝廷は貴族への求心力は辛うじて保ち続ける。これが地方に天皇・朝廷の存在を知らしめた。そんな朝廷は、大名にとっても有用だった。貴族を通じて中央の洗練された文化を吸収し、朝廷から位を貰う事で自らを家臣たちに権威付ける事ができたからだ。時には、朝廷がある勢力によって錦の御旗として担ぎ出された事もあった。だが、戦乱における実際的な当事者能力がない事が明らかだったため、その敵対者からも朝廷が責任を問われる事はなかった。こうして、権力のなさがかえって幸いし、権威を利用して中立的存在・仲介者として存在価値を認められる。

この頃、西洋からキリスト教を広めるため多くの宣教師たちが日本を訪れていた。彼らの証言から、当時における皇室の立場を見てみよう。ルイス・フロイスは一五六五年二月二〇日附の報告書でこう述べた。

「都に宗旨の尊像にある他の君あり。日本人はこれを日本の頭とし、ほとんど神の如く尊崇せり」

また、ドン・ロドリゴも記録した。曰く、「日本の主なる内裏、また別名王と称する人」は「日本の創始より直系に継承」しており「日本諸国の当地は権利及び正義により彼に属」していると。

彼らの言葉から、戦国期においても皇室が人々から敬意を受け続けていたのは間違いないようだ。

かくして戦乱の時代をも文化的・権威的存在として生き延びた皇室は、徳川期にいたっても同様に健在であった。徳川期に日本を訪れた外国人ケンペルは、天皇を「宗教的皇帝」と評している。南北朝以降に固まった天皇の有り様を的確に表した言であろう。現在の「象徴天皇」へといたる道は、後小松らを始めとするこの時代の天皇たちによる生き残りへの模索に始まるのである。

薩摩の琉球侵攻と羽地朝秀《はじちょうしゅう》

「聖域なき改革」、征服された祖国を蘇らせる
～日中の狭間で見せた「琉球」の意地～

羽地朝秀
1217 ～ 1675
在職 1666 ～ 1673

薩摩支配下の琉球王国

かつて、沖縄には琉球王国と呼ばれる国家があった。琉球は長らく中国との中継貿易国家として繁栄したが、一六〇九年、日本の有力諸侯である薩摩藩島津氏の軍勢によって制圧される。薩摩藩の主・島津氏は、南方の琉球を通じて中国との

交易に参入し、利益を得ようとしたのである。

以降、琉球は形式上は独立国の地位を保ちはしたものの、薩摩藩の支配を受ける体制に入った。それからは、支配者である薩摩に貢納し、使節を派遣する義務が生じた事で負担が増加。また、薩摩からの内政介入もあり、政治的な混乱が生じる。さらに悪いことは重なる。当時の中国王朝・明は日本を警戒し、琉球が征服された事を知ってその貿易を制限したため、収入も減少してしまったのである。それに加えて十七世紀前半の寒冷化によって飢饉が生じ、経済・社会は混乱。琉球は経済破綻に直面していた。薩摩からの借銀によって、ようやくやりくりしていた。

そんな中、最高実力者たる摂政《せっせい》の地位について疲弊の極にある琉球の舵をとり、国家再建に奔走した男がいた。その名を、羽地朝秀という。

羽地朝秀

羽地朝秀は、一六一七年に羽地王子朝泰の長男として生まれた。中国名を向象賢という。彼の生家は王家の流れを汲む名家であったという。青年時代は豊見城の地方官として人々の生活を観察し、時に古老から琉球の歴史を聞く生活だった。二四歳になると家督を継ぎ、羽地間切惣地頭職となる。またこの頃には、事実上の支配者である薩摩へ使者として赴き、駐在勤務するという経験もしている。こうした日々が、朝秀にとって大きな糧となっていく。疲弊する国や民を救わねばという志を育て、歴史への知見を伸ばし、民衆生活や支配者を直に知り、内外に人脈を得たのである。

若き日の蓄積が最初に開花したのが一六五〇年頃の事。朝秀は時の国王・尚質の命によって初の琉球国史を編纂した。『中山世鑑』である。当時、日本の諸侯たちが自家の歴史をまとめる事が流行しており、それに触発された面は少なからずあったであろう。逆境にある琉球が国家意識を高める上で、公式な歴史書の存在は大きく役立った。一方、薩摩に配慮し対外的な衝突を避けたと思われる点も散見される。例えば源為朝と琉球王家を結び付け、日本と琉球を縁付けた事。次に、記述を尚清王まででとどめ薩摩の侵攻は書かなかった事などである。この辺に朝秀がやがて打ち出す薩摩と協調しつつ、琉球再興を進めるという方向性を伺うことができるかもしれない。

「羽地仕置」～琉球の構造改革～

そして一六六六年、朝秀は薩摩の同意下において摂政になり、「羽地仕置」すなわち政治改革に取り組んだ。何とか、負のスパイラルに陥っている琉球を救わねばならない。だが薩摩、そして日本と敵対することは現実的に不可能だ。ならば、薩摩とは協調し、その支持を得た上で改革を進めなければ。これが朝秀の基本方針となった。

そして、財政再建・国力回復のため様々な制度改革が精力的に行われた。第一に、地方役人による強制貸付や人民の使役、着服を取り締まっている。これには農民の負担軽減だけでなく、地方豪族による中間搾取を排除する意図があった。青年時代に農村の実態をその目で見ていた経験を生かしただけでなく、薩摩の農政改革を手本にしたものでもある。そして、宮廷での礼を改革し、必要以上の華美を禁じる事で倹約に取り組んでいる。

また、収入増加のための手も打った。まずは開墾の奨励。それには薩摩藩の許可が必要で無断ではできなかったのだが、朝秀には外交官時代の人脈があったおかげで同意を得やすかったという。それだけでなく産業振興にも力を注ぎ、日本への輸出品とするため砂糖・ウコンの専売も導入している。

そして、行政機構や役人制度を刷新し、王家を中心とする集権的な体制を目指した。例えば、儀礼の再編に取り組み、無駄を省くと共に身分秩序の再編を行ったのは既に述べたとおり。更に彼は役人たちに系図を提出させ、それに基づいて身分を明確化している。更に、役職に就いた人々の意識改革にも取り組んだ。朝秀は彼らに一国の代表として恥ずかしくない程度の教養を身に付けるよう定めたのだ。学文・算勘・筆法・謡・医道・暦学・茶道・立花……。自身も和漢の学問を身に付けた教養人であり、外交官経験を豊富に有していた朝秀には、日本・中国を相手にした外交が琉球の生き残りには不可欠であると映った。そのため、役人たちを貴族として再編するにあたり外交現場を担える人材の養育に力を注いだのである。

朝秀のメスは宗教勢力にも及んだ。まさに、聖域のない改革だったのである。古来より、琉球王家にとって久高島・知念・玉城は聖地であり、王自らが行幸する事がしきたりとなっていた。だが、朝秀はこれを廃止し、名代を派遣するに留めるよう定めた。儀式による莫大な支出を切り詰める事も大きな目的ではあったが、それだけではなかった。当時、神女は政治にも隠然たる影響力を持っていた。そこで神女と王を切り離し、宗教勢力の影響力を弱める事も狙いだったのだ。伝統的宗教行事を改革する事には反発も当然ながら強かった。だが、朝秀は儒教由来の理屈を持ち出す事によってこれを正当化し、押し切ったのである。

異国支配下でも、生き延びてみせる

数々の前例がない政策は、さまざまな非難中傷にさらされた。既得権益を奪われた人々、神々への冒涜と恐れた人々など、敵は多かった。しかし、改革開始後わずか三年で、首里城の修復や借銀の返済が可能なまでに財政再建の成果があがる。具体的な実があると、説得力は強い。朝秀は強気での改革を推し進め、社会再建に大きな貢献をなした。とはいえ、心労も大きかったようで、一六七五年、摂政を辞してわずか二年後に朝秀は五十八年の生涯を閉じている。

朝秀の改革後、琉球は儒教の吸収に熱心となった。朝秀死後もその傾向は続き、一六七一年には琉球初の孔子廟が建設されている。また、中国文化をただ取り入れるだけでなく、自分たち自身の国家意識も高まり、独自の文化も育ち始めた。シーサーや亀甲墓など、今日我々がイメージする「琉球文化」が出来てくるのはおおよそこの頃なのである。羽地朝秀の手によって、薩摩の支配下に置かれ、存続の危機に陥った琉球王国は独自の文化を持つ国としてなお三百年近い命を保つこととなる。

対ロシア戦後のオスマン帝国とマフムト一世&セリム三世&マフムト二世

西欧趣味から軍事技術模倣へ
徐々に本格化図る西洋化
しかし道のりは厳しかった

セリム三世　Selim Ⅲ
1761 ～ 1808
位 1789 ～ 1807

マフムト一世
Mahmut I
1696 ～ 1754
在位 1730 ～ 1754

マフムト二世
Mahmut Ⅱ
1875 ～ 1839
位 1808 ～ 1839

オスマン帝国の斜陽と西欧化の動き

かつて地中海の覇者となったオスマン帝国であるが、十七世紀以降になるとその勢威にも陰りが見え始める。十八世紀には各地で地主層が勃興し、中央政府の支配を脅かした。さらに十九世紀に入ると、キリスト教を信仰する民族を中心に民族運動が激しくなる。また、軍事的にも西洋キリスト教諸国にしばしば苦汁を嘗めるようになった。特にロシアは十八世紀前半に何度かオスマン帝国と戦い、黒海沿岸の領土を侵食する。そうした戦争を通じて、オスマン帝国内部でも自国の立ち遅れを問題視する動きが生じた。かくして、西欧文化の取り入れによって国家の復興を図る流れが始まったのである。

アフメット三世とマフムト一世 ～近代化、最初の試み～

西欧文化の摂取という面でまず注目されるのは十八世紀前半のアフメット三世（Ahmed Ⅲ　一六七三～一七三六　在位一七〇三～一七三〇）時代が挙げられる。大宰相ダマート・イブラヒムは欧州に外交使節を送って西欧文化の取入れを行い、印刷や西洋風建築が導入された。彼の治世後半は対外的に比較的平穏だった事もあって、西欧文化の影響により宮廷に新たな文化が花開いた。中でもヨーロッパから再導入されたチューリップが流行した事から「チューリップ時代」と呼ばれる。だがアフメット三世は反乱によって退位を余儀なくされ、一七三〇年にマフムト一世が擁立された。マフムトは当初、反乱勢力の傀儡に過ぎなかったが、翌年に一計を実行に移す。ペルシアとの戦争に関する相談という口述で彼らを招き処刑、見事に実権を手中にした。

彼の時代に、西欧化は文化を超えた本格的なものとなる。首都に小図書館・小学校・水道網など都市整備が整えられ、印刷所など前代の遺産も残された。また、西洋を手本にした軍事改革が始まったのもこの時期である。フランスからボンネヴァル伯を招き、歩兵・砲兵による兵科確立が図られた。また工兵学校が設立され、専門教育にも手が付けられる。だが、これは旧来の軍からの反発が強く、必ずしも上手くいかなかった。それでも強兵化という面で一定の成果は上げたようで、一七三六〜三九年のロシア・オーストリア相手の戦いで勝利し、セルビアの大半を奪回する事に成功。またイランのアフシャール朝相手にも勝利している。以後、一七四六年から一七六八年にかけて平穏が続く。だが、その間は改革が進まず国力も停滞してしまうのだが。

セリム三世〜挫折した二度目の西欧化〜

やや時は流れて一七九一年。オスマン帝国はロシアやオーストリア相手の戦いで不利な情勢に追いやられていた。だがフランス革命に伴うヨーロッパの動揺が幸いした。オスマン帝国はワラキアやモルダヴァを確保し、有利な和平を結ぶことに成功する。苦戦を強いられた時の皇帝セリム三世は、フランスとの友好関係を結ぶと共に西欧の文明を摂取しようと決意。一七九一年ウィーンに使節を派遣し、現地の軍事・行政を調査させた。また一七九三年に西洋式歩兵部隊を創設、軍事力強化に努める。更に行財政改革を断行して余剰人員を整理、重要案件の処理は枢密局に一本化して効率化を図った。一方で欧州諸国に大使館を設置し、外交と並行して知見獲得に努力する。

だがマフムト一世時代と同様、旧来の軍部やイスラーム法学者はこれに反発。庶民も財政捻出のためコーヒーやタバコへの課税が行われた事に反発をしていた。いつの時代でも、嗜好品に関する恨みは怖い。そうした空気の中で一八〇七年、イエニチェリすなわち近衛兵が反乱。イスラーム法学者もセリムの退位を正当化し、クーデターは成功。ムスタファ四世が擁立された。

マフムト二世～三度目の正直～

しかし改革への動きもこれで終わりになったわけではない。翌一八〇八年、弟のマフムト二世が即位すると再び西欧化の流れが蘇生する。マフムト二世は治世初期においては大宰相アレムダールに政権を担当させ、西洋式軍隊の再建を行わせ、一方で地方有力者の権益を認める代償として改めて皇帝に忠誠を誓わせる地固めに意を注いでいた。イエニチェリの反乱によってアレムダールが殺害されると、皇帝は実権掌握に成功。だがその後も従来の失敗例を鑑み、守旧派の反発を買わぬよう慎重に事を進めた。

まず砲兵隊・砲車隊を増強すると共に、目立たぬよう注意しながら改革派の腹心を指揮官に送り込む。更に海軍を強化し、イエニチェリの主な将校をも手懐けていった。こうして武力を自らの手に掌握。宮廷内でも改革派を少しずつ要職に就け、発言力強化に努める。一方で地方有力者に対しては、徐々に官職を剥奪したり相互に争わせせて対処。中でも強力な者は、当主死亡時に財産没収・分割相続を行い、弱体化させた。この辺りの対策は、前漢初期の有力諸侯対策を思わせるものがある。また、宗教勢力に対しては、信仰心の深さをアピールして歓心を買い、その間隙をぬって法学者も忠実なもので固めていった。実に慎重かつ忍耐深く、狡猾な人物であった事がわかる。大事業をなす事ができるのは、そうした人物である事が多い。かくして迎えた一八二六年。

「いよいよ、時は来た。脱兎の如く事を進めよう」

こう考えたのかは不明だが、マフムト二世は大改革を一気に実行に移す。イエニチェリの改革を発表。好機を待つに用心深かったこの皇帝は、一度事をなすとなると容赦しなかった。あえて不満分子を暴発させ、砲兵によりこれを鎮圧。かくしてイエニチェリは廃止され、皇帝は心置きなく新軍創設を行った。かくして彼は最大の抵抗勢力を排除したが、一時的な軍事力の低下を招く結果となった。同年、彼の改革は宗教勢力にも及んだ。宗教勢力への寄付財産を政府管理と定め、法学者らの財源を押さえたのである。法学者の糧道を握った上で、改革派の法学者を重用し、宗教をも支配下に置く事に成功。また一八三六年、外務大臣・財務大臣・司法大臣のポストを創設する事で大宰相の職責を分散。特定の臣下に権力が集まりすぎるのを避ける狙いもあった。外国文化導入も盛んに行われ、翻訳局・軍医学校・音楽学校・陸軍士官学校などが創設された。また、新聞や郵便・検疫が導入されたのもこの時代である。

こうして精力的に改革を実行していたマフムト二世だが、地方の実情を正確に把握しているとは言い難かった。地方においては彼の政策も不徹底なものとならざるを得ない。またこれだけの大幅な改革を行うために、財源に苦しんだ。結果、貨幣改鋳を繰り返して国際的な通貨価値を下落させる始末である。かくしてオスマン帝国本国が西洋化に苦しむ中、帝国領エジプトは独自に近代化を推進。やがて自立の動きを見せるようになる。オスマン帝国正規軍はエジプトと戦端を開く事となるが、正規軍の戦況不利な中でマフムト二世は没した。この戦いの処理は後継のアブデュルメジトに委ねられ、アブデュルメジトの時代には更に近代化が推進される。それについては拙著『敗戦処理首脳列伝』を参照いただきたい。

むすび

　地中海世界における優位が失われる中、オスマン帝国首脳たちは存外に柔軟であった。過去の栄光にとらわれず、西洋の技術が今や自分たちを凌いでいる事をあっさりと受け入れ、その受容に努力している。とはいえ、社会全体がそれを受け入れるかは別問題であった。長い伝統を誇る大帝国となると、しがらみや既得権益問題も規模が大きい。地方へ命令を貫徹させるだけでも一苦労である。この時代の為政者たちは、そうした面での苦労を強いられ続け、二十世紀に至った。繰り返すが、首脳たちは決して頑迷ではなかった。だが、過去のしがらみを断ち切るのは実に難しかったのである。

ナポレオン戦争後のスウェーデンとカール一四世ヨハン

バルト帝国への見果てぬ夢を振り捨てて
〜外来者国王ゆえの発想転換〜

ベルナドット
Jean Baptiste Jules Bernadotte
1763〜1844

「死に掛かっている病人」スウェーデン

今は昔、スウェーデンはバルト海沿岸の覇権国家であった。だが、それも長くは続かなかった。ロシアの台頭と時を同じくして、スウェーデンは斜陽となる。対外戦争での敗北、内政の混乱。とはいえ、一度味わった栄光を忘れる事は難しい。スウェーデンは、バルト海の覇権を取り戻すべく苦闘を続ける。そして運命の一九世紀初頭を迎えた。

この時期、欧州ではナポレオンという名の嵐が吹き荒れていた。そうした中、スウェーデンはナポレオンと敵対する道を選ぶ。国王グスタフ四世が革命の波及を恐れたためであるという。だが、ここでもスウェーデンは翻弄され、敗北を重ね、北ドイツやフィンランドの領土を失う。そのため、グスタフ四世がその責を問われ、退位に追い込まれるに至った。だが、後を継いだ新国王カール一三世は高齢で子もない。後継者問題が急務であった。迷走の極みにあったスウェーデンを、ロシア公使はこのように評したという。

「スウェーデンは死にかかっている病人だ。最善なのは安らかに死なせることだ」

（武田龍夫『物語スウェーデン史』新評論、一四四頁）と述べたという。

だがしかし、当事者スウェーデンとしては「安らかに死ぬ」わけにはいかなかった。そこで、まず早急に後継者問題から当たらねばならない。当初、議会はデンマークから継承者を迎えたが間もなく病没。新たな後継者選定が必要となった。そこで、軍部から意外な名前が挙げられたのである。すなわちフランス軍元帥ベルナドット。

スウェーデン王位継承者はフランス元帥

彼は南フランス・ポーで弁護士の子として生まれ、革命後に軍人として頭角を現した。ナポレオンと対立し、一時は冷遇されたが、やがて一八〇四年に元帥に任じられ、軍団司令官として転戦。一八〇六年にはポンテ・コルボ大公に任じられている。ナポレオンとの関係が決して円滑ではないにもかかわらずの栄達。一説によれば、その裏には妻がナポレオンの前婚約者・デジレである事が関わっているという。

さてこの時、議会は再びデンマークから後継者を迎えるつもりであった。だが、ナポレオンとの和平が成立した今、その意志を無視することはできなかったのである。この際、ベルナドットを擁立しようと考えたのは使者としてフランスに派遣されたオットー・メルナー中尉だったとされる。ベルナドットがかつてスウェーデン軍捕虜を寛大に扱った経緯があり、軍内部で彼への人気が高かったためであった。最終的に、ナポレオンもこれに同意。ベルナドットがスウェーデン王位継承者と決定した。ベルナドットは一八一〇年一一月一五日に「カール・ヨハン」と改名し、プロテスタントに改宗。ナポレオンはこれによってスウェーデンを自らの影響下に置きたいと考えていた節があるが、カール・ヨハンは出発の際、

「スウェーデンの皇太子として将来国王になる以上、自分はスウェーデンのために戦う」

とナポレオンに宣言したと伝えられる。

カール・ヨハン、ナポレオンに敵対

ストックホルム入りしたカール・ヨハンは、老齢の国王に代わり政治・軍事の権限を握る。そして、その結果は早くも表面化した。一八一二年、スウェーデンはイギリス・ロシアと同盟し、ノルウェーに侵攻。この際、ロシアから援軍二五〇〇〇と借款も受けている。こうして、カール・ヨハンは祖国フランスに敵対する道を選んだ。この時、彼はナポレオンにこう言ったという。

「閣下、政治においては友情も憎悪も存在しません。そこにはただ、運命の神が命じた祖国に対する義務しか存在しません」（同書、一六〇頁）

かくして一八一三年五月、カール・ヨハンはスウェーデン軍を率いて上陸。反ナポレオン軍の先頭に立つ。だが、一〇月にライプチヒで勝利した後はフランスへの深入りを避け、ベルギーで進軍を停止した。そしてフランス陣営のデンマークか

らリューベックやホルスタインを奪取し、その上で一八一四年一月にキール条約を結び、ノルウェーを譲り受けたのである。

国家戦略に革命をもたらす

これに対し、ノルウェー独立派が反乱を起こしたが間もなく鎮圧し、自治を尊重したスウェーデンとノルウェーの連合王国という形態で両国を統治する事で決着した。ナポレオン戦争が終結した後のウィーン会議ではポンメルンを放棄し、北欧にその勢力を限定する方針を採っている。

ウィーン体制におけるスウェーデンの国家戦略は、同国にとって革命的なものであった。まず、フィンランド奪回を断念。これは、バルト海の覇権を目指す伝統的な路線を捨てる事を意味した。カール・ヨハンの眼には、最早それは国力に見合わず地政学的にも無理があるものとしか映らなかったのだろう。代わりに、ノルウェーと連合してのスカンジナビア統一国家の方が理に適い、現実的だと判断する。その上で、スウェーデンは中立を宣言し、ヨーロッパでの勢力争いから距離を置き、平和を保つ。

外交的にも大きな転換が図られた。ナポレオン戦争末期に締結されたイギリス・ロシアとの同盟関係を継続。イギリスとは決して戦わず、かつての宿敵ロシアとも国家の存亡が関わる時以外は基本的に友好関係を結ぶ。これが、スウェーデンの新たな外交原則となる。

国王カール一四世

かくしてカール・ヨハンは対外的な協調政策によって平和をもたらし、経済再建にも一定の成果を上げる。だが、内政はというと決して円滑ではなかった。数年の王太子時代を経て一八一八年に即位し、カール一四世と呼ばれるようになるが、保守的な路線を採り、国王の権限を守ろうとしたため議会としばしば衝突。結局、国王の意思にかかわらず自由化が進められた。一八四〇年、各省大臣が王でなく各省に責任を負うように定められたのはその一例であろう。

カール一四世は内政で議会と対立するのみならず、スウェーデンの国土にも馴染めなかった。カールは「自然は悲しく憂鬱」（同書、一六五頁）とその風土を歎き、王妃デジレは一二年間もパリに帰りっぱなしだったという。そして、生涯にわたりカールはスウェーデン語を修得するには至らなかった。一八四四年、カール一四世ヨハンは後継者である息子オスカルを案じながら没する。

むすび

内政面では捗々しくなかったとはいえ、カール一四世が国家戦略・外交戦略でスウェーデンの閉塞を打開したのは否定できぬ事実であろう。ナポレオンによって擁立されたにもかかわらずナポレオンの協力者にはならず、ナポレオンとの関係が良好とは言いがたかったが、彼への敵対心に拘りすぎずスウェーデンの国益第一に動いた。そして、スウェーデンを見果てぬ夢から解放し、平和をもたらしたのである。

それを可能にした要因として、カール一四世が国外出身である事は大きい。スウェーデンと元来ゆかりがないがゆえに、バルトの覇権にも思い入れを持つ事なく合理的な判断が可能になったと考えて間違いあるまい。カール一四世ヨハンによる外交革命派、しがらみのない外部の血の導入により、袋小路から抜け出せた事例と見る事ができるのではあるまいか。

カール一四世の末裔は、二〇一二年現在もスウェーデンに君臨している。従来の王統と関係ない血脈にもかかわらずであるが、カール一四世が近代スウェーデンのあり方を規定した事を考えると、決して故なき話ではないだろう。

ナポレオン戦争後のフランスとルイ一八世

「ナポレオンの被害者」として再出発した王政復古
～革命の成果と妥協しようとしたけれど……～

ルイ一八世
Louis XⅧ
1755～1824
在位 1814～1815、1815～1824

ナポレオン没落と王政復古

一八世紀末に勃発したフランス革命。そしてそれに続いたナポレオン帝国。これらの時代は、フランス史にとって輝かしい栄光の時代であった。しかし、ナポレオンは最終的にヨーロッパ全体を敵に回し、没落する。敗戦後のフランスで、ポスト・ナポレオンとして選ばれた道。それは、旧王家の復活であった。その結果、擁立されたのがルイ一八世である。
フランス王家の復権は、ナポレオンが敗れた当初から決められていた訳ではない。フランス再建に外交面で辣腕を振るったタレイランは、『回想録』で以下のように述べている。
戦後のフランスをどうするか。その決定は勝者たる反ナポレオン陣営の指導者たちに委ねられていた。そして彼らの中心的存在が、オーストリア外相メッテルニヒやロシア皇帝アレクサンドル一世である。だが、彼らは、王政復古には懐疑的だった。

「フランス王家たるブルボン家の人間は人格面で信頼できない」

それが彼らの言い分だった。アレクサンドル一世に至っては、

「フランス国民が共和制を望むなら、あえて反対はしない」

とまで述べている。そこでタレイランは、これらの外国首脳を説得した。ヨーロッパに秩序を回復させるには、歴史的な正統性を重んじるべきである。そうする事で、過去のフランスと連続性を持たせる事ができるからだ、と。
かくして立憲憲章が元老院で決議され、ルイ一八世を自由意志に基づいて王座に迎えると定められた。タレイランにとっては、王政復古は都合のよい体制だった。敗戦国として逆境にあるフランスに、できるだけ有利な待遇を獲得したい。それが、彼の狙いであったからだ。革命やナポレオン帝国によって迫害された旧王家を擁立する事で、

「フランスもまた、ナポレオンの被害者だ」

と言えるからである。事実、タレイランは

「フランス国王と彼らを迎えたフランス国民は諸国の友人である」

として、フランスの賠償責任を逃れる事に成功している。その後も、タレイランはフランスのための超人的手腕を振るうのであるが、詳細は拙著『敗戦処理首脳列伝』を参照されたい。

こうした事情を経て成立した王政復古である。諸国との間で協調関係を保ちつつフランスを保つ、それが王朝に課せられた義務といってよい。その役割を担う事となったルイ一八世は、どのような人物であったのだろうか。

放浪の王子

ルイ一八世は、一七五五年一一月一七日にベルサイユで誕生した。父親はルイ一五世の三男、ルイ・スタニスラス・グザヴィエである。ルイ一六世から見れば、弟に当たった。一六歳のとき、プロヴァンス伯爵としてサルディニア王女マリー・ジョセフィーヌと結婚。だが、二人の関係は上手くいかず、結婚生活は一八一〇年に彼女が死亡する事で終了した。彼は臀部の奇形もあって狩猟は好まず、興味は芸術や美食に向けられる。その結果、彼は肥満に苦しめられた。後には痛風で身体を動かすのも苦痛となったという。

フランス革命当初、彼は革命に寛容であった。だが、彼自身に反革命の疑いをかけられた事で事態は一変する。身の危険を感じた彼は、一七九一年六月二〇〜二一日の夜間にベルギーへ亡命。そこで弟のアルトワ伯シャルルや従兄弟のコンデ公と共に反革命軍に参加した。ヴァルミーの戦いで敗れた後は、各国を逃亡する生活を余儀なくされる。反ナポレオン連合軍がフランスに侵入すると、亡命先のイギリスから帰国。ボルドーでウェリントンの保護下に置かれていた。

最初の即位〜保守反動で支持を失う〜

王政復古が決まった後の五月二日、ルイ一八世はサン・トゥーアンで宣言を読み上げる。内容は、

- **自由主義的な立憲政治を執る**
- **政治的自由、信教の自由、所有権の不可侵を尊重する**
- **フランスの主権は国王にある**

というものであった。そして五月一三日に新政府樹立。六月四日には、欽定憲法たる「憲章」が発布された。そこでは革命の成果を一応は尊重する条項が盛り込まれる。例えば法の下での平等、革命時代に取得した財産も含めた所有権の保証、法の範囲内での出版の自由、信教の自由など。一方、王権による巻き返しと言うべき保守的な部分も見られた。例えば立法院の下院は選挙権を三〇〇フラン以上を納税した男子に限定する事、王令を議会の承認なしに出せる事、カトリックを国教とする事が規定される。また、国王は神聖不可侵で、行政権・法発議権・司法権を保有する存在とも定められた。

ルイ一八世はタレイランの力量を認めていたため、政府首班としてそのまま用いた。だが、この二人は相性が必ずしもよくなかったようだ。国王はタレイランの出処進退を皮肉ってこう呼びかける。

「**貴殿はまず総裁政府を倒して帝政を樹立し、次には帝政を倒して良識に立ち戻るという離れ業をどうやって演ずることができたのか**」(鹿島茂『ナポレオン　フーシェ　タレーラン』講談社学術文庫、四七四頁)

もっとも、この手のやり取りで動じるタレイランではない。ひるむことなく言葉を返したという。

「**そんな、めっそうもございません。私はいっさ**

い、そのようなことはいたしておりません。ただ、私の中には、いわく言い難いなにものかがございまして、私をないがしろにする政府に対しては災いをもたらしてしまうのでございます」（同書、同頁）

こう言って、さりげなく脅しをかけてみせたというからただものではない。

ともあれ、王政復古は幕を開けた。国王は国民や周辺国を納得させるため、フランス革命の成果を一応は尊重する。だが上記のように復古的な性格も強かった。しかし、アルトワ伯を始めとする過激な王党派、亡命貴族たちはそれでも物足りなかった。彼らは革命を認める気などない。第一に、彼らは没収された土地の返還を求めた。そして聖職者もそれに同調し、待遇を革命前に戻すよう主張する。彼らは、時計の針を元に戻そうとしていた。これに民衆は反発、新政府への支持は早くも失われる。そもそも、革命派・軍・ブルジョア・貧民の間では王政復古への不満が強かったのだから。

復活～中庸と和解へ～

そんな中、一八一五年にエルバ島に流されていたナポレオンが脱出。彼は熱狂的な支持を受けながら、パリに帰還、皇帝に復位した。情勢の不利を悟ったルイ一八世は、パリから脱出。三月二〇日夜の事だった。だが、天はルイ一八世に再度の機会を与える。ナポレオンは帝位を奪還して間もなく、ワーテルローでイギリス・プロイセンの連合軍に敗北。ルイ一八世はフランスに帰ることができた。

この際、ルイ一八世はタレイランから手紙で厳しく批判されている。国王が過激王党派の影響力を抑え込めなかったのが、ナポレオンに付け入る隙を与えた、というのだ。ルイ一八世は憤り、パリ到着前に会見したタレイランにこう言ってのけた。

「貴公には温泉がいいでしょう。また便りをください」（同書、五五五頁）

解任を仄めかした台詞である。だが、ウェリントンがこれをとりなした。王制への反発がまだ強い以上、タレイランの手腕はまだ必要であるからだ。国王もそれに気づき、解任を取り消した。

その直後、御前会議が開かれる。タレイランは、率直にアルトワ伯父子の責任を非難した。アルトワ伯らは激昂したが、ルイ一八世は彼らを抑える。その上でタレイランの草案をそのまま受け入れ、国民への宣誓を行うこととした。第一次王政復古の際の誤りを認め、それを繰り返さないという内容である。この逸話から、ルイは英明ではないにしろ、最低限の見識を持っていたと評してよかろう。

一方、パリを臨時政府の首班として握っていたのはジョゼフ・フーシェであった。彼は極めて有能な警察官僚であった。その一方、変節漢として知られ、あらゆる政治体制を生き延びた強者でもある。だが、革命期に国王ルイ一六世処刑に賛同した前歴があり、王党派から激しく恨まれていた。そこで、フーシェはパリに迫る国王政府に対し、駆け引きを仕掛ける。彼は、密かにこう呼びかけた。

「今、パリでは共和制を求める声、ナポレオンの息子を皇帝として帝政を継続させようという意見もある。それを抑え、国王を無事にパリへ迎え入れる事が出来るのは自分だけだ」

国王としては、事態を穏便に収めたかった。もう、市民を敵には回せない。だが、兄の弑逆に手を染めたフーシェを受け入れるのは、ルイ一八世には抵抗があった。しかし、これもタレイランの強い勧めで同意する。かくして国王は無事パリに帰ることができた。

国王政府に大臣として迎えられたフーシェだが、末路は芳しいものではなかった。彼は反逆者の逮捕を任務として与えられる。そして、それが終わると用済みとして追放されたのである。

タレイランもまた、政府を去る運命にあった。八月一五日、選挙で王党派が勝利する。その結果、自由主義的なタレイランへの圧力が強まった。それに押し出される形で彼が辞職したのは九月二四日である。後継には、リシュリューが就いた。

リシュリューは、国王の政治方針をよく理解していた。すなわち、中庸・和解である。かくして、彼の下で議会・憲法を尊重する穏健な政治姿勢が取られた。たとえば士官の昇進・降格に一定のルールを定めたグヴィオニ・サン・シール法（一八一五）や都市商人層に有利な形で改められた新選挙法（一八一七）、検閲を廃止したド・ゼール諸法（一八一九）がこの時期に制定されている。

この時期のフランスは、二つの「過去の栄光」を捨て去る必要があった。一つは、ナポレオン帝国による覇権国家としての過去である。これを捨てるのは、難しくなかった。何しろ、フランス王家にとって、ナポレオン時代は忌むべき過去でしかなかったのだから。捨てるべき二つ目の過去は、「絶対王政」である。それと決別できるかが、王政復古の死命を握っていたといってよい。そして少なくともこの時点では、その点でもバランス感覚を保った政権運営がなされていた。

更に幸いな事に、戦後復興につきものの経済的な課題は少なかった。元来がフランスは農業大国であり、国際社会に復帰できた以上は決して不利な状況ではなかったのである。現に、一八一七年から一〇年の間、フランスは好景気にあった。これが政情安定化に一役買った事は想像に難くない。

再び反動路線へ

かくして、国王の臨んだ路線は軌道に乗ったかに見えた。だが、左翼の躍進に伴って王党派も反動へと向かう。一八二〇年、王位継承権を有するベリー公が暗殺された。これを契機に、過激王党派は再び勢いづく。同年には、王弟アルトワ伯の主導で検閲が復活。更に翌年、ヴィレールによって過激王党派政権が樹立された。

王族や亡命貴族たちには、国王と現実認識を共有しない者も多かった。彼らは過激王党派の中心的存在として支持を集め、政治的発言力を強めていく。彼らは後に、こう批判される事となる。

「亡命貴族たちは、なにも学ばず、なにひとつ忘れなかった」（同書、四八九頁）

だが、この時期においては彼らは支持を集め、選挙で圧勝するに至った。過去の栄光や既得権益を有する人々が、それを捨てるのは難しい。それを改めて認識させられる話である。

ルイ一八世は、こうした過激王党派たちを抑えられるだけの求心力や信望を欠いていた。かくして、国王は病気のせいもあって政務への関心を減退させる。彼自身は見識に不足していなかっただけに、何とも惜しまれる話である。それでも、引き続く好況もあってしばらくは表面的には平穏であった。

一八二四年九月一六日、ルイ一八世は病没する。王位を継承したのは、過激王党派の領袖である王弟アルトワ伯。すなわちシャルル一〇世である。彼は王権強化を目指し、専制的に振る舞う。だが、絶対王政再興の夢は、やはりアナクロニズムに過ぎなかった。そして一八二六年からフランスが不景気に陥った事もあって不満が醸成され、再びの革命を招く。かくして、ルイ一八世の努力もむなしく王政復古は短い夢に終わった。

むすび

ルイ一八世は、自ら時代を切り開く英雄ではなかった。そして、決して開明的でもない。だが、時代の流れを読み取り、無理な我を通さないだけの見識と忍耐力は有していた。再建の時代においては、これも一つの良きリーダー像といえよう。彼が、玉座を守り抜いて死んだ最後のフランス君主であったのは決して偶然ではない。だが、一族をまとめることすら出来ない統制力の欠如、そして中道路線継承者の不在が不幸だった。

コラム1

クリミア戦争後のアレクサンドル二世

大国が戦争を契機に国家再建を余儀なくされた事例としては、クリミア戦争後のロシアを外すわけにはいかない。本土の中枢部が打撃を受けたわけではなく、厳密には戦後復興とは言い難いが、その足跡を概観するのも無駄ではあるまい。この時代を担ったアレクサンドル二世についての詳細は『敗戦処理首脳列伝』に譲り、ここでは国家再建の概略のみをコラムで追っていく。

黒海から地中海への出口を求め、ロシアはオスマン帝国に攻め込んだ。だが、ロシアの進出を恐れたイギリス・フランスがオスマン側に味方して参戦し、ロシアは敗北に直面。この結果、西欧強国と比較してのロシアの後進性が明るみに出た。

彼らに対抗するためには、国家の仕組みから作り直さねばならない。

それが、皇帝アレクサンドル二世を始めとするロシア支配層の一致した見解となる。かくして、ロシアは近代化へと邁進する。

既に先帝ニコライ一世時代末期、帝国地理学協会を中心に知識人と改革派のサロンが形成されてはいた。だが、本格的な彼らの出番は敗戦によって国家改造の機運が高まってからである。ここに、開明派官僚（国有財産省・内務省・司法省が中心であった）を担い手として、法治主義・情報公開を基本方針とした改革が推し進められた。主要な政策は、以下の通りである。

①農奴制廃止

早くから官僚の間では、農奴制が生産性を妨げていると指摘されていた。農民の労働意欲が上がらず、また柔軟な人口移動がままならないからである。行政が不徹底になる原因でもあると考えられた。貴族が農民を支配する事で、中央政府は人民把握を間接的に行うほかなかったからである。こうした理由から、中央集権を徹底するには農奴制の廃止が必須と考えられた。あたかも、わが国における太閤検地や廃藩置県に通ずるものがある。だが、政府は強権に任せる方法は採らなかった。ニコライ・ミリューチンら内務官僚は、より穏健な方策を立てた。

「まず、人々の間に農奴解放への機運を盛り上げよう」

こうした意図の下、一八五七年に貴族が農民の生活状態の改善について審議する事、ジャーナリズムがこの問題を取り上げる事が勅令で許可される。次に一八五九年三月、法典編纂委員会において試案をまとめさせた。ここで官僚代表と民間代表を対等に議論させた事は特筆すべきであろう。かくして農民問題総委員会・国家評議会での審議を経て、一八六一年に農奴解放へと至ったのである。

かくして農民は法的には貴族支配から解放され、土地を分与された。だが、実際に耕作する土地は解放前より更に少ないものだった。農民が従来の土地を耕すには買取が必要だったが、そのような支払いが可能なはずもない。そして、農奴解放は領主である貴族にとって、労働力の不足を招いた。農民・貴族双方にとって不満の残る解決だったのである。

とはいえ、ここに国家が国民を直接把握する近代国家への第一歩が記された。そして貴族は政府の集権的傾向に対抗するため、立憲主義的な主張によって政治参加を求めるようになる。

②地方自治

地主層の間で政治参加を求める機運が高まった。それに対応し、地方自治の試みも行われる。一八六四年一月、各地方でゼムストヴォ（地方議会）が設置された。貴族だけでなく、農民にも地域代表としての参加権が与えられている。とはいえ、やはり中心となったのは地主・都市住民である。また、議題も地方税・穀物備蓄など地方の雑務に関するものに限定され、その他の政治は知事が担当するという不徹底なものではあった。

③司法改革

一八六四年、刑事陪審が公開制となった。フランスの裁判所体系を手本として、行政から訴訟を分割する事で公平性を保とうと図られた。

④軍政改革

ドミトリー・ミリューチンの主導で兵力削減が行われた。正規軍の質を確保した上で、予備役で人材をプールするのが目的。一八六四年には軍管区制が導入され、各地方での柔軟な対応を可能とした。一八七四年、国民皆兵が行われた。

貴族支配下の農奴ではなく、政府が把握する「ロシア国民」が成立して初めて可能となる制度であった。農奴解放がもたらした果実といえよう。

⑤工業化

列強に対抗するため、国力・経済力の向上が図られた。そのため貿易が振興され、また輸送効率を向上させるため鉄道の普及に力が注がれる。その結果、国内需要が喚起され工業化が進んだ。有名なところでは、ベラルーシやモスクワの綿工業が挙げられよう。

これらの改革は、自尊主義をひとまず捨てて自国の立ち遅れを直視する事で初めて可能となる。既得権益保持者を抑えるに足るほどの、改革の機運をもたらしたのは敗戦の衝撃であった。その点で、欧米の脅威を目の当たりにすることで近代化へと向かった同時期の日本と類似している。

こうした開明的な時代は、長くは続かなかった。

アレクサンドル二世は、やがてポーランドでの反乱や急進派による皇帝暗殺未遂事件を契機に反動化する。だが、これらの政策によってロシアは近代国家への歩みを始めた。やがて、ソビエト連邦時代に世界を二分する超大国へと成り上がる第一歩は、ここに記されていたのだと言っても過言ではあるまい。

苦肉の策から生まれた「二重帝国」、斜陽の王朝を延命させる

普墺戦争後のオーストリアとフランツ・ヨーゼフ

フランツ・ヨーゼフ一世
Franz Joseph I
1830～1916
在位1848～1916

斜陽のハプスブルク帝国

フランス革命以降、ヨーロッパに市民革命・民族主義の嵐が次第に吹き荒れるようになった。多民族が居住する広範な地域を支配するハプスブルク家のオーストリア帝国もまた例外ではない。宰相メッテルニヒはこれを抑圧する事で国内の秩序

を保とうとしたが、最終的には失脚するに至る。帝国内部における諸民族の権利拡充を求める運動が盛り上がりを見せ、一方で支配層を形成するドイツ人は何とか自分たちの権益を守ろうとしていた。そうした中、ドイツ人諸国の間で統一ドイツを形成しようという動きがおこり、主導権を巡りオーストリアとプロイセンが争いになった。かくして一八六六年に勃発した普墺戦争の結果、オーストリアの敗北でプロイセン主導の流れが決定的となる。

こうした内憂外患の時代において、オーストリア帝国に君臨してその維持に腐心していたのが皇帝フランツ・ヨーゼフ一世であった。普墺戦争での敗戦を受け、彼の帝国は興味深い方法で危機を乗り切ろうと図る。

アウグスライヒ～二重帝国の成立～

フランツ・ヨーゼフは一八四八年に即位。当時は各地で革命・民族運動が激化していた。若年のうちはラデツキーやシュヴァルツェンベルクらの補佐を受け、イタリアやハンガリーにおける独立運動を鎮圧し、皇帝権力の強化にも意を注ぐ。だが、もはや新たな時代へのうねりを止めることはできない。一八五九年にイタリア統一戦争でロンバルディアを失い、またハンガリーの独立要求も収まることはなかった。

「もう、ハンガリーの要求を完全に無視することはできない。とはいえ、独立を認める訳にもいかない」

そこで妥協案が模索される事となった。一八六〇年、「十月文書」を発布。立法を地方の州議会と帝国議会で行うことを定める。だがハンガリーは、独立性が十分に認められなかったとして反発した。そこで一八六一年には、ハンガリーに自治の約束を与え、独立の最高裁判所を設立。更にクロアチアでもクロアチア語を官庁用語として認めた。

そして一八六六年。上述した様に、オーストリアはプロイセンとの戦争に敗れ、ドイツから締め出される。こうなると、残された東方地域の維持を確立せざるをえなくなっていた。そして、敗戦に伴う帝国の威信低下により、諸民族の運動も激化していた。そこで、帝国外相フリードリヒ・フェルディナント・フォン・ボイストは、考えた。

「事ここに至っては、ドイツ人のみで帝国の支配を継続することは困難だ。なら、他民族の中で有力なマジャール人と協力関係を結ぶしかないだろう」

ここに、ドイツ人とマジャール人すなわちハンガリーがそれぞれ支配層として君臨する案が浮上する。皇帝フランツ・ヨーゼフは当初これに乗り気ではなかったが、やがて態度を軟化させる。これには皇后エリザベートがハンガリー贔屓である影響も大きかったという。かくしてこの年、皇帝はハンガリー指導者の一人ギューラ・アンドラーシと会見。その後も細則が詰められ、翌一八六七年一二月二一日に「アウグスライヒ」すなわちオーストリア・ハンガリー二重帝国に関する協定が成立した。

「一致協力して」

この協定ではハプスブルク帝国はドナウ川支流のライタ川を境界として分けられる。すなわち西がツィスライターニエン(オーストリア)、東がトランス・ライターニエン(ハンガリー)である。オーストリアとハンガリーの両国は、防衛・外交・財政に関してのみ共同の政府を有するが、ほかは独立した政府・議会・官庁をもつこととなった。予算はオーストリア七〇%、ハンガリー三〇%。しかし後に再調整すると決められる。ハンガリー議会は上院(名族、司教、知識人)・下院(制限選挙)から、オーストリア議会は貴族院と衆議院（大土地所有者、都市、商工会議所、地方自治体からの代表）から構成される事になる。

ハンガリーではマジャール人（七四〇万人）が多数であったが過半には至らず、クロアチア人（二六〇万人）やルーマニア人（二五〇万人）など領域内諸民族の反発に苦しんだ。議会はマジャール人貴族に独占され、諸民族にマジャール語強制が行われたのも一因であろう。諸民族にしてみれば、抑圧者がドイツ人からマジャール人に変わったにすぎない。そこでハンガリーはクロアチアやスロベニアに自治権を与え、ハンガリー宰相から任命された州長官の下で独自の行政・教育・司法権を認める妥協策を採り、安定化を図った。

一方、オーストリアではドイツ人（一〇〇〇万人）が支配的ではあったが、こちらもチェコ人（六五〇万人）やポーランド人（五〇〇万人）らの反発に苦しむ。とはいえ、オーストリア地域での支配は比較的緩やかで、ある程度の自治も認められる傾向があった。特に一八七〇年代以降に南ドイツとの合一も難しいのを認識すると、諸民族との連邦を志向するようになる。一例を挙げると一八七一年に皇帝がプラハでボヘミア王として戴冠する約束をしたのはその一例である。更に一八八〇年、オーストリアは言語布告を出した。これによりドイツ語とチェコ語が同等の扱いと定められた。更に一八九七年にはこれが強化され、官吏は両言語を使用せねばならない事になったが、ドイツ人官吏からの反発で撤回されている。このころ、ズデーテン地方は工業化によってチェコ人労働者が増加。これへの対応を迫られており、一九〇五年には行政や選挙をチェコ人とドイツ人とで分割するに至っている。なお一九〇七年には普通選挙が実施された。

ハプスブルク帝国内では、十二の民族が対立していた。だが、積極的に帝国からの離脱を要求するものはいなくなっていた。というのは、ロシアなど周辺の大国と独力で対抗できないのは明らかだったからだ。そこで彼らは、ハプスブルク帝国による保護・支配の枠内に行動を留めていた。かくして皇帝フランツ・ヨーゼフの「一致協力して」という方針と諸民族の動きが合致。人々の皇帝への敬愛を鎹として、かろうじて統一が保たれていた。敗戦に伴う分裂の危機を一種の奇策で何とか乗り越えたものであり、これも一つの「戦後復興」と呼べようか。

表面化する民族運動

それでも、破綻への足音は徐々に忍び寄ってくる。少数民族の中には、こう考えるものもでてきたのだ。

「もしハプスブルクのくびきを離れたら独力では周辺に対抗できないというのなら、逆に考えるんだ。大国のうち自分たちに比較的近しい民族に庇護を求めればよい」

そうした潮流が表面化した早期の事例は、ロシアを中心とした汎スラブ主義の影響によるものであった。すなわちガリツィアに居住するルテニア人である。ポーランド人貴族の支配を受ける貧農がルテニア人の大半を占めており、ポーランド人への憎悪を抱きながら親ロシア的な感情を抱くようになっていった。一方のポーランド人貴族たちはロシアやルテニア人に対抗するためハプスブルク王朝に接近する傾向を示していたが、彼らもまた独立を希望しており、事情次第では中央に反抗している。また、帝国南部の南スラブ人の間でも、きな臭い動きが見え隠れするようになった。南スラブ人の間で多かった主張としては、

「クロアチアをハンガリーと同等の地位に高めて、三重王国に再編しよう」

というものであった。これも帝国にとっては分裂の連鎖を生みかねない頭の痛いものであったが、より厄介な異なる運動も見られるようになった。

「帝国を離脱し、東方のセルビア国と一体化して南スラブ人の国家をつくろう」

というものである。これが、二重帝国にとって後々に禍根となっていく。

二十世紀に入ると、オーストリア・ハンガリー帝国が直面する危機は深刻なものとなった。特に注目されるのは、国境外の民族国家、すなわちセルビア、ルーマニア、イタリアが帝国内の同系民族との合体を要求し始めた事である。その急先鋒は、汎スラブ主義を背景とするセルビアであった。問題の焦点となっていたのが、ボスニア・ヘルツェゴビナ問題である。既に一八七八年のベルリン会議で、二重帝国はセルビア人が多く居住するボスニア・ヘルチェゴビナの管理権を得ていた。セルビアの拡大を防ぐのが目的である。そして一九〇八年、二重帝国はボスニア・ヘルツェゴビナを正式に併合。これはセルビアに大きな衝撃を与え、セルビアでは数々の秘密結社が組織され、反オーストリア運動を展開した。

とはいえ、当時の民族闘争は感情的対立の側面が強く、一九一四年以前には帝国内諸民族のなかで真に帝国の解体を唱えていた者はごく少数だった。多くは従来と同様に、帝国の枠内で自民族の地位向上を図ろうとするものだったのだ。

破滅へのカウントダウン〜第一次世界大戦〜

だが、帝国がドイツと外交的に密着し、バルカン半島に汎ゲルマン主義を推し進めた事は、国際対立を激化させる。そして破局が訪れたのは一九一四年。帝位継承者フランツ・フェルディナント大公がサラエボでセルビア人民族主義者に暗殺された。この結果として帝国がセルビアに宣戦布告すると、当時の同盟関係から主要国が次々と参戦。第一次世界大戦である。戦争が進展すると共に二重帝国はドイツ帝国への従属を深め、国内の諸矛盾も表面化する。それでも老皇帝フランツ・ヨーゼフは黙々と政務に精励していたが、一九一六年ついにその苦闘に満ちた生涯を閉じる。後継のカール一世は臣民にとってなじみがなく、もはや諸民族を帝国につなぎとめる象徴的存在は存在しなかった。ここに至って領内諸民族の間には独立運動が高まり、ついに一九一八年、敗戦とともに帝国は崩壊し、国土は分裂した。

むすび

フランツ・ヨーゼフは他民族を支配する「帝国」が崩壊に向かう中で長年にわたり君臨した人物である。彼は、個人としては不幸の多い晩年を過ごす。息子ルドルフは自殺し、弟マクシミリアンがメキシコで処刑され、皇妃エリザベートは暗殺された。それでも屈することなく、皇帝としての責務を放棄しなかった。彼は最終的に帝国の解体を防ぎとめる事はできなかった。そして、彼は決して傑出した才覚を発揮したわけでもなかった。それでも彼の治世で積極的になされた数少ない改革「二重帝国」は、敗戦後に動揺する帝国を持ち直させている。そしてそれ以降は、彼自身の存在が求心力となり、民族主義へと向かいつつある時代の潮流に帝国を抗わせる事に成功した。目立った偉業をなさずとも、ただ耐え忍び君臨する事そのものが、帝国を存続させる鍵であったのだ。あるいは彼が「存在」する事そのものが、帝国にとっては偉業だったのかもしれない。そう考えると、フランツ・ヨーゼフは時代の波から精一杯自らの国を守って見せた「偉人」といえるかも知れぬ。

内政再建は思うに任せなかったけれど、超インフレ収束・国際的地位の回復には大いに貢献

第一次大戦後のドイツとシュトレーゼマン

グスタフ・シュトレーゼマン
Gustav Stresemann
1878～1929
首相在任　1923

混迷するドイツとシュトレーゼマン

第一次大戦後のドイツ史は、混乱の中に始まった。国力を総動員した戦いに敗れ、経済は破綻。政府が和平交渉を行っている最中に革命が勃発し、ドイツ皇帝は亡命した。かくしてドイツ帝国が崩壊し、共和制となったものの政治・経済は混迷に

陥る。そうした中で、エーベルトを大統領とする中央政権は戦争を終結させ、祖国の再建に尽力する（その辺の事情は、拙著『敗戦処理首脳列伝』を参照）。この時代に、ドイツの首相・外相として奮闘したのがグスタフ・シュトレーゼマン。

シュトレーゼマンは中産階級出身で、ザクセン工業家団体の組織者として政界に台頭。自由主義者ではあったが、戦中には「勝利による平和」を唱え大規模な領土併合を主張した。戦後、当初は帝政復帰を掲げ、一時は独裁も考慮していたが、やがて戦後体制を受け入れるしかないという現実主義に転換。ブルジョア勢力を主体に、社会民主党も含めた国民共同体を目指すようになる。

かくして混乱のさなかである一九二三年八月、彼は首相に就任。国家人民党・共産党以外の全主要政党と連立しての組閣であった。

経済再建への取り組み

この時のドイツは、経済が崩壊していた。戦争で疲弊した上に、天文学的な額の賠償金を課せられた。そして、その徴収のためフランス・ベルギーが主要工業地域であるルール地方を占領。現地の労働者たちはこれに反発し、ストライキで応じる。それが、経済の混乱に拍車をかけていた。

そこでシュトレーゼマンは、経済の混乱を収束させるのに力を注ぐ。まず九月二六日、ルール地方での消極的抵抗の中止を決定。とはいえ、ただストライキを止めるだけでは、ドイツの一方的屈服になる。そこで彼は

「被占領地の完全な主権回復に、賠償支払いの履行はかかっている」

と主張し、占領軍の撤退を求める事で体面を守った。そして連合国の中にも比較的好意的な勢力に接近。例えばイギリスは、フランスのルール占領に反対していた。また、アメリカもより現実的な賠償の履行を望んでいた。彼らはドイツが混

迷を極める事で、共産主義革命が起こるのを恐れていたのである。シュトレーゼマンはアメリカに国際専門委員会の設置を求め、そこでドイツの支払能力を検討するよう要求。賠償問題を経済的な次元で解決する事で、敗戦国としての屈従から脱する事も狙いだった。

また、国内の超インフレにも対応せねばならなかった。ヒルファディング蔵相の下、シャハトらの提案で通貨改革を断行。一一月一五日より、農・商工業資産を担保にレンテンマルクを発行したのである。一レンテンマルクは従来の1兆マルクだったというから、インフレの凄まじさが忍ばれる。更なるインフレを防ぐため、レンテンマルクは発行数が限定された。これが功を奏し、さしものインフレも収束を見せる。ちなみに類似した政策を唱えた人物は少なくなかったようで、カール・ヘルフェリヒはライ麦を、ハンス・ルターは金準備を裏づけとした通貨改革を唱えていたという。

同月、シュトレーゼマンは首相の地位を退くが、それ以降も外相としてドイツ政界を牽引。シュトレーゼマンは、基本的にこう考えていた。

「戦勝国の定めた国際体制をひとまず受け入れよう。その上で、周辺諸国と関係改善する事で徐々にドイツの国際的地位を回復させよう」

この穏当な方針は、次第に成果を上げていく。一九二四年四月、アメリカがドーズ案を提案。ドイツは八億マルクの借款を受け、支払いも能力に応じて徐々に増やしていく事となった。賠償問題は、ドイツへの懲罰目的から、ドイツの身の丈に合わせた現実的なものへと変わっていく。

国際的地位の回復

欧州の国際秩序への復帰も勧められた。一九二五年、シュトレーゼマンはイギリスを通じて西欧集団安全保障条約を提案。これは同年一〇月にロカルノ条約として実現する。更に翌年、ドイツは国際連盟加入を果たした。そして同年、ラインラント北部からドイツ軍を撤兵させるのを条件に民間航空が復活。「敗戦国」から欧州社会の一員への地位向上は着実に進んでいた。

一方で、軍備が制限されたのを補うための国防対策も抜かりない。一九二六年、ソ連との間で秘密軍事協力を定めた中立・不可侵条約を締結。おおっぴらに軍備拡張が出来ないドイツにとっても、国際的孤立にあったソ連にとっても有益な協定であった。

こうした外交成果から、この時期を「シュトレーゼマン時代」と呼ぶ事もある。同時代において彼の外交手腕は高く評価され、一九二六年にはフランス外相ブリアンと共にノーベル平和賞を受賞した。

このように外交面では順調であったが、内政はそうはいかない。共産党弾圧に反発して社会民主党が政権から離脱。マルクス内閣は少数与党に転落する。以降、ドイツ政界は多政党乱立時代へ突入し、極めて不安定な政治運営が続く。それでも一九二四年から一九二八年にかけては、アメリカ資本が投下されたおかげで経済的には小康状態。おかげで、この政治的問題もしばらくは深刻化しなかった。

さて一九二九年、アメリカよりヤング案が提案される。これによって、一九三七年に二〇億マルクを支払った以降は、（より少額を）実情に合わせ留保条件つきで支払うことに定められた。賠償問題は、ドイツにとってまた一歩改善されたのである。そして同年八月、シュトレーゼマンは不戦条約に調印。国際社会と協調姿勢を保つ。世界経済は恐慌へと突入しようとしていたが、シュトレーゼマンの手腕は健在であった。彼の力があればドイツの未来は暗くない、そうした期待は少なくなかったであろう。だが運命は無情であった。この年一〇月二日、グスタフ・シュトレーゼマンは現役外相のままで急死。五一歳であった。以降、ドイツは有力な政治指導者を持たず政治的混乱に陥り、ナチス政権誕生へと向かっていく。

世界恐慌におけるシャハトとナチス政権

さて、少し後日談をしておこう。超インフレを収束させたシャハトは、シュトレーゼマン死後にもう一度ドイツ経済を救う事になる。

世界恐慌の最中に成立したナチス政権は、シャハトに経済政策を委ねた。シャハトはドイツの労働力を担保に、一六億マルクの国債を発行。インフレを引き起こさないギリギリのラインを計算した上とはいえ、大胆な施策である。

「資金ができたら、次は公共事業だ」

既に着手されていた高速道路建設計画を大幅に拡充。従来は3億2千万マルクだった予算を二〇億マルクとした。支出には労働者への賃金を優先させる。広範な庶民の収入増加は、内需拡大に繋がった。高速道路の充実と労働者の収入増加が自動車購入に拍車を掛け、巨大な経済効果となる。そしてこの効果は他業種にも波及したのである。

更に一九三四年、ベルリン保証協会を設立。中小企業へのつなぎ融資を確保した。また穀物価格安定法で物価を安定させ、世襲農場法で中小農家の土地を保護しようとする。こうしてシャハトは初期ナチス政権の下でドイツ経済を再建させたのである。

だが、危機を一応乗り越えたあたりから、ナチスとシャハトの間には意見のずれが目立ち始める。当時、国際貿易の決済には金が用いられていた。しかし、ドイツの金保有量は輸入の拡大によって減少傾向にあった。シャハトはヒトラーに対し主張した。

「今は軍拡を遅らせ、輸出を増やす事で金の保有量を徐々に回復させせよう」

だが、ヒトラーは別の案を唱える。

「旧ドイツ領を「回復」し、現地の銀行を接収することで乗り切ろう」

ここにシャハトとナチス政権は決別。そしてヒトラーの政策は国際的な軋轢を生んだ。ナチス政権は戦争に備え、自給自足経済を目指す。だが充分な成果が上がらないまま、ドイツは領土拡大のため戦争を選んだ。こうして、再び大戦の末に破滅への道を歩む結果となる。

むすび

第一次大戦後のドイツを救ったもの。それは、シュトレーゼマンの卓越した外交能力とシャハトの類まれな経済手腕であった。彼らに共通するのは、無理に「過去の栄光」にこだわらない現実感覚と現状を鋭く見据える分析力といえよう。だが、彼らですら、敗戦と革命により混乱したドイツ政界はまとめあげられなかった。彼らが樹立できなかった、安定しバランス感覚のある政権。それは第二次大戦後のアデナウアーに至ってようやく実現したのである。

瀕死の「帝国」打倒して、
近代国民国家へと脱皮成功
〜「現段階では、私がトルコだ！」

第一次大戦後のトルコとケマル・アタチュルク

ケマル・アタチュルク
Mustfa Kemal Ataturk
1881 〜 1938
大統領在任 1923 〜 1938

新生トルコ共和国

第一次大戦でドイツにつき、敗北したオスマン帝国は連合軍の管理下に置かれた。かつては地中海世界に覇を唱えたものの衰退して久しく、今やその主権すら危ういものになりつつあった。これに危機感を抱いて挙兵し、外国軍を放逐すると共に帝政を打倒し革命政府を樹立したのがケマル・アタチュルクである。

ケマルの青年時代や、オスマン帝国時代および革命の詳細については前著『敗戦処理首脳列伝』を参照されたい。革命を通じて政権を握り、改めて連合軍とも和平締結に成功したケマル。対外的な問題が片付いたと判断した彼は、一九二三年一〇月に共和制を宣言。反対派がアンカラを離れた間に、内閣総辞職させた上での挙であった。初代大統領にはケマルが任じられ、側近であるイスメットが首相になった。かくして武力革命の段階から、戦後復興へとケマルの任務は変遷していく。

第一次大戦から革命にかけて、アナトリアでは二五〇〇万人の人口が失われた。これは戦争前の二割に相当する。姿を消したのは商工業に従事していたアルメニア人（一五〇〇万人）やギリシア人（九〇〇万人）が中心であり、経済的にも痛手であった。実業家も少なからず海外に亡命。一方、新政府が負う連合国への債務は七八〇〇万ポンドに上る。革命を通じて、オスマン帝国政府が締結したものより有利な条件で再講話できたとはいえ、前途多難な中での船出には変わりなかった。

私がトルコだ

さてケマルは自らの属する「第一グループ」を人民党として編成し、一九二四年一一月に総選挙を行う。一方で反ケマル派は「進歩主義者共和党」を結成。彼らは革命運動初期からの活動家を中心に富裕層を主体としており、自由主義的な傾向を有していた。彼らの勢力を侮りがたいと判断したケマルは、一九二五年二月に勃発したクルド人の反乱を契機に三月に治安維持法を制定。進歩主義者共和党を弾圧する。

政敵排除と並行する形で、彼は同年四月に新憲法を発布し、五月から発効させた。内容に関しては、ケマルの草案と比べて大統領の専権を抑制するものとなった。例を挙げると、

- **草案では七年であった大統領の任期が四年とされる**
- **草案では大統領のみが有するとされた緊急の議会招集権は大統領および議長に付与される**

といった所である。ケマルは強権を振るうのみならず、全国遊説を行い、人々の理解を獲得する努力も怠らなかった。だが一九二六年、全国遊説の最中に暗殺未遂事件が勃発。これに対応し、かつての「第二グループ」に代表される反対勢力を逮捕し、政敵を大規模に排除した。彼らの処刑を決定した際、彼は「嫌な日だ」とつぶやいたとされる。その後、ケマルは国民に議会で演説する。そこで彼は、戦いを通じてトルコ人の精神力の強さを確信したこと、国家の歩みが確かなものとなった際には自らは身を引く積もりであること、しかしいまだその時ではなく自分が今死ぬ事はトルコの未来が奪われる事を意味すると述べたのである。その演説の末尾における、

「現在の時点においては、私がトルコだ！」

という台詞は、名文句として今日まで語り継がれている。

世俗化・西洋化・トルコ化

こうした確固たる覚悟と方針を有した指導者ケマルの下で、多民族国家「オスマン帝国」は国民国家「トルコ」へと変貌していった。その改革は世俗化・西洋化・トルコ化を柱とするものである。

まずは世俗化改革について概観しよう。これはイスラームの影響を弱める方向の政策である。主要な政策は以下の通り。

- イスラーム法の最高権威であるシェイヒュルイスラムの廃止
- ウラマー（法学者）養成機関であるメトレセの閉鎖
- シャリーア（イスラーム法）法廷の廃止
- 神秘主義の修行場・聖者廟の閉鎖
- イスラーム関係は「宗務局」で処理すること

とした。

一連の改革を象徴するものとして一九二八年、

憲法に当初記載されていた国教をイスラームとする文言が削除された事も挙げられよう。

次に西洋化である。西欧文化が覇権を握っている以上、それが世界の主流となる流儀であったからだ。それに合わせる事は、彼らに追いつくためにも交際するためにも有益であると考えられた。まず一九二五年一二月、西暦が採用される。そして一九二六年にはスイスをモデルとした民法やイタリアをモデルとした刑法を導入。一九二八年、アラビア文字の使用を廃してローマ字を採用。アラビア文字はトルコ人の言語体系には合わないと判断されたのである。ローマ字をもとに、トルコ語に合致した表記を生み出そうとしたのだ。そして一九三一年、メートル法を導入。またトルコ風の帽子を禁じ、西洋帽に切り替える法令も出された。この一連の施策は、明治維新における日本の「文明開化」を彷彿とさせる。目的・手段とも相通じるものがあるといえよう。

そして、「西洋化」と矛盾するようであるが「トルコ化」政策も推進された。従来はイスラームがアイデンティティーの中心であったのに対し、「トルコ」を中心に据えようとしたのである。まずモスクにおける信徒への礼拝の呼びかけが、アラビア語からトルコ語に変わった。一九二九年には『トルコ史概要』が編纂され、一九三五年にはトルコ歴史協会が設立される。そしてトルコナショナリズム機関として生まれた「トルコ人の炉辺」を母体として一九三一年、共和人民党の文化組織「人民の家」が組織され、民族主義教育が進められる。そして農村にも「人民の部屋」は作られ、改革の徹底が図られた。また、ケマル死後の一九四〇年には、村落の教育者を対象に学科・農業実習などを行う制度も作られている。

経済再建

無論、経済の再建もケマルは疎かにしなかった。長い戦いで国民生活が大きく傷付けられており、その再建なくしてはトルコの未来もなかったからである。まずは主要産業を国有化し、国庫収入や国民への供給の確保を図る。一九二四年、鉄道を国有化。翌年にはタバコ専売公社の国有化を皮切りに、アルコール・塩・砂糖・マッチ・ガソリンも専売とした。一方で十分の一税を廃止し、その分を地租と専売で補う方針を採用している。貧しい小作農の負担を減らし、その分を比較的余裕のある地主や都市住民に肩代わりさせる意図があった。一九二四年、勧業銀行を設立し、民間企業設立のための融資を行わせる事とした。更に一九二七年、産業奨励法を制定し、認可企業には電話・電信料などを免除している。一九二九年に世界恐慌が押し寄せると、ケマルは国家社会主義政策を採る事で被害を少なく食い止めようとした。一九三〇年、トルコ共和国中央銀行を設立。割引歩合・利子歩合の調整や通貨流通の調整を行うのが業務である。社会主義的な政策を行う関係もあり、ソ連との関係が改善し、一九三二年にはソ連から八〇〇万ドル相当の援助を無利子二〇年返済で受ける事に成功。一九三七年には第一次五ヶ年計画を発動。生産を国内原料で賄い、工業生産地を地方に分散させ、消費財を優先させる方針で工業化を進めた。そして工業を支援するシュメール銀行、鉱業を補助するヒッタイト銀行が設立される。この時期になると、トルコでも民間企業が成長するようになった。同様に農業対策も行われ、農業銀行が農産物を買い支え、価格調整も行った。その結果、農業生産は五八%成長したという。また貧農対策として農地分配も行われたが、その九五%が荒地であり、不十分な成果にとどまったという。

中立外交

ケマルは、疲弊した祖国が対外戦争に巻き込まれない事を外交の基本方針とした。スローガンは

「母国に平和、世界に平和」

である。そのため周辺諸国との友好に力を注ぎ、かつて敵対した国々とも協力関係を築こうと務める。一九二五年、ソ連との間で友好条約を締結。そして一九三四年、ギリシア、ユーゴスラビア、ルーマニアと「バルカン協商」を結んだ。一九三七年にはイラン、イラク、アフガニスタンとサーダーバード条約で相互不可侵を約し、二年後の一九三九年には英仏と相互協調条約に漕ぎ着けた。

もっとも、こうした戦争を回避する方針で不利益を被ったこともある。例えばイラク地方を巡ってのイギリスとの争いでは一九二五年に屈服を余儀なくされている。しかし、後にはドイツの復興が、トルコ外交に有利に働くようになった。「ハタイ」問題がそれである。シリア領内のアレクサンドレッタ州はトルコ系住民が多く、「ハタイ」と呼ばれた。シリアを勢力圏としていたフランスはトルコをドイツ陣営に追いやるのを恐れ、領有を断念。一九三八年に住民選挙が行われ、その結果として「独立ハタイ」が成立し、翌年にトルコに併合された。更に一九三六年、モントルー条約でボスポラス・ダーダネルス海峡の主権回復を実現している。

苦闘の日々

さてこのように内外で成果を上げてきたケマルであるが、世界恐慌の際には生活不安もあって国民の不満も高まったようだ。そこで彼は野党の存在を導入する事で政治に刺激を取り戻そうと目論む。ケマルは同僚アリー・フェトヒを説得し、一九三〇年に自由共和党を結成させた。与党と比較して自由主義的で、直接選挙制を主張する政党である。しかし支持が予想以上に集まり、政情を不安定にするとケマルは判断。フェトヒもその意を受けて党を解散している。トルコが複数政党制へと移行するのは、二代目イノニュ時代の一九四六年になってからとなった。その一方で、女性解放を推進し、一九三四年に女性参政権を認めたのは特筆される。イスラーム世界のみならず世界的に見て、これは画期的な英断であった。

　祖国のために日夜働きづめであったケマル。その睡眠は四~五時間程度であり、食事も質素なものだったという。その一方で酒を好んだこともあり、その生活は次第に彼の健康を蝕んだ。一九三八年一〇月にケマルは脳血管障害で倒れ、一一月一〇日にその生涯を閉じる。享年五七歳。現在でもトルコでは彼が死去した時刻には黙祷がささげられるという。

むすび

　ケマル・アタチュルクという人物は歴史的に見て実に特異な人物である。前線指揮官として、革命家として、更に内政改革者として。数多くの顔を持ち、いずれも群を抜いた成功を示した。長期にわたり独裁権力を振るいながらも腐敗しなかった点でも異例と言わねばならない。「アタチュルク」すなわち「トルコの父」という姓を奉られたのも、故のない事ではない。まさしく国民国家トルコにとって「国父」というべき人物であった。前著でも述べたが、長い苦闘の末にこうした偉大な指導者を得られたという点で、トルコは幸福である。とはいえ、後継者たちにとっては彼との比較を常に余儀なくされる訳で、苦労の多いであろうと思わされる。

第二次大戦後のフィンランドとパーシキヴィ

外交は親ソ、内政は資本主義
～英雄の遺産活用し、小国の独立を守りぬく～

ユホ・クスティ・パーシキヴィ
Juho Kusti Paasikivi
1870～1956

ソ連との戦いの果てに

フィンランドは、ロシアに隣接する北欧の国家である。大国ロシアとの間に歴然とした力の差があり、その支配下に置かれた時期もある。ロシア革命後に独立を果たしたが、その後もソビエト連邦から圧力を受け続けた。そして一九三九年、ついにソ連との間で戦争が勃発。マンネルヘイム元帥らの活躍により軍事的には善戦するものの、国力差は如何ともしがたい。結局は、ソ連への屈服を余儀なくされた。一九四一年にはドイツと手を組んで失地奪回に乗り出すが、これは藪蛇に終わる。第二次大戦において枢軸国陣営とみなされ、アメリカやイギリスといった超大国から敵視されたのだ。結局、善戦するも国力の違いを跳ね返せない絶望的な状況は変わらず、フィンランドは和平の必要を認識。マンネルヘイムが大統領として英雄の名声を最大限に生かし、ソ連との和平を果たす。敗戦国の汚名は被ったものの、ドイツや日本など他の枢軸国よりはマシな条件で戦争から脱落できたのである。詳細は、拙著『敗戦処理首脳列伝』を参照されたい。

　二度にわたる戦争でソ連に屈したフィンランド。戦後における舵取りは容易いものではなかった。その難局を担った人物こそユホ・クスティ・パーシキヴィである。ここで、彼の経歴について少し見てみよう。

ロシアをよく知る者

　パーシキヴィは南フィンランドの貧しい田園地方に生まれ、親戚の助けでヘルシンキ大学を卒業。後にノブゴロドでロシア語やロシア史を学んだ。後にこれが政治家として大きくものを言う。法学博士号を採った後にヘルシンキ大学の教授を経てフィンランド財務相に任命され、政界に入った。フィン人党の一員として早くからロシア本国政府との交渉役を担い、その国力を知る事となる。

　その表れが、一九一七年にフィンランドが独立した際に彼が行った提案であろう。何と、君主としてドイツの皇子を迎えるよう主張したのだ。ドイツの助けによって、ロシアの圧力を跳ね除ける意図であった。事実、ロシアの革命政府との戦いでもドイツ軍の助けを借りている。ドイツが第一次大戦で敗北すると一時期政治から距離を置くが、ソ連との講和交渉に際し復権。彼のロシアに関する見識は祖国にとって不可欠であった。

　その後、保守党党首として共産党や極右と対抗し、国家戦略に大きく関わった。一九三九年にソ連から領土借用の申し入れがあった際には拒絶しきれないと考え、妥協案で乗り切る事を主張。ソ連との戦争に突入した後も、ソ連の要求を受け入れる他ないと唱えていた。マンネルヘイム大統領の下で首相となり、共産党員を入閣させ、取り込む事で逆にソ連の影響を最小限にしている。そしてソ連との終戦交渉を担い、戦犯を国内法で裁くという条件を勝ち取った。大統領職を引き継いだのは、マンネルヘイムが病気のため引退した後である。

ソ連からの新たな難題

～「友好共同相互援助条約」問題～

まず彼が取り組んだのは、講和条件の緩和であった。

「叶うならもう少し、有利な条件で国際社会に復帰できないものか」

フィンランドの戦争目的は国土防衛でしかなかったのだから、そう考えても無理はない。一九四七年のパリ平和会議にて交渉が行われたが、実りある結果は得られなかった。国境線は変化せず、賠償金も三〇億ドル支払う事が改めて定められる。

さらにこの年、更なる難題が降りかかった。ソ連から「友好共同相互援助条約」なるものの締結を持ちかけられたのである。古来、圧力をかける大国からの「友好」や「相互援助」ほど胡散臭いものは少なかろう。チェコスロバキアは同様の手口を経て共産主義化していたのである。パーシキヴィは、当然それを知っていた。共産主義化によって完全にソ連に取り込まれる事は、避けたかった。そこで、他の社会主義諸国とソ連が締結した条約と異なる対応を求める。すなわち、この条約が直ちに軍事同盟を意味しない事を明記させた上で四八年に締結に応じたのだ。条約の適応は自国領土が侵攻された場合に限局し、更にソ連からの「援助」も双方の合意が必要という形で介入の可能性を最小限に留めた事は注目される。パーシキヴィの老獪な外交手腕を伺うに足りよう。無論、彼の個人能力を発揮する余地が生まれた前提として、ソ連から見たフィンランドがバルト三国やポーランドと比較して戦略的重要性で及ばないという幸運があったのだが。

一方でソ連から見ても、この条約は決して十全ではないにしろ一応の満足はできるものであった。元来、フィンランドはソ連にとって地理的に厄介な存在である。バルト沿岸に沿って国境を接しており、重要都市レニングラード（現サンクトペテルブルク）に近接しているのだから。国防上、フィンランドを何らかの形で引き込むのはソ連にとって不可欠だったのだ。だが、フィンランドとの戦いは優勢勝ちという形で終結したとはいえ、軍事的に完全屈服させ、支配下に置くには至っていない。である以上、余りに無理な条件を押し付けることはできなかった。大戦中は同盟関係にあった西側諸国も、今や対立関係にある。下手なごり押しは、アメリカを刺激する事になりかねなかったのだ。とはいえ現在のフィンランド政府は従来の敵対関係ではなく、ソ連との友好路線を取ろうとしている。ならば、それに乗る形でフィンランドを属国化できないにしろ相互関係を深める事ができれば、これを敵に回し国防を危うくする最悪の展開だけは回避できるのだ。ソ連にとって、最善ではないが悪くはない展開といえた。

国内共産党対策とアメリカへの接近
〜ソ連に取り込まれないために〜

さて視点をフィンランドに戻そう。外交が一段落した後、パーシキヴィは国内の問題に手を付ける。共産党を通じてソ連から介入を受ける危険があった。その排除に取り掛かったのである。まず共産党員を閣内から放逐、一九四八年春には軍や警察に臨戦態勢をとらせ示威行動を取らせた。以降、共産党員が閣僚として参画する事はなくなる。

ソ連からの条約締結を一応は受け入れる事でそれ以上の介入の口実を与えず、更に国内の共産勢力を抑え、内政干渉の手段を奪ったパーシキヴィ。だが、ソ連と隣接している限りは取り込まれる危険は消えなかった。そこで、もう一つの超大国・アメリカとも良好な関係を保つ事でソ連への牽制を図る。アメリカも、フィンランドがソ連を距離を置こうとする姿勢を評価し、四五年九月には国交回復に応じた。もっとも、問題が生じなかった訳ではない。アメリカ主導でヨーロッパを復興させる計画「マーシャル・プラン」の受け入れをフィンランドが拒否した際は、アメリカとの間に緊張が走った。だが、フィンランド国内で共産主義政党が敗北したのを契機にアメリカは支援を継続。この頃から、西側からの貸付や輸出が増大する。アメリカは、フィンランドを資本主義陣営の一員として扱ったのである。それもあって経済復興は順調に進み、五二年には賠償金支払いを完了。

これらの政策によって、フィンランドはソ連にある程度強気な交渉をする事が可能となった。その結果、パーシキヴィはソ連と粘り強く交渉し、ポルッカラ基地の返還を実現。また北欧会議参加や国連加盟もソ連に認めさせている。こうして、フィンランドはソ連支配下に置かれる事なく中立という立場を勝ち取ることに成功した。パーシキヴィは五六年に政界を引退し、まもなく病没。フィンランドの生き残りのため捧げた後半生であったと言って良い。

むすび

パーシキヴィは、ソ連に外交的な従属を選ばざるを得なかった。だが、それでもその衛星国となる事は回避してみせた。戦略的価値が隣国と比べ相対的に低かった事、マンネルヘイムらによる軍事的善戦により交渉を有利に運びやすかった事など幸運にも恵まれた。だが、パーシキヴィの卓越した交渉手腕と現実を見据えた見識が大きくものをいったのも間違いない。もっとも、こうした外交は危険な綱渡りであり、一つ間違えば米ソ双方から不信を買っても不思議はなかった。軽々しく真似るのが危険な事例である事もまた、事実である。

コラム2

第二次大戦後、植民地独立と英仏

第二次大戦後、かつて列強の植民地とされた地域が次々に独立を果たした。当然、旧宗主国は対応の変化を迫られる。「戦後復興」とは少し異なるが、これも戦後の国家体制再編成には違いない。かつて植民地大国であったイギリスとフランスは、この時代をどうくぐりぬけたかを見てみよう。

両国はかつて、世界各地に植民地を持ち、超大国として君臨した。だが、第二次大戦で戦勝国陣営に加わることはできたものの、指導的地位を完全にアメリカやソ連に取って代わられる。既に第二次大戦前から、植民地の独立運動は高まりを見せており、戦後になると国際的地位の低下に伴ってもはや抑えきれなくなりつつあった。

まずはイギリスを見よう。イギリスは第二次大戦前にも植民地独立を認めた事がないわけではない。一九三一年、ウェストミンスター条例でカナダ、オーストラリア、ニュージーランドが独立を認められた。独立したとはいえ、これらの国々はその後もイギリス国王を元首とし、イギリス本国との間で「コモンウェルス」と呼ばれる密接な関係を保っている。そして、この際に独立を許されたのは白人自治領のみ。本国にとっても精神的な抵抗は比較的少なかっただろう事は想像に難くない。

だが、第二次大戦後、非白人国家の独立を認めざるを得なくなった時、「コモンウェルス」も新たな時代への対応を迫られた。中でも問題となったのは一九四九年のインド独立である。インドは、独立するにあたり共和制を選んだ。すなわち、イギリス国王を元首として推戴しないという事である。一方で、コモンウェルスの一員には留まる事にもなった。ここに、所属国とイギリス国王との関係を改めて調整する必要が生じる。イギリスは、少なくともここでは穏便な方策をとった。同年、イギリス国王は「自由な結合の象徴」としての「首長」と位置づけられ、元首とは異なると定められる。何とも曖昧な物言いなのは否めない。ともあれ、所属国への本国の影響がより緩やかな方向に向かったのは確かだった。

一九五六年、更に一つの転機が訪れる。スエズ動乱である。スエズ運河の国有化を宣言したエジプトに対し、イギリスはフランスと共に運河権益を守ろうと軍事介入。だがこれによって英仏は国際世論の非難を受け、撤退を余儀なくされた。これにアフリカ植民地は勇気づけられ、一九六〇年に相次いで独立。この年にアフリカを歴任したイギリス首相マクミランは、現地でのナショナリズム高揚に衝撃を受けた。詳細は『敗戦処理首脳列伝』に譲るが、マクミランはこれ以降は独立を認めることで旧植民地と友好的な関係を維持する方針に傾く。彼がケープタウンで述べた、

「変化の嵐がこの大陸中に吹いている。私たちがそれを好むと好まざるとにかかわらず、この民族的意識の高まりはひとつの政治的事実である。私たちの政策はそれを考慮に入れなければならない」

（北川勝彦編著『イギリス帝国と二〇世紀第四巻　脱植民地化とイギリス帝国』ミネルヴァ書房、四九頁）

という言葉は、その考え方を端的に示したものといえる。その後数年で、旧イギリス植民地のほとんどが独立を達成するに至った。イギリスは、旧植民地の独立に対し、少なくともこの時期においては比較的穏健な対応を取ったといってよい。その成果であろうか、現在においてもコモンウェルスは緩やかな連合体ではあるが外部諸国との関係とは異なった特別な間柄を維持している。

次にフランスである。結果から見れば、こちらもイギリスと同様の道を選んだ。とはいえ、当初

はすんなりと旧植民地の独立を認めたわけではない。まず、インドシナ半島の独立運動に対しては、軍事的抑圧で臨む。しかし一九五四年にディエンビエンフーで敗北し、ベトナムから撤退。また、この頃にはアルジェリアでも独立運動が高揚、テロリズムが多発し、多くの犠牲者を出している。そんな中で一九五八年、右派からの期待を背負ってド・ゴールが政権を獲得。彼は予想に反し、アルジェリアの独立を認める方針を採った。かくして一九六二年のエヴィアン協定でアルジェリアの独立が事実上決定（詳細は『敗戦処理首脳列伝』を参照のこと）。

これとほぼ時期を同じくして、一九五八年に「フランス共同体」が結成された。植民地は完全独立か自治かの選択を求められ、自治を選んだ場合は「自治共和国」としてフランス大統領を中心とする結合関係に加盟する事となったのである。完全独立を求めたギニア以外、アフリカのフランス領は共同体加入に賛同している。しかしその後も加入諸国の間で独立要求が強かった。そのため一九六〇年には共同体に籍を残したままで独立できるよう憲法を改定。後には、個別に加入協定を結んだ国家連合と改められた。フランスもまた、イギリスと足並みを揃える形で旧植民地の独立を認め、友好的関係を保持する政策に転じたのである。

もっとも、フランス共同体はあくまでフランスの利害を第一とする性格を失わず、加盟諸国は内政にもフランスの意向が強く反映された。ゆえに加盟国の反発を買い、離脱・完全独立する地域が相次ぐ。フランス共同体の存在感が弱まると、後にはあたかもこれに代わるかのように全世界フランス語圏の団結を目的とする「フランコフォニー運動」が推進されるようになる。

両国がこうした穏健な形で植民地独立を認めていったのは、道徳的な理由からでは無論ない。新たな時代に対応し、国益を追求した結果である。

「もはや、植民地をこれまでのように保持するのは不可能だ」

そうした認識が、両国の支配層にあった。まず、植民地のナショナリズム勢力を弾圧する事に内外からの非難が高まるようになっていた。さらに、冷戦構造が明らかになると、独立運動と共産主義勢力が結合する危険が高まった。また、戦後になると経済的に植民地より先進国相手の貿易が主となっていた。植民地支配は利益より負担の方が大きい。

となると、独立を認め、新生国家と友好関係を結ぶ方が良い。あわよくば、最低限の利権は保持できるかもしれない。実際、ド・ゴールはアルジェリア独立後も軍事基地使用の継続、石油利権の確保、入植者の財産権は認めさせている。もっとも、旧植民地で悪政を敷く独裁者相手にも国益のため友好関係を維持した事例も少なからずあり、こうした英仏の方針が旧植民地にとっては必ずしも良いものではなかった事は留意する必要があろう。

英仏両国は、かつては世界に冠たる大国の地位を占めていた。しかしながら、時代の流れと共にその力は緩やかながらも衰退。その末に、海外領の多くを手放さねばならぬ時期に至った。その際に、過去の栄光にこだわりすぎなかったのは賢明であった。それによって、イギリスは退き時を誤ることなく、体裁良くある程度の実利を残すことができた。フランスもインドシナ半島では失敗したが、アフリカの旧植民地への対応では比較的穏当な成果を収めている。

輝かしい時代の幻影にとらわれず、時代の流れに逆らわない。その上で、可能な取り分を冷静に見定める。言うは易く行うは難しであるが、両国はそれを一応達成したといってよい（フランスは微妙だが）。人にしろ国にしろ、下り坂の時にこそ器量を問われる。強国としての歴史を長く保った経験は、伊達ではないということか。

第二部
廃墟より甦れ

『廃墟より甦れ』というのは、かつて東ドイツ（ドイツ民主共和国）国歌の題名であったと記憶する。この章では、東ドイツも含め戦災で破壊された国家を再建した事例を見ていく。

わが国は、二〇一一年の東日本大震災を例に出すまでもなく災害大国である。戦争による災害とは異なっても、その復興のありようは被災した企業や自治体にとっても参考になる面があると思われる。

こうした事例で国家がするべき事は、以下の通りである。

①戦いの再発を防ぐ

大前提である。戦乱が収まらない事には、新たな破壊が再生産され、再建どころではない。そのためには、少なくとも主要部への支配を確立した強力な政権が必要である。

②政府が復興への確かな意志を持つ

当たり前の話であるはずだが、これが満たされない事例が意外に多い。復興資金として援助を受けても、それを活用せず私腹を肥やすばかりというどうしようもないケースすら決して珍しくないのだ。逆に言えば、リーダーが復興へ向けて誠実に取り組んでいれば、それだけで大きなアドバンテージなのである。

③復興資金を確保する

現代においては、海外から援助・投資・借款という形で受ける事がほとんど。国際社会が成立した現代では、比較的外部からの協力を得やすくなっており、資金調達の難易度は下がっていると言ってよい。国内で調達するのが基本だった前近代とはこの点で異なる。とは言え、何の努力もなしに金が集まるほど甘くはないのは勿論であるが。そこで次項が重要となる。

ビジネスという観点から汲み取るべき教訓としては、その点であろう。

④自国の売りにできる部分を見極める

第一章と同じである。資金集めのため海外投資家にアピールするため、そして優先的に資金を投下する部門を決定するためにも外せない作業といえる。無論、海外からの投資を呼び込むのであるから、出資者にとってどのような点が魅力かを説明できる必要がある。実際、現在では投資家向けのホームページで自国のセールスポイントをアピールしている国も少なくない。

とにかく金を集め、戦災を被った地域の再建に資金を投入する。本章における戦後復興を要約すると、そういう事になる。効率を考えて優先順位を定める必要はあるが、前章のようにパラダイムシフトや既得権益者の抵抗排除をする必要がない分だけ、こちらの方がある意味でやりやすいとは言えよう。

問われるのがプレゼンテーション能力、そして次に人脈養成力という点では第一章と変わらない。

コラム3

「戦後復興」は決して当たり前ではない

「戦後」には「復興」がつきものである、そういう前提で本書はここまで話を進めてきた。だが実のところ、必ずしもそうとは言えないようである。

思えば、第二次大戦で大きな被害を受けた諸国は、戦争が終結すると多くは復興に励んだ。だが、全てがそうという訳でもなかった。戦勝国でありながら、内戦やその後の政治的混乱に陥った中国のような例もある。中国が明らかに発展への道を辿り始めるのは、改革開放路線後なのは周知の通りだろう。

そして、前近代においてはこの時の中国と同様な事例がまま見られた。そもそも、戦争の終結に関する明確な線引きがない事も多い。一例を挙げると、アレクサンドロスがペルシアを征服して以降のオリエントがそれに相当する。アレクサンドロスは生涯を征服戦争に費やしたし、彼の死後は配下武将たちが遺領を分割。彼らの末裔による諸国間の抗争が続いた。それに幕を下ろしたのは、ローマによる征服である。そしてそのローマも、ポエニ戦争で地中海の覇権を確定させた後も、オクタヴィアヌスが平和を回復するまで「内乱の一世紀」と呼ばれる状況だったのは周知の通りである。我が国もこうした風潮と無縁ではなかった。十四世紀の南北朝動乱から十六世紀末の織豊政権成立までは小動乱の連続と見る事もできる。

そもそも、人々の生活再建を視野に入れた戦後復興が当然となるのは、近代に入ってからである。事実、本書において取り上げた前近代の事例も、専ら支配層の権力や財政を問題としたケースが大半である。

現代においても、「戦後復興」がそもそもなされない戦乱は後を絶っていない。最も顕著なのが、アフリカの内戦であった。そこには、現代アフリカ特有の事情が関わっていた。これについては、別に述べようと思う。

祭祀から生まれた財政再建マジック

同盟市戦争後のアテナイとエウブロス

エウブロス
Eubulus　生没年不詳

アテナイの栄光と没落

ギリシアの首都アテネの歴史は、周知の通り古代ギリシアの都市国家アテナイにまで遡る。この地は、古代ギリシアにおいてスパルタと並ぶ有力国家であり、デロス同盟によって数多くの都市国家を支配下においていた。しかしアテナイはその覇権主義的な態度から反発を買うようになり、スパルタを中心とするペロポネソス同盟との戦いを経て一旦盟主的な地位を失った事は有名である。

しかし、その後にアテナイがその地位をある程度回復した事は余り知られていない。新たな覇者であるスパルタに不満を持つ都市国家と連合してスパルタと戦った（コリントス戦争）後、スパルタに対抗するため、前三七七年に第二次アテナイ海上同盟が結成され、再びアテナイは盟主的な地位に就いたのである。前三七六年にナクソスの戦いでスパルタを破った後は再びギリシア都市国家内部で覇権を握るが、デロス同盟時代と同様、次第に同盟市の反感を買うようになる。前三五七年、同盟市戦争が勃発し、アテナイはかつての同盟者であったビザンティオン、キオス、コス、ロードスなどを相手に前三五五年には敗北した。こうして、アテナイは再び盟主の地位から没落したのである。

一度ならず、二度までも敗北した。今度こそ、アテナイは終わりだ。

市民の中にはそう考えたものもあったかもしれない。しかし、当然ながら、これで諦めるほどアテナイ当局はやわではなかった。

「アテナイは滅びぬ、何度でも蘇るさ」

まるでそう嘯くかのように、強かに再興への道を歩み始めたのである。その際にアテナイの財政再建に当たったのがエウブロスである。

エウブロスの改革

エウブロスの経歴に関しては、詳細には不明な点も多い。だが、同時代人であるデモステネスやアイスキネスらの言及からは前三五〇年ごろにアテナイで政治的権限を握るようになったと推定されている。

「この際、神々の便宜も借りてやろう」

とばかりに彼はまず前三五四年頃に祭祀財務官となる。当時、祭祀財務官はテオリカ（主要祭典の観劇手当）の分配権を握るようになっていた。そこで彼は国庫歳入の剰余分をテオリカのための基金とする決定を認めさせ、国家予算剰余金に関する権限を入手。これを足がかりに財政に関する権限を拡大したのである。

財政再建に必要な力を手にしたエウブロスは、精力的に経済再建に向けて努力する。まずは、戦後復興が最優先だ。そう信じた彼は、政府に性急な覇権回復を行わず、戦争を回避するよう仕向けたのである。その上で、彼は財政健全化に取り組む。長引く戦争とその敗北により、アテナイの財政は危機的状況にあった。アテナイ全盛期であったデロス同盟期には六〇〇タラントンにのぼった歳入が、前三五五年時点で一三〇タラントンにまで減少していたのだ。そこでエウブロスは海上貿易振興や鉱山採掘奨励によって歳入を増加させると共に、緊縮財政によって無駄な支出を削る。こうした働きにより、歳入は前三四〇年代前半には四〇〇タラントンにまで回復した。

こうして経済的余裕が生まれたことによって、アテナイは外港ペイライエウスの兵器廠建設や軍艦建造が可能となる。ようやく念願の軍備再建に踏み出す事ができたのである。

長らくギリシアの覇権国家であったアテナイ。しかしエウブロスは覇権回復を急ぐ事なく、地道に国内の財政事情を整備する事で再びアテナイを強化してみせたのである。一時の雌伏が、結局は近道だったのである。

マケドニア台頭とエウブロスの没落

さてこの頃、ギリシア北方ではマケドニアが台頭しつつあった。エウブロスはこれに対し、対マケドニア強硬論を唱える。その弁舌によって人気を博していた政治家デモステネスもこの問題に関しては同意見であった。しかし、エウブロスは同志であるはずのデモステネスらと敵対し、人気を失ってしまう。

「エウブロスは公共事業などを重視しすぎて軍事的危機を軽んじている」

それがデモステネスらの言い分であった。エウブロスにとっては言いがかりでしかなかったろう。だが、デモステネスらの目には、エウブロスの下では再軍備が遅れマケドニアに対抗できなくなる、と映っていた。結局、この対立によってデモステネスらが政界の主導権を握り、エウブロスは表舞台から消えていった。

エウブロスの手によって立ち直ったアテナイであったが、マケドニアとの戦いに敗れ、再び屈辱の中での国家再建を余儀なくされる。その際のリュクルゴスによる改革は、このエウブロスの政策を参考にしているとされるが、その詳細についてはリュクルゴスの項を参照いただきたい。

打たれ強く、諦め悪く、狡猾に
戦禍をも逆用し貴族を抑えて王権強化

百年戦争後のフランスとシャルル七世&ルイ一一世

ルイ一一世　Louis Ⅺ
1423～1483
在位 1461～1483

シャルル七世
Charles Ⅶ
1403～1461
在位 1422～1461

百年戦争とシャルル七世の即位

　十四世紀前半にイングランドとフランスはスコットランドをめぐる外交的対立から戦争に突入。百年戦争である。イングランド王は、当時のフランス王の正統性に問題があるとして、自らのフランス王位継承権を要求。イングランド王自身もフランス王家の血縁者であったからだ。長い休戦状態にあった時期もあったが、やがてイングランドはノルマンディーの領有を主張して進軍。一四一五年にはイングランド軍はアザンクールで勝利し、三年後にパリを占拠した。そして一四二〇年にフランス最大貴族であるブルゴーニュ公フィリップと結び、フランス王シャルル六世にトロア条約を認めさせる。その結果、シャルル六世が死去した一四二二年、イングランド王ヘンリー六世はフランス王位をも称するようになった。

　一方、旧来のフランス王家はこれを認めず、王太子シャルルを擁してフランス南部に拠る。シャルル王太子はシャルル六世の子で、兄たちが早世したため王太子となった。ブルゴーニュ公ジャン暗殺に関与し、王太子号を一旦剥奪されたが、ここに至って彼は反イングランド派の頭領とされたのである。王太子派は一四二九年にオルレアンの戦いを契機に反撃に移り、七月にランスで即位。シャルル七世である。なお、少女ジャンヌ・ダルクの活躍が伝えられたのはこの時期の事であった。以降、シャルル七世は戦争の収束と国土再建に向けて慎重に動き出す。

最大貴族・ブルゴーニュ家との和解
〜アラスの和約〜

　シャルルの王位を広く認めさせるには、最大貴族であるブルゴーニュ公との関係改善が欠かせない。だが彼は先代ブルゴーニュ公の死に責任があり、和平交渉は難航。それでも、シャルルは譲歩できる限り譲歩し、一四三五年にアラスで和約成立に持ち込む。条件は、以下の通りであった。

・シャルル七世はブルゴーニュ公に賠償する
・シャルル七世は、ブルゴーニュ公が得た北仏の既得権益を認める
・ブルゴーニュ公はシャルル七世の王位を認め、形式的にこれに臣従する

シャルルが得たものはブルゴーニュ家による形式上の「王位承認」のみであり、いわば「実を捨て名を取る」形となる。だが、これは彼の正統性を固める効果があった。そして何より、ブルゴーニュはもはやイングランド王をフランス王とは認めない、すなわちイングランドと断交する事を意味した。もはや、イングランド王と結びつく国内の有力諸侯はブルターニュ公のみである。

かくして、大勢はシャルル側にはっきりと傾く。一四三六年にはパリを奪回。この際、シャルルは旧イングランド派をも赦免し、寛容さをアピールする。戦いの流れを引き寄せつつある中でのこの処置は、

「もはや、戦いや敵意の時代ではない。平和が到来したのだ」

という印象を人々に与えるのに成功した。

徴税権独占と財政再建

さて政権の基礎を固めたいシャルルにとって、悲願となったのは財源の確保と常備軍の設置である。当時、彼が資金を集めるには有力者たち、すなわち僧侶・貴族・富裕市民にすがって出資を募らねばならなかった。ある時は三部会（僧侶、貴族、富裕市民からなる議会）を招集し、臨時課税の必要を訴える。またある時は、集金のため各地を旅行する。そうした苦労の末に、ようやく戦争遂行の資金を得ていたのである。である以上、常に軍勢を維持する事など夢のまた夢。シャルルがイングランドに囚われたジャンヌ・ダルクを見捨

てた原因として、その利用価値を見切った以外に救出するための資金・軍勢がないのも一因として存在した。王権を安定させ百年戦争のような分裂を防ぐには、財政基盤の安定が不可欠なのは明らかだった。

そうした中で迎えた一四三九年、シャルルは三部会を招集。ここで彼は重大な提案を行った。

「今後、軍の徴集や国税の徴集は国王の特権と定める。貴族が勝手にこれを行う事を禁じる」

この内容を貴族たちが黙って認めるはずはない。だが、シャルルには

「彼らが戦乱で疲弊した今なら、押し切れるかもしれない。押し切るには、今しかない」

という読みがあった。都市民・農民は貴族が突き付けてきた身勝手な人頭税に辟易しており、この決定を歓迎したという。社会的な力を付けつつあった民衆たちの支持も、シャルルには追い風になりそうだった。一方、貴族たちはこれに強く反発し、反乱に踏み切る。ここまでは予想の範囲内であった。だが、意外なのはルイ王太子もこれに与した事である。シャルルにとっては少なからぬ衝撃であったが、それでも有力都市の支持を固めて反乱に対抗。貴族たち相手でも妥協できる者には妥協し、鎮圧を進めた。

かくして徴税権を特権化したシャルルは、財政基盤確立のため大蔵卿ジャック・クールを登用。当時、戦中にイングランドが発行した粗悪な貨幣が広がり、経済が混乱していた。そこでクールは王立造幣局を設置し、良質なエキュ金貨や同価値の銀貨を厳重な通貨管理の下で鋳造する事で通貨の信用を取り戻す。更にアフリカやエジプトなどとの交易に参入し、絹・香辛料を輸入。これらの産品を高く売り付ける事でフランスに富をもたらそうとした。更に銀山開発も計画されたが、これ

は次世代にまで持ち越される。

我が子との暗闘

フランス全土を回復し、財政基盤確立・常備軍設立に手を付けられるようになり、念願を果たした格好のシャルル七世。だが、晩年に大きな懸念事項があった。王太子ルイとの不仲である。徴税権剥奪に反発する貴族たちの反乱にルイが加わったのは上述したが、父王との対立の果てに王太子はブルゴーニュ公フィリップのもとへ逃れた。ブルゴーニュ公相手となると国王といえど軽々に手は出せず、また十字軍に参加するという大義名分を立てられるとこれを非難する訳にもいかない。シャルルにとって、頭の痛い話である。シャルルはブルゴーニュ公への皮肉を込めて、こうぼやくのが精一杯だった。

「彼が家に入れたのは狐だ。狐はそこの雌鳥を食ってしまうだろう」（ミシュレ『フランス史Ⅱ』大野一道・立川孝一監修、立川孝一・真野倫平責任編集、藤原書店、三四九頁）

かくして息子の策謀に悩まされつつ一四六一年にシャルル七世は没する。その後はルイが後継となった。ルイ一一世である。シャルル生前はしばしば父王に反逆し、悩ませ続けた彼だが、即位は王権強化に務め、結果として父の志をよく引き継ぐ存在となった。

ルイ一一世

ルイ一一世は、即位後に父の側近たちを退け、自らの権力を確立。そして聖職者・貴族・高等法院を相手に粘り強く改革を進め、王権の更なる強化に意を注いだ。彼が意図した改革には、余剰人員の整理、聖職者への納税、貴族特権の廃止が挙げられる。そして貴族・僧侶たちに国王への忠誠を誓約する事を強制した。中でも最大の標的は、ルイにとって嘗ての恩人にあたるブルゴーニュ公爵家であった。莫大な富を有し、事実上の独立国であったブルゴーニュ公だが、アラスの和約で建前上フランス王家に臣従している以上は王家が司法権で介入する余地を残した。ルイはこれを最大限に利用する。配下役人に公爵家領の各地でしばしば紛争を起こさせ、王家裁判所での裁判を頻発させた。かくして神経をすり減らされ、憤激したブルゴーニュ公は一四六四年に王弟や不平貴族たちと共に反乱。公益同盟戦争である。だが、ルイ一一世は父同様に慎重かつ巧妙な対処で切り抜ける。諸侯を個々になだめ、反乱軍から離脱させ、ブルゴーニュ家を孤立させたのだ。ルイの外交手腕は巧みなもので、一四六五年にモンレリーでブルゴーニュ軍にノルマンディーを占領された際も、交渉で奪還を果たしている。

一四六七年、ブルゴーニュ公フィリップの子・シャルルが公爵家を継承。この人物は、後世に「シャルル大胆公」と呼ばれる。彼こそがルイ一一世最大の宿敵といえよう。一四六八年、ルイはペロンヌでシャルル突進公と会見、捕虜となった。何とか釈放された後もルイは裁判権を利用してシャルル大胆公を挑発。これに煽られたブルゴーニュ側が完全独立を期した動きを示すと、これは神聖ローマ皇帝ら周辺勢力の警戒を呼び起こした。これに乗じてルイはドイツ諸侯、スイス諸都市、更にイングランドも巻き込んで対ブルゴーニュ包囲網を形勢したのである。その奸智たるやなかなかのものと言えよう。

敵に囲まれたブルゴーニュ公爵家はその経済力にものを言わせて軍勢を編成し、各地で転戦。そして一四七七年、シャルル大胆公はナンシーの戦いでスイス人傭兵部隊と戦って敗死する。ルイは自らの手を汚さずして最大の敵手を葬り去ったのである。

邪魔者がいなくなったルイは、王太子シャルルとブルゴーニュ家の嫡流マリー・ド・ブルゴーニュを結婚させ、その領地と財産を手に入れようと図った。しかしマリーは婚約者であったハプスブルク家のマクシミリアンと結婚し、フランスと対抗。やむなくルイはブルゴーニュ領を武力で奪う事で取り敢えず満足する事とした。だがルイは諦めず、一四八二年には王太子とマリーの娘を結婚させようと目論んでいる。さてブルゴーニュ公が倒れた今、もはやフランス貴族で王に逆らえる者はいなかった。

「こうなっては、国王に屈服し、その支配を受け入れる他ない」

それが貴族たちの共通認識となる。ここにブルターニュ公を残して全ての貴族が、王権の直接支配に服したのである。

ルイにこうした強権を可能にしたのは、父が残した経済基盤による所が大きかった。ルイ自身もそれをよく理解しており、「商人王」と呼ばれる程に積極的な経済政策を進める。リヨンやマルセイユを拠点に地中海貿易を推進し、トゥールに絹織物を導入したのが一例であろう。また行政整備にも熱心で、駅逓制度によって情報伝達の効率を高め、各地の支配を確固たるものとしている。

むすび~本当の意味での「フランス」成立~

百年戦争で貴族たちに翻弄されたフランス王家。これを克服した後の国王たちは、実に慎重にして狡猾であった。戦乱での疲弊や貴族間の対立に付け込み、彼らから特権を奪うことに成功。それまでは、ブルゴーニュ公のようにフランス王に臣従しながらも事実上の独立勢力である者もおり、「フランス」の範囲は曖昧なものであった。王家の支配下に置く形で「フランス」という国を確立したと言える。シャルル七世やルイ一一世は颯爽という印象とはほど遠く、時には陰険な感すらある。だが、魑魅魍魎を泳ぎ抜き、勝者となるには、それが必要な資質だったのは間違いない。戦乱に伴う荒廃をも利用し、その復興過程で自らに権力を集中する。「フランス」国家はこうした巧妙な政治家たちによって作られたと言える。百年戦争は、まさしくフランスにとって「近世への入口」であった。

薔薇戦争後のイングランドとヘンリー七世

王家の系統を統一し、
貴族の没落に乗じて王権拡大
島国「イングランド」の確立へ

ヘンリー七世
Henry Ⅶ
1457～1509
在位1485～1509

薔薇戦争

一五世紀はイングランドにとって、試練の時代だった。まず、フランス王位を狙った百年戦争で敗北し、大陸の領地を失う。すると今度はイングランド本土でも王家がランカスター家とヨーク家に分裂、三十年にわたる戦乱に陥った。両家がそれぞれ赤薔薇・白薔薇を紋章とした事にちなみ、薔薇戦争と呼称されている。当初、ランカスター家が保有していた王位をヨーク家が奪う形で推移し、戦争のみならず一族内部での陰謀・謀殺が横行。イングランドは様々な意味で荒廃に陥っていた。戦乱の勝者となる事でそうした時代に終止符を打った人物こそ、ヘンリー七世である。

傍流から国王へ

ヘンリーは一四五七年、リッチモンド伯エドモンド・テューダーとマーガレット・ボーフォート（エドワード三世の孫）の間にウェールズのペンブローク城で生まれた。母マーガレットはエドワード三世の孫にあたり、ヘンリーが王位継承権を主張するのはそれが理由である。

ヘンリー六世の死後、ランカスター家支持者によって頭領と認められたが、ヨーク家の圧力の前に劣勢で大陸への亡命を余儀なくされた。しかし一四八五年にウェールズに上陸し、ボズワースの戦いでリチャード三世を敗死させる。ここにようやくヘンリーは王冠への最短距離に立ったのである。とはいえ、彼の王位継承権には今ひとつ説得力が足りなかった。ランカスター家の血を引いているとはいえ、傍流に過ぎない。更に血脈から言えばエドワード四世の弟ウオリック伯エドワードやエドワード四世の長女エリザベスが継承者としては正統というべき存在だった。ヘンリーの考えは、こうである。

「ここは、ひとまず実力行使で既成事実を作ってしまおう」

そこでウオリック伯を捕え、一二月三〇日に自らの戴冠式を強行。その上で翌年の一月一八日、エリザベスと結婚した。ここに、形式としてヨーク家とランカスター家の合同がなった事となる。そして、ヘンリーの玉座にも一応は正統性が与えられた。ヘンリー七世はこうして整えられた自らの王位を「神の意志による勝利」と喧伝。もっとも、これも見ようによっては正統性に不安を抱えていた裏返しとも言える。ヘンリーによる権威付けはこれだけに留まらず、ウェールズ出身であったことから、同地の伝説的英雄「アーサー王」に自らをなぞらえてもいた。

とはいえ、これらの努力にもかかわらず、完全にヨーク家勢力の反発がなくなった訳ではなかった。特にアイルランドはヨーク家の勢力が強く、即位後も反乱が相次いだ。一四八七年には、アイルランド貴族がランバート・シムネルを擁して侵攻しようと目論んでいる。ヘンリーはこれら反乱への対処に苦しんだが、屈することなく鎮圧。結果として、王位の対抗馬や有力貴族を排除する事での王権の強化に繋がった。アイルランドに対しても、「ポイニングズ法」を制定し、司法権を奪うのに成功している。

全ての権力を国王へ

さて、長い戦乱で疲弊し、貴族たちは弱体化していた。それに乗じ、ヘンリー七世は権力を国王に集中し、国内秩序を保つ事に意を注ぐ。まず貴族の私兵保有を制限し、貴族間の婚姻も規制し、監視を強化。貴族と家臣の繋がりにも目を光らせた。家臣に自らの衣服を与える「仕着せ」や法廷で家臣のため「訴訟幇助」を禁じたのは、その一端と言えよう。

王権強化のためには、司法の強化も欠かせない。従来の裁判所では、複雑な法手続きがあり、対処に時間を要する事が少なくなかった。そこで治安問題や陪審員の贈収賄など重要事項を国王大権の下で扱う「星室庁」を設置。これも有力者の力を抑えるのにものを言った。

こうして貴族支配が弱まると、地方には現地と縁が薄く、国王と関係の深い人物を送る事が可能になり、中央集権化が進められる。

また、貴族から何らかの理由で領地を没収した際は、王室領に組み入れる事も忘れない。こうした領地では厳格な経営を行う事で王室財政の再建に励んだ。また財政再建のためヘンリー七世自身が倹約すると同時に商業、特に対外貿易を保護して収入の増加を目論む。そうした中、商業を担う中産階級を保護しており、「囲い込み」を法令で制限したのもその一例であった。こうした政策は実を結び、即位した時には五万ポンドでしかなかった王室財産は一四万ポンドまで増加したという。

勿論、これらの政策には旧勢力の抵抗があった。必ずしも全てが上手くいった訳ではない。しかし、彼の時代に中央集権体制の基盤が作られたと言って差し支えない。

婚姻政策による平和

外交面では、ヘンリーは疲弊した国力を考慮し、大陸に干渉しないことを基本方針とした。とはいえ隣国であるスコットランドやフランスとの対立は絶えない。そこでフランスに対しては、一四九二年に二万の軍勢を出し威嚇、休戦交渉のテーブルに引っ張り出し講和を成立させた。とはいえ、イングランド単独では国際的立場はまだまだおぼつかない。そこでヘンリーは考える。

「強国スペインと結んで、その支援を得る事にしよう」

かくして一五〇一年、王子アーサーの妃にスペインの王女キャサリンを迎えた。これが功を奏し、スコットランドともスペインの仲介で一五〇七年にジェームズ四世と娘マーガレットとの婚姻が成立している。

むすび～「イングランド」の完成～

ヘンリー七世はその生涯を通じて、イングランドの王権強化と国内安定を果たした。長い戦乱で人々は苦しめられたが、それは同時に王権を制約していた有力者たちの没落も伴っており、国王にとっては逆に好機でもあったのだ。かくして、イングランド王国は単なる戦後復興の枠を超えて発展の時代へと向かっていく。

そしてヘンリー七世の治世は、もう一つの効果をもたらした。元来、イングランド王家はフランス王家の血縁である。そして、イングランド王家は元をたどるとフランスのノルマンディー公に端を発する。すなわちフランス有力貴族でもあるという複雑な立場である。したがって、イングランド宮廷はフランス文化の強い影響下にあった。さて百年戦争でイングランド王はフランス王の地位も狙い、敗れて大陸の領地を失う。そしてその後に即位したヘンリー七世がイングランドの統治に専念した事で、イングランドはフランスとの距離を置く結果となった。イングランド宮廷が本当の意味でフランスとは別の文化を持つ「イングランド」となったのは、この時代と言えるのかもしれない。その辺り、白村江で敗れた後の日本が内向きな姿勢となり、独自の文化圏を作り上げていくのと事情は類似していると言える。

党争による政治機能不全を乗り越えて、
財政再建で図った戦禍克服

日本・清による侵攻後の朝鮮と英祖＆正祖

英祖
1694～1776
在位 1724～1776

正祖
1752～1800
位 1776～1800

朝鮮の苦難

一六世紀末から一七世紀前半は、朝鮮にとって受難の時代であった。まず日本を統一した豊臣秀吉が大陸への勢力拡大を目論見、朝鮮に侵攻。その戦いでの傷跡が癒えぬうちに、中国東北部の満洲族による侵入を受けたのである。中国東北部で「後金」王朝を建国した満洲族は、明との間で戦いを繰り広げていた。朝鮮は明の要求に応じて一度は後金と戦うが、明と後金の戦いが長期化すると形勢観望に回る。しかし政権をとった西人党が親明であったため、反対派が後金に亡命。これに応じる形で一六二七年に後金が朝鮮に侵入した。更に後金は明を破って中国を征服、清と改称。一六三七年には一〇万の軍勢で再び朝鮮に攻め入る。疲弊した朝鮮の国力では対抗できず、翌年に降伏を余儀なくされた。

外患による国土荒廃、政争という内憂による政治混乱。こうした中で、朝鮮は苦しみながらも国家再建に努力していた。その代表と言えるのが、英祖・正祖といった名君たちである。

再建への努力

英祖・正祖の登場以前から、既に改革の機運は存在した。まず軍事力の再建である。傭兵を基礎に訓錬都監を設け、砲手・射手等に分けている。兵科ごとの編成を行い、軍の強化に取り組んだのだ。そして地方では私奴を解放し、東伍軍と名づけて編成。地方防衛の役に立てようとしていた。

そして、国土の再建も急務であった。相次ぐ戦禍によって耕地面積が減少。税収は減収していたし、民衆生活も荒廃した。政府は新田開発を繰り返したが、以前の状態には戻らなかった。そして民のあいだでは貧富の差が拡大。人々は様々な方法で徴税を逃れようとする。ある者は豪族へ身を投じ、別の者は戸籍を操作して両班、すなわち特権階級を自称し、またある者は逃亡した。一方で、何とか税を取りたい役人は、幼児・死者をも成人男子として計算し、課税対象とする暴挙に出ている。

それでも、明るい兆しがなくもなかった。時の経過と共に農業生産は次第に回復し、一七世紀後半には二毛作・三毛作が普及。更に各地で商品作物が発達し、名産品が生まれた。代表的な物としては、慶尚道の綿布、平安道の絹、忠清道の苧などである。

とはいえ、政治の混乱はなお激しかった。思えば、後金の侵入を招いたのも政争に伴う非主流派による外患誘致が一因である。そしてその後に及んでも、官僚間の抗争はやまなかった。老論派と少論派に分かれ、主導権争いが続いていたのである。英祖が即位したのは、そうした中での事だった。

英祖の諸改革

英祖は李朝の第二一代国王にあたり、姓名は李昑という。彼は政治運営を円滑にするため、宿痾である党争の解決から手を付けた。両方の派閥から大臣を起用するよう意識し、阻害されていた派閥の人材も登用する事としてどちらかに偏重しないよう心がけた。いわゆる「蕩平策」である。とはいえ、完全に公平たる事は難しかった。治世初年には老論が優勢で、やがてバランスが取れるようになったものの、晩年には再び老論が勢力を誇るようになったという。

だがともかく、英祖は政治の停滞に一応の解決を見た。次に彼が取り掛かったのは税制改革である。

実情に合わせた制度へと切りる事。それによって、税収の増加、無用な支出の削減、あるいは民の無用な負担の減少が見込めた。まず、従来は労役である「賦役」は、既に布で納入させ代わりに人を雇う方針に変更していた。これに次ぐ形で一七五〇年、英祖は均役法を制定。これによって、軍事費財源として納められていた布は従来の二匹から一匹に減らされる。そして代わりに、塩税・船税が均役庁に納入され、軍事費に充てられた。また、一七五三年には徴税単位を戸から土地に変更する。これによって、民衆・役人双方による戸籍での不正をなくそうとしたのだ。戸籍に信用がおけない点はそのままであるが、この際はやむを得なかった。更に直属の役人を各地に派遣し、不正を取り締まっている。

彼の改革は、税制以外にも及んでいる。奴婢の解放が行われたのは、彼らの負担を減らそうという意図の表れであろう。また臣下に直言を認め、政治運営の風通しを良くしようと試みてもいる。同時期における我が国の徳川吉宗による目安箱と、目的において通じるものがあろう。

吉宗との共通点と言えば、実学を中心に学問を好んだ点も特筆される。暦法を改正した他、数多くの書物を編纂。例を挙げると、『経国大典』を増補した『続大典』、更に各地の情報を集積した『東国文献備考』や『輿地図書』などである。

なお、内政に実績を残した英祖であるが、多くの長命な「名君」にありがちなようにやはり晩年に問題が生じた。王太子が、勢力を増しつつあった老論に反発するようになり、王との対立が表面化。結局、太子は品行を原因に地位を剥奪され、後に餓死している。諡は荘献太子である。そしてこれが新たな党争の原因となってしまう。

正祖、改革路線を継続

英祖死後は、荘献太子の次男が即位。正祖である。彼も祖父の蕩平策を継承し、政争を抑える事に腐心する。そのため英祖晩年の騒動にかかわらず、政情は比較的安定していた。そうした中、正祖は蔡済恭・朴済家など人材登用に力を入れる。そして祖父同様に学問を好み、新法典『大典通編』や『古今図書集成』編纂にも力を入れた。九一年には特定商人以外の専売を廃止し、私商台頭を抑える。

英祖・正祖の後も、改革は継続。その代表が特産物を徴集する「貢賦」の改革である。貢賦は必ずしも中央での需要に一致せず、徴集する役人の不正も目立つようになっていた。一六世紀末から、米か銭を集め、それで必需品を購入する方式を採用する地域もあったが、一八〇六年に定めた大同法でこれを全国化。無駄をなくし中間搾取層も排除する狙いがあった。

むすび

英祖・正祖の改革は、戦後の荒廃と党争による政治停滞に苦しむ朝鮮に新たな風を吹き込むのに貢献した。無論、彼らの前後に党争に苦しみつつも現状に合わせた政策を打ち出した心ある人々の功績も大きいのは言うまでもない。この後、農民の負担は依然として重かったし、地位が一部の家門に独占されるなど衰退への流れは如何ともし難かった。だが、それでも王朝がなお二百年の命脈を保ったことを考えると、英祖・正祖らの奮闘は残したものは決して小さくないと言えよう。

ハプスブルク家の「偉大なる母」、老朽化した帝国を再建する

オーストリア継承戦争後のオーストリアとマリア・テレジア

マリア・テレジア
Maria Theresia
1717～1780
在位 1740～1780

ハプスブルクの試練～オーストリア継承戦争～

名目上はドイツ、いやヨーロッパの盟主である筈の神聖ローマ皇帝。だが長らくその権力は有力諸侯たちに掣肘され、歴代皇帝はその対策に苦しんだ。そして三十年戦争によってドイツは荒廃し、それ以降はドイツ諸侯がますます独立した動きを

見せる。もはや「神聖ローマ帝国」は名ばかりの存在となっていた。当時、帝位を継承していたハプスブルク家は、オーストリアを中心とする自領の経営に力を入れるようになる。だが一八世紀前半のカール六世には男子が生まれず、娘のマリア・テレジアを後継者とする事に定めた。

マリア・テレジアは一七一七年、カール六世とエリザベート・クリスティーネの娘として生まれた。カール六世は従来認められていなかった女系相続を認めさせるため、諸外国やドイツ諸侯を説得。その際には、家領を譲ったり東インド会社を放棄するなど大きな譲歩を余儀なくされている。

一七三六年、彼女はフランツ・シュテファンと結婚、この二人は生涯にわたり相思相愛の夫婦として知られた。さてカール六世が没すると、諸外国は手のひらを返し、マリア・テレジアの家督相続を認めないと主張。彼女を差し置いて様々な取り決めがなされようとしていた。曰く、

・オーストリアとボヘミア、皇帝位はヴィッテルスバッハ家のカール・アルブレヒトに与える
・モラヴィアはザクセンのヴェッティン家家のものとする
・シュレージエンはプロイセンに与える
・スペインはイタリアの帝国領を領有
・フランスはネーデルラントをとる。

という内容であった。力の裏づけがない約束など、価値がないことを彼女は早くも思い知る事となる。ともかく、これら野心を露にした諸勢力から自国を何とか守らねばならない。

そこへ、プロイセンのフリードリヒ二世から、シュレージエン地方を譲渡するなら味方すると申し出があった。だが、彼女はこれを拒絶。ハプスブルク支配への反発が強いハンガリーに赴き、涙ながらに説得し、これを口説き落とした。かくしてハンガリー軍三万を主力として周辺勢力との戦いに挑むが、プロイセンから富裕なシュレージエ

ン地方を占拠される。更に、皇帝位にカール・アルブレヒトが選出されるのを座視する他なかったが、プロイセンの戦線離脱とイギリスの援助を契機に戦況を改善させた。一七四五年にドレスデンで和平を結び、夫フランツ・シュテファンの皇帝即位を認めさせ、一七四八年のアーヘンの和約では上イタリアの領土を失ったが、何とかハプスブルク領を守り抜く。

臥薪嘗胆、国家改造

とはいえ、言いがかりによって戦いを仕掛けられ、シュレージエン地方を奪われたのはマリア・テレジアにとって大きな恥辱であった。その奪還のため、彼女は精力的な国家再建に乗り出した。

「プロイセンに再び敗れないよう、我が国は生まれ変わる必要がある」

胸中には、そうした思いがあったのではあるまいか。かくして、オーストリアの戦後復興が始まる。

まず、改革を推進するための人材が必要である。そこで彼女は従来のしがらみではなく能力第一での登用を行った。かくして重用されたのがハウクヴィッツやカウニッツといった能臣たちである。

周辺勢力に対抗するには、ハプスブルク領を一つの国土として一本化しなくてはならない。そこでオーストリアとベーメンの政庁を統合、軍・行財政を統一する方針を進めた。そして一七五四年、住民調査を決行。中央政府による住民の把握を進める。また司法を行政から独立させたのも彼女である。病院建設を積極的に行い、衛生改善に努めると共に、小学校を増加させ、義務教育を推進。かくして国民生活を徐々に改善させたのである。

一方、宗教対策も怠らなかった。マリア・テレジア自身は信仰心篤いカトリック教徒であったが、それでも国家権力を確立させるためには教会の影響力を削がないわけにはいかない。修道院の新設を禁止し、祝祭日も減少させたのがその一例である。

　また、軍事力の強化も忘れない。ノイシュタットに陸軍養成所を建設し、優れた将兵を育てる事で精鋭を作り上げようとする。

　そして、外交面でも大きな成果を上げた。一七四六年にはロシアのエリザヴェータ女帝と同盟し、更に一七五六年にはハプスブルク家と歴史的に対立していたフランスとも同盟に成功。これは欧州の外交局面を大きく転換させたものであり、外交革命と呼ばれた。こうしてプロイセン包囲網を築き、七年戦争ではプロイセンを追い詰めた。だが、一七六二年にエリザヴェータが死去すると後継者ピョートル三世は同盟を離脱し、プロイセン側へと陣営を移る。彼はフリードリヒ二世崇拝者であったのだ。かくして、あと一歩ながらついにシュレージエンの奪回は果たせなかった。

　一七六五年、マリア・テレジアは最愛の夫フランツ・シュテファンを失う。以後、彼女は喪服を脱ぐ事はなかったとされる。帝位を継承した長男ヨーゼフ二世（在位一七六五〜九〇）と共同統治を行い、ともすれば急進的に流れがちな我が子を抑えながらも改革を進めた。賦役を軽減して農民の負担を減らし、イエズス会を解散させ、宗教勢力を更に弱めるなどがその一例である。

　七年戦争後も彼女はブルボン家との友好関係を持続させた。そのため政略結婚を積極的に行い、娘のうちマリー・アントワネットをフランスへ、マリア・カタリーナを両シチリア王国へ嫁がせている。

　また彼女の治世を通じてアルプスやズデーテン地方の工業が成長し、オスタンドやトリエステでは貿易額が伸長するなど産業育成にも成果が見られるようになった。

　マリア・テレジアは夫との間に数多くの子を産み、市民的な家庭生活を愛したとされる。彼女は他民族からなる領民からも敬愛され、偉大な「女帝」としてその名を残す事となった。没したのは一七八〇年である。

むすび

マリア・テレジアの君主としての出発点は、その継承に難癖を付けられ、領地を奪われた屈辱であったと言ってよい。その無念を晴らすため、国家の改革と再建に尽力してきたのである。その悲願を果たす事はできなかったが、彼女の力によってハプスブルク領は「オーストリア」という国家としてまとまり、強化される事となる。ハプスブルク家の帝国、すなわちオーストリアは近代に入ると民族主義の嵐に悩まされるが、それでも二〇世紀前半まで生きながらえた。「女帝」マリア・テレジアの治世は、その原点に相当すると言って過言ではない。彼女は、立派に戦後復興を成し遂げ、国家を再生・発展させたのである。

米英戦争後のアメリカとマディソン&モンロー

独立後、最初の対外的危機を乗り切った後の大統領たち
〜外の問題にはかかわらず、国内開発だ〜

ジェームズ・マディソン
James Madison
1751 〜 1836
大統領在任　1809 〜 1817

ジェームズ・モンロー
James Monroe
1758～1831
大統領在任　1817～1825

米英戦争

イギリスとの戦いを通じて植民地の地位から独立を勝ち取ったアメリカ合衆国。しばらくは中立政策を採用し、イギリスとも関係改善して貿易を行うようになった。だが、ナポレオン戦争で英仏が激しく対立するようになると、その火の粉がアメリカにも波及し、再びイギリスと戦うようになる。いわゆる米英戦争である。

ナポレオン戦争が始まった当初、アメリカは欧州に食糧を供給し、利益を得ていた。しかし、やがて英仏両国が互いに通商妨害するようになるとその影響を受けるようになる。これにより、アメリカの反発は大西洋の制海権を握るイギリスに主に向かうようになった。

また、水兵不足に悩んでいたイギリス海軍がアメリカ人船員を強制徴用した事もこれに拍車をかけた。アメリカ政府はこれに対し、輸入やアメリカ船員の出国を禁じる事で応じる。だが、これも自国大西洋岸の商人が打撃を受けるのみであった。かくしてアメリカ人のイギリスに対する反発は募る。それでも大西洋岸出身者は対英開戦に慎重であったが、内陸出身者は内陸への勢力拡大を求め対英強硬派となった。イギリスが先住民に援助を行っている事や、フロリダを領有するスペインとイギリスが同盟している事実が勢力拡大の障害となっていると彼らは感じていたのである。かくして一八一二年六月一八日、アメリカはイギリスに宣戦布告。

戦闘のほとんどは小競り合いに終始した。イギリス軍にとっての主戦場はヨーロッパであり、アメリカ大陸に大規模な軍を送り込めなかった事が大きな原因である。比較的大規模な戦いとしては、アメリカ軍がイギリス海軍の力が及ばないカナダに侵攻し、失敗した作戦が挙げられよう。この際にアメリカ軍はカナダの首都ヨーク（現トロント）を焼き討ちしており、その報復として一八一四年四月にイギリス軍はワシントンを占領。更にボルティモアでもアメリカ軍に大打撃を与えるものの、以降は膠着状態となった。一方、南部ではアンドリュー・ジャクソンがクリーク族を破り、更に一八一五年一月八日のニューオーリンズの戦いで大勝する。なお、この時は既に和平締結後であったが、その時点では彼にそれが伝わっていなかったという。一八一四年一二月、米英両国はベルギーのゲントで和平に合意。開戦前の状態を再確認するのみの内容であったが、この時点ではナポレオンが失脚していたためイギリスも経済封鎖の必要がなくなっていた。となると、アメリカにとってもイギリスと対立する理由はなかった。ここに米英戦争は終結し、アメリカは戦後の再建へ向けて動き出す。戦争から戦後にかけてのこの時期を主導したのが、ジェームズ・マディソンおよびその後任ジェームズ・モンローである。

ジェームズ・マディソン

マディソンはバージニア植民地に生まれ、プリンストン大学を卒業。反英運動への参加を契機に政界入りし、バージニア議会議員や大陸会議代表を歴任。この間の事跡としては最初に政教分離を確立した成文法「バージニア信教自由法」の制定に貢献した事、アメリカ政治思想史上の古典『ザ・フェデラリスト』の共著者となった事が知られている。一七八七年には連邦憲法制定会議の代表となり、草案決定後はその批准に努力した。その後は連邦下院議員としてリパブリカンの指導者となる。一八〇一年に国務長官、一八〇九年に大統領となり米英戦争を指導し、その後の戦後復興にも尽力した。

戦後、マディソン政権は戦争から教訓を得た。まず、道路網が不備で兵・物資の輸送がままならなかった事。そして、装備が不統一で一般家庭の装備に頼る面が大きかった事である。そこでマディソンは軍を中央集権化し、一万人の常備軍を備える事とした。

またマディソンは合衆国銀行の再建、保護関税による自国産業保護を重視する。今回のように貿易が途絶する危険を考慮し、国内で製造できるものは製造しようと考えたのであろう。実際、戦争により輸出入が途絶えた事から、国内で繊維・金属製品製造業が発達していく。

さてこの戦争を通じて、アメリカ国内では戦争に反対した連邦派は衰退。代わってナショナリズムが高揚した。カナダ侵攻は失敗したものの、北西部や南部の先住民の勢力が弱まり、西部へ進出する動きが促進されていく。こうした流れが、次のモンロー政権へ受け継がれた。

ジェームズ・モンローの対外政策

一八一七年にマディソンの後を引き継いだモンローは、バージニアのウェストモーランドに生まれた。大学在学中に独立革命に参加、その後に法律を学ぶ。一七八二年にバージニア州議会議員となり、翌年連合会議への代表に選出された。合衆国憲法の批准には反対だったという。上院議員・バージニア州知事・国務長官などを歴任している。彼が大統領を勤めた時代は、党派的対立が表面化しなくなった「好感情の時代」と呼ばれる時期に相当する。上述したナショナリズム高揚を背景に、大陸内部での拡張主義を推し進めた。

国内産業問題に関しては、モンローは関与に消極的であった。地方への中央政府の直接介入が合憲であるかという憲法解釈問題があったためである。一方、外交に関しては順調であった。国務長官ジョン・クインシー・アダムズ（後に大統領。在任一八二五〜一八二九）が主導し、戦争によらない拡張主義、大西洋での漁業権、欧州から距離を置くといった目標を掲げて成果を上げていく。一八一七年、ラッシュ・バゴット条約を結び米英両軍は五大湖で海軍を削減する事を定めた。一八一九年、カナダとの国境を画定し、ウッズ湖から北緯四九度線でロッキー山脈までとする。また同年にアダムズ・オニス条約でスペインからフロリダを獲得。

そして一八二三年、総仕上げとしてモンロー宣言を出す。すなわち欧州が西半球を植民地化しない事、新大陸の独立国に介入しない事を求める一方で、アメリカがヨーロッパ情勢に介入しない事を宣言したものである。これは南米への介入だけでなくロシアの北米進出をも牽制する意図があったという。この当時のアメリカは弱体であったため、実現性を有するには西半球から他国を排斥するという点で利害が一致したイギリスの協力が不可欠であったという。その意味でも、上述したイギリスとの関係改善は重要であった。

こうして対外的な安定を手に入れた後、モンローはバージニアに隠居し、平穏な晩年を過ごしたという。

新たなる課題〜西部開拓と南北対立〜

この時代、民間では西部開拓熱で沸き立っていた。それに伴い、交通整備も行われる。まずカンバーランド国道など道路建設が行われ、次いでエリー運河等の運河建設、鉄道建設が着手される。米英戦争時代に課題となった交通網は、次第に改善していく。

こうして各地で開発が行われた結果、綿作の南部、綿工業の北部、農業の西部と地域別に産業特色が分かれた。やがて南部は対外輸出のため自由貿易を、北部は海外の工業製品に対抗するため保護貿易を希望するようになる。また、西部は開拓地価格の引き下げを希望するが、他地域の同意は得られない結果となった。こうして、地域別の利害は先鋭化していく。その一例として、奴隷制の問題がある。西部開発が進むのと並行し、それまで棚上げにされていた奴隷制を新領土で認めるか否かの問題が表面化。北部は奴隷を認めない方向で定着しつつある一方、大規模農園を有する南部は奴隷が必要と主張。そうした中で、ミズーリ州が奴隷州となることで奴隷州と自由州のバランスが崩れるため論争が紛糾。一八二〇年、マサチューセッツからメイン州を切りはなして自由州とし、ルイジアナの残りを自由地域とする事で争いは一旦沈静化した。だが、結局のところ地域対立は尾を引く事となり、南北戦争に至る事となる。

むすび

　マディソンとモンローの時代は、アメリカ合衆国の黎明期であった。独立戦争に続いての旧宗主国との戦いを余儀なくされ危機的状況に陥ったが、若い国家ならではの生命力で逞しくこれを乗り越えた。戦争を通じ浮き彫りになった弱点も、国内開発と共に次第に克服。外交的にも領土拡大・対外的平穏の双方を達成して見せた。

　この時期のアメリカはまだ強国とはみなされていない。だが、この時期の着実な成長が、やがては世界を動かす原動力となっていくのである。

征服者イギリスと神の権威も利用して、
部族連合を脱した集権化

第二次アフガン戦争後とアブドゥラフマーン・ハーン

アブドゥラフマーン・ハーン
Abdul Rahman
1844～1901　在位 1880～1901

アブドゥルラフマーン・ハーンの即位

長らく内戦に苦しみ、今世紀に入って早々に対外戦争にも晒されたアフガニスタン。大国の思惑に翻弄され、戦禍に巻き込まれた点では、十九世紀も同様であった。イギリスとの間で数度の戦いを余儀なくされたのである。イギリスは、ドル箱植民地インドの安全を確保するためロシアとの緩衝地帯を欲していた。そのため、アフガニスタンに勢力を伸ばそうと図ったのである。第二次アフガン戦争において一旦はそれに成功したかに見えたイギリスであったが、アフガンが内紛状態に陥り、事態は後退。詳細は拙著『敗戦処理首脳列伝』を参照されたい。さて、この時のイギリスは、アフガニスタン国内において新たに安定した実力を持つ同盟者を求めていた。そこに台頭したのがアブドゥルラフマーン・ハーンである。

アブドゥルラフマーンはアフガン王族として生まれたが、父と共に国王シェール・アリーと戦って敗北。ロシアへの亡命を余儀なくされた。彼の運命が変転したのは一八八〇年の事。第二次アフガン戦争後の混乱に付け込んで、ロシアがアフガンへの勢力拡大を目論む。そして自国に逃げ込んでいたアブドゥルラフマーンに目を付けた。かくして彼はロシアから二〇〇丁のライフルと軍資金を与えられ、勢力を挽回すべくアフガンに帰国。イギリスとしては、心穏やかならぬ事態である。だが一方で、

「アブドゥルラフマーンこそ、求めていた強い同盟者になりうるのではないか」

そうした期待も生じていたであろう。そしてアブドゥルラフマーンも、ロシア一辺倒ではなかった。両国を天秤にかけ、いずれに付くのが有利かを見極めんとしていたのである。

今のイギリスが望んでいるのは、インドとロシアの緩衝地域たりうる「強いアフガニスタン」だろう。一方、ロシアにとってはアフガンが分割され、弱体化する方が望ましいはず。となると、アフガンにとってはイギリスに付く方が得策か。

こうした算盤を弾いた上で、彼はイギリス領インドの使節と会見。これに立ち会っていたインド政府のレペル・ギリフィン政務官は、アブドゥルラフマーンの印象を以下のように語っている。

年齢は四〇ぐらい、中背でどちらかというとがっしりした身体つきをしている。並々ならぬ知性を

感じさせる顔立ち、茶色の眼、愛想のよい笑顔、率直で丁重なマナーの持ち主だ。私も会見に同席した事務官も皆、非常によい印象を受けた。アフガニスタンで会ったバラクザーイー・サルダールの中では群を抜いて魅力的で、良識と健全な判断力の持ち主であることが会話の中に示されていた。議論でもけっして要点をはずさず、述べることからは洞察力と有能さがうかがえた。インド政府と友好関係を築きたいという心からの希望に燃えているように見えた。

（マーティン・ユアンズ著『アフガニスタンの歴史』金子文雄監修、柳沢圭子・海輪由香子・長尾絵衣子・家本清美訳、明石書店、一二九頁）

かくしてイギリスとアブドゥルラフマーンの間で盟約がなされた。同年七月、アブドゥルラフマーンはカブールで国王として即位。これにイギリスの後援があった事は言うまでもない。その対価として、アブドゥルラフマーンはイギリスとの従属的同盟関係を強いられる。その概要は以下の通り。

まず、アフガニスタンは一八七九年に結ばれた条約に基づいて領地割譲を行う事。また、イギリス以外との国家と政治的関係をもたない事。一方、イギリスはカブールに英国外交使節は常駐させず、内政にも干渉しない事。そしてイギリスは兵器援助や年次ごとの補助金を支払う事。また、イギリスはアフガニスタンがロシアから攻撃を受けた際には援助する事。

こうしてイギリスが彼を後見する体制が一応は定まった。それでも翌年にはシェール・アリーの子ムハンマド・アイユーブ・ハーンが蜂起してカンダハールを占領する騒ぎがあったが、最終的にはこれを撃破し、一八八八年にはインドへ放逐。以降、アブドゥルラフマーンは、イギリスが背後にいる事を最大限に利用し、アフガン国内における勢力を拡大していく。

再統一と中央集権

当時、アフガニスタンは長い戦争で荒廃していた。首都カブールの威信が低下し、極度の財政難に陥っていた。何しろ、国王たるアブドゥルラフマーン自身すらテントや泥小屋での住まいを余儀なくされている。

まずは、国内を再統一しなければならない。

アブドゥルラフマーンは常備軍を整備し、伝統部族を服従させる事とした。さしあたっての財源はイギリスからの援助金である。これに対し、伝統部族も根強い抵抗を示した。反乱を起こした主な部族は次のとおり。一八八六年のギルザーイー族、一八八八年のウズベク族、一八九一～九三年のハザラ族などである。アブドゥルラフマーンは、彼らの反抗に対し苛烈な鎮圧を行った。また従属した部族は着実に支配体制に組み込む。まずカブールに来朝させ忠誠を誓わせ、主要部族には政略結婚を行う。更に諸部族の力を削ぐ方策も採用される。まず反目する部族同士の対立を煽って牽制。そして地方自治を導入する際には、部族分断を意図した境界線の設定を行っている。元来の居住地から移動させられた部族もある。例えばパシュトゥン人は、情勢が安定しない北部に移り住む事を命じられたという。

一方、ムチだけでなくアメも忘れない。服属した部族を懐柔するため、王族・部族長らからなる最高評議会を設立したのである。とはいえ、その権限は国王が出す法案を承認する事に制限されていた。この評議会の真の目的は、部族長らを政治参加させる事でなく、拠点から隔離して首都に留める事にあったようだ。

同様に王族の力も制限し、官僚機構を整備。かくして、強い権力を有する統一国家の枠組みが一応は整えられた。この際、王族・部族と同じく障壁になりうるのが、宗教勢力である。だが、アブドゥルラフマーンはこれに対してはやや異なる対処を見せた。要するに、彼らの力を抑えつつも、その権威は利用したのである。アブドゥルラフ

マーンの発言とされる

「王とは、その国にとって神の副摂政である」（マーティン・ユアンズ著『アフガニスタンの歴史』金子文雄監修、柳沢圭子・海輪由香子・長尾絵衣子・家本清美訳、明石書店、一三二頁）

という言葉は、彼にとってイスラームがどのような存在であったかを端的に示している。まず彼は首都に神学校を設立し、表向きは信仰心に篤い姿勢をとった。その上でイスラーム法に基づく統一法体系を整備し、各地の部族法・慣習法に取って代わらせる。法体系の統一に宗教を役立てて見せたのだ。更に、防衛にも宗教的権威は一役買った。国内の反逆者に対し、反イスラームの烙印を押す事でその影響力を削ぐ事ができたし、対外戦争でも国内の士気を高める事につながった。すなわちロシアとの軍事対立は、異教徒に対する聖戦として正当化されたのである。もっとも、同じくキリスト教国である盟邦イギリスに対しても、国内的には反発する動きを見せねばならなかったのだが。一方、彼は宗教勢力を野放しにする気もなかった。自身の宗教的名声と軍事力を背景に、宗教勢力の経済基盤を握るという手に出たのはそのためである。具体的には、宗教的寄進を国家管理とし、国家からイスラーム法学者に分配する事と定めた。また、世俗裁判官を設置して刑事・政治事件を担当させ、法体系における宗教勢力の相対化を行い、法体系における宗教勢力の力を相対化させた。かくして、アブドゥルラフマーンは宗教勢力に対する国王の優越を確保したのである。

国境の画定

さて、ロシアとイギリスの勢力係争地域に位置する事がアフガニスタンの戦乱の一因であった。平和を確保するためには、両者との間で境界線を確定させる事が欠かせない。

一八八四年、ロシアが北イランやアフガンに侵入し、紛争の末八七年に和平に到達した。この際、パミール合意書が締結され、アム川から八〇キロメートル以内の線で国境確定する事が確認される。また、中国国境までのワハン回廊もアフガニスタン領として定められた。これはイギリスの意向によるものであった。

「ロシアがインドと直接国境を接したのでは、インドの安全が確保できない」

確かにそれはイギリスにとって悪夢であったろう。一方、アブドゥルラフマーンはこれらの地を与えられることに難色を示したようだ。

「件の土地は辺境であり、統治に苦労するばかりで旨みがない」

というのが言い分であった。イギリスはそこで彼に報酬金を与える事でなだめ、引き受けさせている。そして一八九三年、今度はイギリスとの間で「デュランド・ライン」と呼ばれる合意でインド政府とアフガニスタンの国境を確定。これによりアフガニスタンは内陸に閉じ込められ、パシュトゥン族も分断される。アフガニスタンにとって不利な協定であった。こうした協定が結ばれた背景には、イギリスのアブドゥルラフマーンに対する不安があるという。

「奴は国内で様々な陰謀を巡らしているようだ。我が国の利害を損なわずおとなしくしているだろうか？」

そうした声がイギリス内部で生じていた。かくして、

「アフガニスタンの力を少し抑えておかなくては」

という意向が働いたようだ。まあ、アブドゥルラフマーンが国内向けに反英のポーズを取ったりしている以上、イギリスの懸念は当然であろう。

「いつ、ロシアに寝返るかわからない」

こう思わない方が不思議である。イギリスとの同盟関係が保持されただけでも僥倖かもしれぬ。最晩年、アブドゥルラフマーンはイギリスからの完全独立を目論んで、子をロンドンに派遣したが丁重に無視されている。失意のうちにアブドゥルラフマーンが没したのは一九〇一年であった。

むすび～アブドゥルラフマーンの業績と限界～

アブドゥルラフマーンの統治方針は、内弁慶と評すべきであろうか。対外的にはイギリスの保護を前提とし、国内的には強い指導者として振る舞い、集権国家を建設してみせた。またイギリスの保護を利用して他国からの干渉を排除してみせた。イギリスにとっても、ロシアに対する防壁として親英的な「強いアフガニスタン」は望むところである。その辺りも読んだ上での立ち回りであったろう。なかなか巧みな為政者ではあった。イギリスとの戦争や内乱で荒廃した祖国を再建し、強力な政府を作ってみせたのだから。近代アフガニスタンの基礎を築いた人物なのは間違いないだろう。もっとも、イギリスとの力関係を十分に理解していたかは怪しく、外交センスには疑問符が付くのだが。

一方、近代における政治家として、致命的な欠陥を彼は有していた。近代化を頑強に拒み続けたのである。

「西洋化は、文化的侵略である」

との信念の下、鉄道・電信の導入にも反対。外国からの投資もトラブルの原因として嫌った。近代化のための専門家を招聘する事もなかった。これは、アフガニスタンの国力発展を阻害する結果となる。結局、これらの問題は次世代以降の課題となった。彼の後継者ハビブッラーは苦しみながらも商業の育成・教育改革・工業化という課題に取り組む。生き残るためには、近代化を無視する事はやはり無理があったのである。

人口半減の次は公有地売却に強権支配、
腐敗政治　だが社会崩壊だけは防がれた

パラグアイ戦争後のパラグアイとカバジェーロ＆エスコバール

パトリシオ・エスコバール
Patricio Escobar
1843～1912
大統領在職 1886～1890

ベルナルディーノ・カバジェーロ
Bernardino Caballero
1839～1912
大統領在職 1880～1886

パラグアイの試練～戦災で人口半減～

一八六X年、パラグアイは戦禍の炎に包まれた。全ての生命体は、絶滅したかに見えた。だが、パラグアイ人は死に絶えてはいなかった！

……というのは、些か大袈裟かつ不謹慎である。だが、筆者がこう言いたくなるほどに、この時代のパラグアイが世界史的に見ても稀な破滅的状況に陥ったのは事実であった。何しろ、外交政策の失敗から、ブラジル・アルゼンチン・ウルグアイの三国を敵に回して戦う羽目になったのだから。詳細は拙著『敗戦処理首脳列伝』を参照いただきたいが、パラグアイはこの戦争に惨敗。充実した軍事力を有していたとはいえ、周辺の大国を全て相手にしたのでは敵うはずもなかった。

戦後のパラグアイは、悲惨なものであった。人口は半減し、成年人口も激減。男女比が著しく不均衡になり、性モラルも低下する。更に、多くの領土を失い、賠償金も課せられた。こうした困難な時代に舵取りをする新たな指導者たちは、軍の生き残りから現れた。ベルナルディーノ・カバジェーロとパトリシオ・エスコバールである。

彼らは、国家再建のため格別卓越した手腕を振るったわけでも、彼らの時代に劇的な再建がなされたわけでもない。政治家として特に清廉であるわけでもなかった。それでも、この時期のパラグアイにとって、彼らが必要だったのは否めないと思う。それについて、以下で述べていきたい。

ベルナルディーノ・カバジェーロ

カバジェーロはイビクイで一八三九年に生まれ、戦争が始まった一八六四年に徴兵を受ける。その後、卓越した働きぶりから急激な昇進を遂げ、ソラノ・ロペス大統領の目にとまり騎兵将軍にまでなった。その果敢な姿から、「イビクイのケンタウロス」と呼ばれたという。しかしながら衆寡敵せず戦局は利あらず、であった。それでも首都アスンシオン陥落後も戦い続け、大統領が戦死したセロ・コラの戦いで捕虜となった。

一八七一年に釈放され、以降は政界へ転身。生き残った数少ない将軍として、期待と注目を浴びた。カンディード・バレイロの派閥として活動し、法務大臣・戦争大臣・教育大臣も経験している。バレイロ政権下では、政敵であるファクンド・マチャイン（一八七七年一二月）やシリロ・アントニオ・リバロラ（一八七八年一二月）の暗殺にも関与。汚れ仕事を請け負っていたようだ。

転機が訪れたのは一八八〇年。バレイロが急死したのである。

「直属の領袖がいなくなった今、別の人間が派閥の長となっては前途が閉ざされる」

カバジェーロがそう考えたとしても不思議はない。副大統領であったアドルフォ・サウイエルが昇格するのを防ぎ、自らが大統領職を奪ったのである。こうして、カバジェーロがパラグアイ政界を牛耳る時代が訪れた。その期間は二五年に及ぶ。一八八六年までは大統領として。八六年に大統領職をエスコバールに譲って以降は、国民共和主義者協会、後のコロラド党の指導者として権勢を振るう。

カバジェーロの長期支配を、単純に肯定できないのは無論の事である。だが、当時としては悪いとばかりは言えなかったのではなかろうか。戦争終結後、パラグアイの政治は混乱がやまなかった。何しろ、既に述べたように国内は破滅に直面している。そして、戦勝国であるブラジルやアルゼンチンの内政介入が常態となっていた。それもあってか、十分な指導力を発揮できる人物がおらず、短期政権が続いていたのである。

とはいえ、この頃になると外部環境は少しずつであるが改善していた。カバジェーロが政権に就く直前の一八七九年、アルゼンチンがパラグアイから撤兵。ブラジルも、一八八〇年代に革命のため混乱に陥り、パラグアイへの影響力を低下させている。それでも、国家財政がどうにもならない事実は変わらない。

「激減した人口を補い、荒廃した農地を再建する必要がある」

そう考えたパラグアイ政府は、ドイツ・イタリア・スイスからの移民を中心に農業移住地を設けた。だが、これに応じた数は少なく、一二〇〇〇人程度に留まる。結局、公有地売却で乗り切る他なかった。かくして、彼の時代に数千ヘクタールに及ぶ広大な土地がアルゼンチン人を中心に外国人へとに売却される。

没後、彼は「第一の再建者」と称され、国家大聖堂に他の国民的英雄と共に葬られた。だが後世の評価では、その施政は一般民衆生活に恩恵を施したとは見なされていないようだ。彼とて、中央銀行や国立法学校を創設するなど、国家再建のため、建設的な政策を出さなかった訳ではないのであるが。

パトリシオ・エスコバール

カバジェーロの後を受けたエスコバールも、前任者と同様の経歴の持ち主であった。戦中にその奮戦ぶりを認められ兵卒から将軍に出世し、ソラノ・ロペスに従って戦った末にセロ・コラで捕虜となっている。その後、カバジェーロと共にバレイロ派の保守的政治家として台頭。カバジェーロ政権の戦争大臣を務めた。一八八六年に大統領となると、カバジェーロ同様に反対派への強圧策を取った。とはいえ、前任者よりは幾ばくか寛容であったようだ。彼の時代にも、国立大学の設立やパラグアイ中央鉄道の拡大など国家体制再構築のための手が打たれる。見過ごせない点として、二大政党である自由党・コロラド党が成立したのもこの時期であった。

むすび

パラグアイ戦争後、その政界を握った二人の元軍人、カバジェーロとエスコバール。彼らは、祖国再建のために有効な手を打てたわけではない。寧ろ、長年にわたる彼らの支配の下、政治腐敗が横行する始末であった。普通に考えると、この二人を評価するには当たらないであろう。だが、ここは歴史的にも珍しい程の破壊を被ったパラグアイ。崩壊を回避するのには強い政治権力が必要であった。無政府状態だけは避ける、その意味で彼らの存在は必要悪であり、一応の評価に値しよう。

更に、この時代にパラグアイは曲がりなりにも二大政党制へと移行した。徐々にではあるが進行する民主化において、見過ごせない時代なのは間違いない。

無為無策な戦争指導者、
民主化・工業化の父として復活
〜幸運なる名誉挽回〜

太平洋戦争《南米》後のペルーとピエロラ

ニコラス・ド・ピエロラ
Nicolas de Pierola
1839〜1913
大統領在職 1879〜1881
1895〜1899

太平洋戦争と文民政治家の失政

国家の危機に無様な失敗と共に退場した指導者が、後に政治的復活を果たす。そうした事例は、歴史上で稀であろう。まして、復活後に輝かしい成果を上げたとなると、尚更である。だが、それは確かに実在したのだ。時は一九世紀末の南米ペルー。

太平洋岸の硝石権益を巡り、ペルー・ボリビアとチリが対立し、戦争に突入した。いわゆる南米の太平洋戦争である。その経過と終戦工作に関する詳細は拙著『敗戦処理首脳列伝』に譲るが、チリがペルー・ボリビア連合軍を圧倒する形で戦局は推移した。その最中、敗色濃厚なペルーにおいてクーデターにより政権奪取した男。それがニコラス・ド・ピエロラである。軍人政権が続く中、文民政治家のホープとして都市中産階級から期待を集めていた。だが、彼は権力を掌握したものの、その戦争指導は無残なものだった。戦争継続か、和平かという国家戦略すら定められず、前線の軍と歩調も合わない。結局、なすところなく海外亡命を余儀なくされた。

「これで、彼の政治生命は終わった。もはや、完全に「過去の男」だ」

そう思った者も多かったであろう。そして、実際にそうなるはず、であった。

軍人政権への不満

さて、相次ぐ敗北で混乱したペルーは分裂状態に陥るが、イグレシアス将軍がチリと和平に漕ぎ着け、戦争を終結させる。だが、国家を売り渡したとして彼を非難する者も多かった。それに付け込む形でカセレス将軍は反乱を起こし、イグレシアスを追放。政権を掌握したカセレスは軍部を背景に約十年にわたり強圧政治を行った。これは、国民の間に軍人政権への不満を高める結果となる。

ペルーは長い戦争のせいもあって、財政難に苦しんでいた。巨額な外債によって圧迫されつつあったのである。カセレスは、これを解決するために債権者たちと以下のような協定を結ばざるを得なかった。

・五〇〇〇万ポンドの債務を肩代わりしてもらう
・六六年間、ペルーの鉄道権益を委譲

・三〇〇万トンのグアノ（鳥糞などが化石化したもので、窒素原料として重宝された）を毎年支払う
・三三年間、八万ポンドを支払う
・主要な港や四〇万ヘクタールの土地の使用権

この協定には、国家の権益を売り飛ばすものとして批判もあった。だが、これでひとまず国家財政が一息付いたのも事実だった。

ピエロラ、復活〜戦後復興の担い手に〜

カセレス政権への反発を国民が募らせる中、文民政治への期待が沸き起こりつつあった。それを受け、「終わった」筈の男が息を吹き返す。ピエロラは大統領時代の不始末にかかわらず、依然として文民政治家としては最有力だった。既に一八八五年に民主党を結成し、中産階級の支持を集めていた彼は、一八九五年に再び挙兵。リマを攻略し、カセレス政権を打倒する。その上でピエロラは大統領選挙を実施し、一四年ぶりに大統領へと返り咲いた。昔に無様な失敗をした男が、同じ地位に蘇ったのだ。

以前は非常事態の中での就任であったが、今回は（一応は）平和時での政権奪取である。カセレスの圧政は人々を苦しめはしたが、秩序の安定を実現してもいた。となると、文民の出番。ピエロラにとっては、格好の追い風であった。

まず、彼は文民政治を安定すべく民主化を推し進めた。国政に直接選挙を導入し、選挙管理委員会によって不正の取り締まりを行った。また、地方自治も推進。更に軍人政権の再来を防ぐべく軍人教育にも意を用いた。士官学校を改革し、軍人に科学的教養を与えると同時に政治関与を行わないよう教育する事としたのである。これらの施策が実を結び、以降のペルーは軍事政権から文民政権へと変貌していく。

次に、ピエロラが手を付けたのは経済の再建である。勧業省を設置し、道路・鉄道・公共施設の

管理を管轄させた。また国民産業協会を設け、政府と私企業の連絡役とする。これら産業振興策は、外国資本の進出にも助けられ、工業化の進展として結実。輸出は増大し、債務返済も順調となった。

　銅・ゴム産業が新たな輸出産業となった事も、外貨獲得を助けた。アメリカ資本によって海岸部北部で大規模サトウキビ農園と製糖業が発達したのも、この時期の特徴である。

　こうした工業化と経済成長は、ペルーに都市産業をもたらした。この時期に、ペルーでは初めての銀行、保険会社、ガス・電力会社、水道が登場する。

むすび

　第二次ピエロラ政権は、第一次とは別人のように輝かしい成果を上げた。この際にクーデターで政権を手に入れながらも民主化を進めた事から、ピエロラは「民主的なカウディーヨ（軍事独裁者）」と称されている。通常、第一次のような失敗の後は二度と好機は巡ってこないものである。だが、文民政治家としての対抗馬が不在だった事、軍事政権の圧政が不満を醸成していた事、力量を振るい易い条件が整った事でピエロラは汚名返上を果たすことができた。もっとも第一次政権での醜態から鑑みるに、ピエロラ自身に自らが力を発揮できる状況を読み取る眼力があるかは疑問ではある。それも考えると、ピエロラは実に幸運な男であったと言わねばなるまい。そしてその幸運を活かしたあたりは流石であろう。かくして、ピエロラはペルー文民政治の父となり、経済成長も果たし、戦争の傷跡を乗り越えて見せた。

　とはいえ、まだこの時点では一部の富裕層が国を動かしているに過ぎない。大農園の発達により土地を失った小農民、労働力として農園に連れられた高地出身者は苦しい生活を強いられていた。人口の大部分を占める貧困層の権利拡充が、二〇世紀におけるペルーの大きな課題となっていく。

太平洋戦争後のボリビアと指導者たち

海を失った国家危機でも止まない有力者の国家私物化
～それでも民主化は少しずつ進む～

海を失ったボリビアと鉱山主たち

一九世紀の南米。そこでは、独立を果たした国々による争いがなされていた。太平洋岸では、リン鉱脈を巡ってボリビア・ペルー連合軍とチリが戦争状態に入り、チリが圧勝。太平洋戦争である。チリはその勢力圏を伸ばし、ボリビアは海に面した領土を失った。

内陸国へと転落し、戦災で荒廃したボリビア。祖国を立て直すべく、その指導者たちはどう動いていたのか。今回はそれに焦点を当ててみたい。

戦争中に進行した軍部支配に対し、強い懸念を抱いた層が存在した。ボリビアの経済を牛耳っていた鉱山主たちである。彼らは議会の権限強化や文民統制によって軍を牽制しようと図った。そして、戦いによって軍が消耗し、更に敗北の責を問われている今は逃すべからざる好機であった。余談ながら、軍人の中にもそうした流れに乗った人物は存在した。戦争中に名を上げたカマーチョ大佐である。彼は自由党を結成、都市の専門職・商人から支持を得ている。

この時期、鉱山主たちの主な関心は、

「我々の権益をどうしてくれる？」

という点にあった。その意味で、利己的な動機が前面に出ていたのは否めない。とはいえ、経済を支える彼らなくして、復興はおろか国家の存続も難しかった。彼らの生存への模索から、ボリビアの戦後復興への試みがなされるのである。

文民政治家たちの奮闘

かくして、鉱山主たちの間から文民大統領たちが輩出された。その先陣を切ったのがグレゴリオ・パチェコ（一八二三〜一八九九　在職一八八四〜一八八八）である。彼はポトシ出身の有力銀鉱山主であり、民主党から出馬して一八八四年に大統領となる。

「祖国存続のためには、これ以上の混乱は許されない」

それが、パチェコの基本的な行動理念だったと思われる。まず彼が政権を樹立するに当たって行った事は、政敵との連合であった。保守党のマリアーノ・バプティスタ（一八三二〜一九〇七　大統領在職一八九二〜一八九六）を副大統領に据え、政治的な分裂を回避したのである。また、チリとの間に条約を結び、戦争状態を正式に終結させた。かくして、パチェコの時代は大きな動乱がなく、当時としては安定したものとなる。彼は東部辺境の防衛を重視し、パラグアイ川に接してプエルト・パチェコを建設したのが主な事績として挙げられるだろう。パチェコは大統領を辞職した後、再び銀鉱山と農場の経営に従事して余生を過ごした。

パチェコの後を継いだのがアニセト・アルセ（一八二四〜一九〇六　在職一八八八〜

一八九二）。彼もまた有力銀鉱山主の出身であった。保守党で政治家として台頭し、一八八四年の選挙でパチェコに敗れたが四年後に当選を果たす。銀を輸出するためには、貿易港との交通を確保するのが必須であった。アルセは鉱山から太平洋岸を繋ぐ鉄道建設を重視し、会社への出資を積極的に行った。また、同様の理由から道路網も整備。また、軍の改革やチャコ地方の開拓にも熱心であった。その指導力が高く評価される一方で、国家を個人的利益のために利用したと批判も強い。ラミロ・コンダルコ・モラレスはアルセの伝記を著し、彼が農場雇用形態の改革やボリビアの工業化を目論んでいたと主張しているが、その真偽についても評価は定まっていない。

アルセの後を襲ったのが、パチェコ政権で副大統領を務めたバプティスタである。彼は外交官として隣国との国境交渉で手腕を発揮して名を上げた。精力的な文筆活動でも知られ、カトリック教会や鉱山資本を支持し、鉄道敷設を推進すると共に、聖職者に批判的な自由党を攻撃している。一八九二年に大統領となると、前任者の路線を踏襲して鉄道敷設や北西地方でのゴム生産を奨励して経済再建に取り組む。だが、彼には幸運の女神の加護がなかった。任期中、国際市場での銀価格が暴落。銀輸出に依存していたボリビア経済は危機に陥る。ボリビア政府は、錫の輸出によってこれを打開しようとするが鉱山主の支持を得られなかった。

むすび

ボリビアの再建に取り組んだのは、経済を主導する鉱山主たちであった。彼らの政治活動は自身の権益死守を目的とするものであったし、また鉱山主同士の政争が政治を金のかかるものとしたのも事実である。とはいえ、彼らの手によって経済再建が図られた事、文民統制へと舵が切られた事は否定できないところである。その意味で、彼らの行動には一定の評価がなされるべきであろう。

　だが、ボリビアの苦難はまだ終わらない。その後も一九〇三年に東部地域をブラジルに割譲させられ、二〇世紀前半にはチャコ戦争でパラグアイに敗北したのを契機に再び軍部が政治介入を繰り返す羽目に陥っている。再建への苦難に満ちた時代ではあったが、太平洋戦争後の文民統制時代は、ボリビアにとって小康状態というべきものだったのかもしれない。

第一次大戦後のソ連とスターリン

農業・消費財をさておいても重工業化
世界を二分する超大国となったが、犠牲も甚大

ヨシフ・スターリン
Iosif Vissarionovich Stalin
1879～1953
書記長在任 1922～1953

第一次大戦と革命戦争による惨禍

第一次大戦時のロシアでは、戦争に伴う生活苦から国民の負担が高まった。それに乗じて革命が勃発し、最終的にレーニンを指導者とする共産主義勢力が政権を掌握する。レーニンはまずドイツとの戦争を終結させるべく和平を締結したが、これは実質的にロシアの敗北といえる内容であった。この辺りの詳細は拙著『敗戦処理首脳列伝』を参照いただきたい。

対外戦争を終結させたレーニンだが、反革命勢

力相手の内戦を乗り越えねばならなかった。この内戦の影響で、地方は自給自足に乗り出そうとする。一方で生活苦から都市に流出する農民が増加。従来の都市労働者は流入農民により仕事を追われ、農民は労働者の賃金の高さに反発し両者の対立が激化する。そうした中、革命政府は内戦遂行のため農民から穀物を徴発し、その抵抗を招いた。何しろこれによって農村は困窮・荒廃し、播種面積は一九二〇年で大戦前の五四％まで落ち込んでいる。家畜頭数も減少し、農村では数百万単位で餓死者が出る始末であったのだ。輸送手段も内戦によって崩壊していたのが痛手であった。そして都市生活も改善せず、一九二一年三月にはクロンシタットで反共産党を唱えた反乱も勃発している。政府は、転覆を防ぐためにも彼らの不満を何とかなだめねばならなかった。

ネップ～レーニンによる戦後再建～

一九二〇年で内戦は一通り終了。政府にも内政方面に意を注ぐ余裕が生まれた。一九二一年、農産物の自由交換や販売を認めるよう政策転換を行い、私的商人の存在も認められた。いわゆる「ネップ」である。少数民族からもこうした動きは歓迎され、一九二三年には農業生産も回復傾向に向かい、社会はやや落ち着き始めた。しかし農産物価格の下落によって農民の生活苦は相変わらず。工業も軍需生産停止によって労働者の六〇％が職を失っていた。そこで政府は工業の国有化により労働者の地位保全を行う。そうした中で、労働組合を次第に中央政府からの支持を伝えるパイプ役へと変質させ、労働者の把握を進めたのである。

こうして、レーニンは第一次大戦から手を引き、内戦を勝ち抜いて世界初の共産主義国家を確立させた。そして一九二二年には、ロシアにウクライナ・ベラルーシ・ザカフカスを加え「ソビエト社会主義共和国連邦」すなわち「ソ連」の結成が行われている。とはいえ、ソ連における戦争の傷跡は深く、その後の社会再建は相変わらず大きな課題であった。しかしレーニンは一九二四年に死去し、その後の国家運営はヨシフ・スターリンの手で行われる事になる。

スターリンの権力確立

スターリンは本名をジュガシビリといい、一八七九年にグルジアのゴリで靴屋の子として生まれた。チフリス（現トビリシ）の神学生となったが在学中にマルクス主義に触れ、革命家となる。ロシア社会民主党のボリシェヴィキ派に属し、幾度となく逮捕されながらも地下活動に従事。一九一二年にボリシェヴィキ党が結成されると中央委員となる。一九一三年に『マルクス主義と民族問題』を著し、この頃から「スターリン」と名乗るようになる。一時シベリアに流刑となったが、一九一七年の二月革命で解放され復帰する。その後はレーニンに従い活動し、民族人民委員となる。内戦時代には国家委員・政治委員を歴任し、一九二一年には政治局員の一人となる。この時点での同僚はレーニン・カーメネフ・ジノビエフ・トロツキーであった。翌一九二二年、党書記長に就任。要員配置を通じて絶大な実権を手にする事になる。レーニンはこの時点でスターリンの粗暴さを危惧しており、政治的遺言となる『大会への手紙』の追記で彼の解職を求める。「**もっと忍耐づよく、もっと忠実で、もっと鄭重で、同志に対してもっとおもいやりがあり、かれほど気まぐれでない**」（木村英亮『増補版ソ連の歴史』山川出版社、七八頁）人物こそが後継に望ましいというのである。もっとも、レーニンはもう一人の有力者トロツキーについても「**もっとも有能であろうが、度はずれて自己を過信し、物ごとの純行政的な側面に度はずれに熱中する傾きがある**」（同書、七九頁）と批判しているのだが。

ともあれ、第一人者レーニンから名指しで否定されたスターリン。このままでは政治生命が危ういと思われたが、彼は幸運であった。一九二四年一月二一日、レーニンが死去。スターリンはその葬儀を利用し、自らが最もレーニンの理想を体現した存在であると内外にアピールする。その後、彼はカーメネフやジノビエフと結んで最大の政敵トロツキーの排除に動いた。かくして一九二五年一月、トロツキーは軍事人民委員から解任され、二年後には党除名となり、一九二九年に国外追放となる。最大のライバルを追い落としたスターリンが次に狙ったのは、権力の独占である。今度はブハーリンと組んでカーメネフ・ジノビエフらを党から除名し、その後はモロトフと共にブハーリンらと抗争し、一九二八年には追放。かくして、党と政府を掌握する独裁体制が確立した。この体制により、重工業化・農業集団化が強力に推進されるのである。

農業集団化の試み

スターリン時代になると、労働組合のみならず他の各種組合も同様に政府からの上意下達組織となる。この頃には農業・工業とも戦禍による痛手から立ち直り、一九二五年頃には戦前レベルにまで回復していた。耕地面積も、一九二二年の七七七〇万ヘクタールから一億四三〇万ヘクタールまで上昇している。この機を逃さず更なる近代化を目指そうと考えたか、スターリンは大規模な政策転換に踏み切った。

農業集団化による生産拡大だ。そして、何より重工業育成で列強に追いついてやろう。

かくして一九二七年、第一五回党大会でコルホーズすなわち集団農場の結成が決議され、翌一九二八年にはソフホーズすなわち国営農場結成の方針が決定された。国家主導による農業集団化の幕開けである。この時期、農業生産は回復したとはいえ、中小農家が増大。したがって自家消費が中心となり、都市への供給は相変わらず不足していた。特に一九二八年には、穀物調達危機に陥り、外貨獲得も困難となったため、行政的圧力で徴発が行われている。因みにブハーリンの失脚はこれに対する反対が契機となっている。こうした中での強引な強制集団化や富農根絶政策は、農村の荒廃につながった。一九二九年に設置された機械トラクターステーション組織が一例として挙げられよう。農業機械の共有による効率的利用が推進されたが、機械は酷使によりしばしば故障し、作業効率は上がらなかったのである。農業の規模巨大化は運営がうまくいかず、また作物が専門化しすぎる傾向を生む。結果、輪作・畜産が軽視され、生産効率も低下してしまった。貧農は強制移住され、生活を破壊される者が続出。こうした中、カザフスタンでは遊牧民は中国に逃れる者が多く、二一・九％減少した。家畜頭数も大きな打撃を受け、牛は五七・六％、山羊・羊が三四・八％、豚は五一％になっている。穀物生産も減少していたが徴集は厳しく、一九三二年から一九三三年にかけて農村では六〇〇〜七〇〇万の餓死者を出したと伝えられる。一方、政府により奨励された綿花生産は急増し、一九三二年には自給を達成。農業に関連する綿花生成工業・農業機械工業・化学肥料工業も発展した。また一九三五年には住宅附属地での個人利潤経営が認められ、野菜などが生産されるようになる。これは一九四〇年代になるとコルホーズ農家の収入を支える存在になった。

かくしてスターリン体制下では、ソ連の農業は成長が見られた部門もあるが全体としては無残な荒廃という結果になった。

二度の五ヶ年計画と重工業の成長

一方、重工業化は成果を上げていた。一九二八年から第一次五ヶ年計画が発動。目標として工業生産額一八〇％増、生産手段生産一三〇％増、農業生産五五％増、国民所得一〇三％増が掲げられた。より個別の生産目標として、鉄一〇〇万トン、石炭生産七五〇〇万トン、化学肥料八〇〇万トン、電力二二〇万キロワット／時といった数値も挙がっている。

この計画に従い、各地に工業地帯が建設された。ウラルのマグニトゴルスクや西シベリアのクツネツクの大型製鉄所、スターリングラードやハリコフのトラクター工場、モスクワの自動車工場、ドニエプル水力発電所、ノボシビルスクやクラスノヤルスク、イルクーツクの機械製糖工場が代表例である。この時期、世界は大恐慌に陥っていたが、それをよそに工業生産額は上昇。一九三〇年には失業者を一掃したと称するに至る。だが、やがて計画の非現実性が露呈。数値追求の影で質的レベルは停滞し、結果としてインフレがおこった。強化部門が重工業に偏り、消費財・軽工業が軽視され、その影響が肝心の主要部門にも影響を与える。かくして成長率も次第に鈍化しているのが実情であった。この第一次五ヶ年計画を通じて労働者数は三〇〇万程度から六三〇万程度まで急増したが、これは非熟練者の占める割合が高くなった事も意味した。

　こうした非熟練労働者問題の対策という意味もあってか、教育改革も重視された。一九三〇年には初等教育の義務化や識字運動が定められ、夜間・通信教育網や工業実習学校による技術修得が奨励される。大学教育も推進され、大学卒業者は従来は年に三万九〇〇〇人程度だったのが一九三七年には年七万四〇〇〇人にまで倍増した。だが国際的に孤立した事もあり、学術交流は閉ざされていた。そして国内でも、「ブルジョア」として技術者・科学者は攻撃対象という有様である。更に富農と聖職者が結びついてコルホーズ化に反対した事から、一九四四年頃には反学校運動が起こされた。教育も、スターリンの政治方針に左右され、混乱したのは否めないようだ。

　ともあれ、二度の五ヶ年計画を通じて工業生産額は少なくとも数値上は劇的な向上を示した。第一次五ヶ年計画で二倍、第二次五ヶ年計画（一九三三〜一九三七）二・二倍である。電力は七倍、粗鉄は四倍に成長したという。ロシア本国だけでなく、ソビエト連邦構成共和国や自治共和国でも工業化が進展した。均等な工業配置により生産の偏在を改称する方針や、資源の合理的利用による地域特化が奏功した形である。著明な例としてはアゼルバイジャンの石油工業、グルジアの製糸工場がある。グルジアのマンガン、アルメニアの銅、アゼルバイジャンの鉄など資源開発も積極的に行われた。

国民に大きな犠牲を強いながらも、重工業の成長は著しいものには違いなかった。ソ連が第二次大戦を戦い抜き、その後も世界を二分する勢力の領袖として振る舞えた背景にはこの成果がものを言ったのは間違いなかろう。

国際的孤立からの脱却を目指す

さて、初の共産主義国家であるソ連は他の主要国から外交的に疎外されていた。そこで目を付けたのが、ドイツとの連携である。第一次大戦の敗戦国としてやはり孤立していたドイツにとっても、願ったりの話であった。かくして一九二二年四月、ラッパロでソ連とドイツは外交関係を再開。賠償請求権・旧債務支払い・国有化資産補償を相互に放棄した。以降、ドイツは連合国によって禁じられている新兵器の開発・生産をソ連国内で密かに行い、それを通じてソ連はドイツの軍事技術を吸収するという関係が成立した。また、一九二一年にはイランやアフガニスタンとの間にもソ連は国交成立させている。さて一九二五年、ドイツとその他の西欧諸国の間でロカルノ条約が締結された。これを受けてソ連はドイツが西側に取り込まれた可能性を危惧、それに対抗する必要を感じる。かくして周辺諸国への積極的な外交攻勢が行われた。まずトルコと中立条約を結び、更に一九三〇年代にはラトビア、フィンランド、ポーランド、リトアニア、エストニア、フランスと不可侵条約や安全保障協定を結んでいる。周辺諸国の反共的な動きにも注意が払われた。一九二七年の中国における蔣介石による反共クーデター、一九三一年の日本による「満洲」占領、一九三三年のドイツにおけるナチス政権成立などである。こうした動きに対し、ソ連は外交による自国防衛を模索。

一九三四年には国際連盟に加入し、西側への接近を図った。一九三五年にはドイツに備えてフランスやチェコと相互援助条約を結んでいる。

大粛清と第二次大戦

一方、国内政治においてはスターリンへの権力集中は更に進められていた。一九三六年に臨時ソビエト大会でいわゆる「スターリン憲法」が採択される。また一九三四年にはファシズムへの警戒から赤軍を六〇万人から一三〇万人に増強した。また、敵対者を反逆罪として大規模に殺害。その対象は旧反対派幹部だけでなく、古参党員、軍首脳部から一般党員、一般市民にまで向けられたという。この大粛清は一九三六年頃から始まったとされるが、規模は諸説ある。歴史家ロイ・メドヴェージェフによれば三六～三九年で四〇～五〇万人が銃殺され、四〇〇～五〇〇万人が逮捕されたとの事であるし、オレーグ・フレヴニュークは三七～三八年で二〇〇万強が逮捕され、一〇〇万人が死亡したとしている。ともかくこの時期にトハチェフスキー元帥ら軍指導者も粛清され、軍幹部が不在となるなど各分野で他国に後れを取る結果を招いた。そうした中で実施された一九三九年からの第三次五ヶ年計画は戦争に備えて軍需産業が優先されたが、目覚しい成果は挙がらない。外交的にも不調で、レニングラード防衛のためフィンランドに領土割譲を申し入れたものの拒絶され、戦争に突入。苦戦を強いられる事となった。こうした中、スターリンはこう考えた。

「どうやら、西欧諸国との協調は必ずしも順調でない」

かくして一九三九年、一転してナチス・ドイツと不可侵条約を締結。しかし両国の協調関係も長続きせず、一九四一年にはドイツ軍がソ連に侵攻する。かくしてソ連は連合国側として第二次大戦を戦う事となった。当初、スターリンの楽観視や粛清による人材不足もあって大敗北を喫した。だが国民に愛国心を訴え、厳しい自然環境を利用して反撃に成功。工業設備をドイツ軍の手が及んでいない東部ウラルやシベリア・中央ユーラシアに疎開させ、軍需生産を存続させる。ソ連の国力は流石に強大であった。一九四二年には戦車・軍艦生産でどの敵国をも凌ぐ事に成功。一九四四年秋には占領された領土を回復させ、更にその後は東欧へ進撃した。東欧諸国では、赤軍が協力する形で現地共産党に指導権を握らせる。ただし、当面は米英との火種を避けるためもあって現地の自主性に任せていたという。

再びの戦後復興と冷戦

かくしてソ連は、第二次大戦を勝ち残った。だが大戦における被害は大きく、ソ連のみで死者は約二七〇〇万に上ったとされる。もっとも、国内的には七〇〇〇万程度と喧伝されたようだ。男女比も三：五と均衡を欠いていたという。スターリンは、第一次大戦後に続いて第二次大戦後においても戦後復興の指揮を執ることとなった。

一九四六年、第四次五ヶ年計画が発動。重工業に重点を置いた復興政策が推進され、一九四八年には戦前の水準を超えるに至った。だが人手や機会不足が深刻なため、農業復興は進まなかった。農業集団化も再び行われたが、飢饉を招く結果に終わる。結局、スターリン死去の時点でも農業は革命前の水準に回復する事はなく、その後のフルシチョフ時代を待つ必要があった。

さてスターリンは、戦争指導を通じて自身への権力集中をいっそう強めていた。具体的には、国防委員会議長・ソ連軍最高司令官に就任すると共に一九四三年に元帥、一九四五年には大元帥となっている。その圧倒的な権威を背景にして、軍事費増大や知識人の締め付け強化を行い、国内を自らの下に一本化。それによって東欧を始め周辺諸国を衛星国化させ、アメリカを中心とする資本主義国陣営と正面から対立した。いわゆる「冷戦」

である。これが半世紀にわたって第二次大戦後世界の基本秩序となった。

一九五三年三月、スターリンが急死。後継の首相兼党第一書記マレンコフは消費物資の生産に力を入れ、直後に党第一書記となったフルシチョフもカザフスタンの開墾により農業生産の向上に努力。これによって国民生活も改善傾向となった。一九五六年にはフルシチョフがスターリン批判を行い、国際的にも平和共存路線が打ち出された。その後もアメリカ・ソ連を頂点とする「冷戦」構造は継続したが、やはりアメリカと長期にわたり対抗するのは国力的に厳しかった。一九九一年一二月にソ連は崩壊。ここに冷戦時代は名実共に終了する。

むすび

スターリンは、二つの大戦のいずれにおいても戦後復興を担った稀有な人物である。その基本方針は強力な独裁体制による重工業化・農業集団化を柱としていた。彼の統治下において多大な犠牲が生み出された一方、ソ連が世界を二分する勢力の旗頭に成長したのも事実ではあった。その善悪は別にして、二十世紀の人類史に巨大な影響を与えた人物なのは否定しようがない。犠牲の大きさを思えば素直に賞賛する気にはなれないが、冷戦後のロシアにおいて時に肯定的に彼が回想されるのも故なきことではない、とも思う。

スペイン内乱後のスペインとフランコ

小国なのを幸いに　第二次大戦やりすごし
東西冷戦始まると　反共を盾に　国家再建

フランシスコ・フランコ
Francisco Franco Bahamonde
1892～1975
統領 1939～1975

スペイン第二共和制の混迷

スペインは十八世紀以降ブルボン家が代々王家に就いていたが、二十世紀に入ると労働運動の激化に対応するため軍部による独裁が行われる。これに対する不満が爆発する形で、一九三一年に王制が廃止され、第二共和制が成立。だがそれ以降も国内政治は安定せず、左右両翼間での政治的対立は激化する一方であった。そうした中で施行された一九三六年二月の総選挙では、社会党・共産党と協力関係にある人民戦線が勝利して政権を掌握。だが、新たに成立した政府にも治安を安定させる力量はなかった。無政府主義者は教会・地主を襲って「土地改革」を行い、これに対し右派も報復と称してテロを行うという体たらくである。軍部の中にはこうした情勢に反発する将校も少なからず存在し、大資本家・地主・教会の支持を背景に反乱を計画する。そしてこの年七月、モロッコ駐留軍の挙兵を契機にスペイン全土が内乱状態に陥った。反乱軍の指導者として知られるのが、フランシスコ・フランコである。だが実のところこの反乱、計画段階から彼が指導的立場にあったわけではなかったのである。

反乱とフランコ～中途参加者から総司令官へ～

　フランコは一八九二年、スペイン北西部ガリシア地方に海軍経理士官の子として生まれた。父が愛人と共に家庭を捨てるという苦い経験をしており、その影響か成長後も酒・賭博・女を遠ざけたと伝えられる。弟のラモンは後に南大西洋横断飛行に成功し、国民的英雄となる。余談ながら、彼は内乱の際には政府軍についており、フランコはその救出に苦労したという。当初は父と同様に海軍を志したが、軍縮時代のため新規募集がなかった。そこでやむなく一九〇七年、トレド陸軍歩兵学校に入学し、一九一〇年に少尉で任官。一九一二年にはモロッコ駐屯軍へ入り、モロッコ駐在中に先住民リフ人の反乱をフランス軍と協力して鎮圧した。才覚を認められ、三二歳という異例の早さで将官に昇進。一九二七年には士官学校長となったが、第二共和政の下では閑職に甘んじた。だが一九三四年にはアストゥリアス鉱山の労働者による武装蜂起の鎮圧で活躍し、一九三五年には陸軍参謀総長となる。人民戦線政権が成立すると、カナリア諸島の総督に左遷された。フランコはこの際に目立った動きを示さず、反乱計画が持ち上がった際も煮え切らない態度を示した。そのため、クーデター計画者の間では彼に対する不

満を募らせる者もあり、

「フランコ坊やはもういいよ」

「一九三六年ミス・カナリアスなんかは当てにしない」（色摩力夫『フランコ　スペイン現代史の迷路』中公叢書、八二頁）

との声も出たという。当時は現代以上に男尊女卑傾向が強かったであろう事は想像に難くなく、これはフランコに対する侮辱の意を込めた言葉であったろう。しかし実際のところ、クーデターを行うにはフランコの力が必須であった。何しろ彼は数少ない将官であったし、反乱には実戦部隊としてモロッコ部隊を引き入れる必要もある。となると、彼らを指揮した経験があるフランコは必要な人材であったのだ。

反乱は各地で勃発したが、本土では早期に鎮圧される。フランコにとっては、保身という観点からも座視できなくなった。

「自分が反乱軍に同情的であったのは知られているだろう。政府軍がこのまま勝利してしまえば、我が身が危うい」

かくして腹を決めたフランコは、カナリア諸島からモロッコへと飛び、現地反乱軍を指揮する。反乱軍当初の構想であった短期決着は難しくなったと判断し、彼は長期戦を選択した。フランコは本土へ上陸すると、九月にはトレド王宮を解放し、名を上げる。そして同月末にはマドリードを半円状に包囲するに至る。反乱軍内部で競争相手となりうる将軍たちが軒並み死亡していたという幸運にも助けられ、フランコは一〇月一日に反乱軍の総司令官兼政府主席に就任した。

反乱軍の勝利

この反乱に対し、周辺諸国の対応は分かれた。イギリス・フランスは不干渉を貫く。一方、ソ連は共和国政府への支援を決定。政府軍に武器・技術者を供与すると共に、コミンテルンが共産党員を中心に労働者・知識人からなる「国際旅団」を派遣した。フランコ側に好意的な国もあった。既にファシズム政権を樹立していたドイツ・イタリアである。両国は早期決着を希望し、

「将軍の戦略は大局観に欠ける」

と批判する一方、資金・兵力の援助も積極的に行った。

内乱が長期にわたる中で、両陣営とも支持の拡大や反対勢力の排除に力を注いでいた。政府側は、フランコ側に好意的な富豪・資本家を追放して農地・工場を接収し、社会主義的改革を行う事で支持を集めようと図る。一方、フランコらは「内閣制度」を導入して政府の体裁を整えていたものの、独自の政治的主張がなかった。そこでファランへ党など既存の右翼団体を利用し、一九三七年にフランコはファランへ党党首に就任。党を反対派の弾圧に利用した。フランコ側によって処刑された共和派は四〇万人に上ったという。中でも自治政府を形成したバスク地方に対しては、ドイツ空軍による空爆が行われたのは知られている。一方、政府側も内部の統一を欠き、過激派が教会を相手に無差別な殺害を行う有様で民衆を離反させる結果を招いていた。国内は、打ち続く戦乱によって凄惨な状況に陥ったのである。

さて劣勢であった政府側だが、海外からの義勇軍の助けもあって数年にわたりマドリードを守り抜く。しかし、共産党の勢力が政府内部で拡大すると、共和国内部での権力闘争が激化。一九三七年五月にはバルセロナで市街戦を始める体たらくであった。これでは、反乱軍に対抗できるはずもない。一九三九年一月、バルセロナが陥落。同年三月二八日には反乱軍がマドリードに入り、四月一日にフランコはブルゴスで勝利宣言を行った。かくしてスペインの内乱は、フランコ率いる反乱軍の勝利に終わったのである。スペインを

統一したフランコは、国家指導者として「統領（Caudillo）」と呼ばれた。内乱の時代は終わり、フランコのなすべき事は軍事指揮から統治、そして戦後復興へと移り変わる。

第二次大戦では中立

フランコの新政権は、比較的スムーズに諸国から認められたようだ。既に内乱末期の二月に英仏がフランコ政権を公認し、三月三一日にはドイツと友好条約を締結。内戦が終結した四月一日当日にはアメリカもフランコ政府を認めている。そして隣国ポルトガルのサラザール政権とは、内戦末期から相互不可侵関係にあった。その後のフランコ政権は、日独伊防共協定にも参加するなどファシズム諸国と近しい関係を保つ。

国内政治でも体制の確立と復興に取り掛かった。一九四〇年一月には労働組合統一法を制定し、三月には秘密結社・共産主義の取り締まりを行う事で国内掌握を進める。そして一九四一年、全国産業公社を設立し、国家主導での経済再建を試みたが、成果は不十分なものに終わった。政治的には、一九四二年に一院制議会を開設し、平常状態としての形式を整えにかかった。

上述のようにファシズム諸国と親密であったフランコ政権であるが、いざ第二次大戦が勃発すると慎重な態度をとる。

「今は、国内再建が最優先だ」

こう唱えて、参戦する事なく中立を保ったのである。確かに、内乱後のスペインは労働力の不足、生産設備の破壊、国内政治情勢の不安定が大きな課題であり、対外戦争どころではなかった。そもそも、外交ではドイツ・イタリアに好意的でありながら食糧や石油をイギリス・アメリカからの輸入に頼っている。これでは、まず第一どちらに付くべきかという点から判然としない。そうした中で一九四〇年一〇月、フランコはヒトラーと会談。

この時にスペインの参戦を要求されたものの、強要されるまでには至っていない。というのも、ヒトラーはスペインの戦争遂行能力を信用していなかったからだ。そしてこの時点でドイツは既に対ソ開戦を予定しており、東部戦線に多大な戦力を割かねばならぬ状況が予想された。その状況下では、スペインはかえって重荷になると判断したのである。実のところ、フランコも一度は参戦に前向きになったことがあった。しかしながら、国防軍の反対を受けて回避する事にしたようだ。こうしたスペインの動きに対し、チャーチルは中立への対価として七五〇万ポンドの借款を与えている。

それでも、ドイツに好意的な行動を起こそうとはしたようで、一九四一年には五万人からなる義勇軍「青い旅団」を独ソ戦に派遣。だがその一方、翌一九四二年に親独の外相を罷免し、親英のゴメス・ホルダーナに交替させるなどバランス感覚を示している。また一九四二年には連合軍の北アフリカ上陸を黙認。

スペインが大戦で中立を守り抜いた背景にあるのは、上述のようにまず経済的に英米を敵にまわせず慎重にならざるをえなかった事が大きい。更にスペインの軍事能力を低く見積もったドイツがあまり参戦圧力をかけなかったという幸運も無視できない。ともあれ、ドイツに味方せず破滅を防いだという事で、フランコは「スペインの国益を守った」指導者として国内的な権威を高める事に成功した。

戦後初期の国際的孤立と国内体制の強化

だが、対外的にはそう上手くは事が運ばなかった。スペインがドイツに同情的であったのは明らかであり、大戦末期・戦後初期には連合国側はポツダム会談などでスペインを枢軸国側に準じる扱いで非難。大使を本国に召還する。これに対し、フランコは国際的孤立を逆用して国民の支持を集めることに成功した。そうした空気の中で一九四五年、国民憲章や国民投票法を制定し、民主的な体裁を整える一方、一九四七年にはフランコを終身国家首長と定め、権力を固めている。

さて、フランコ独裁体制を確立させる中で、かつての王室との関係も問題になった。終身国家首長となった一九四七年、フランコは王位継承法を定め「立憲王制」の名目で国王不在の摂政として振る舞う。これには旧王家の不満もあり、翌一九四八年には王位継承権保持者ドン・ファンと会談し、彼の子ファン・カルロスを次期国王として教育する事で同意を見た。ファン・カルロスが次期国家元首としてスペインに迎え入れられるのは一九六九年である。フランコも内閣改造を行うたびに閣僚には従来のファランへ党員に代えて王党派やテクノクラートの割合を増加させ、次代の王政復古へと備えていたようだ。ところでフランコは名目上ファランへ党党首であるが、政治的立ち位置を借用するため、便宜以上には考えていなかったようだ。党のイデオロギーには冷淡で、戦後には「ファランへ」という言葉を極力避け「国民運動」と称するようになる。こうした態度は党員から反発を買い、党大会でフランコが大声で罵倒される事すら何度かあったという。

冷戦のおかげで「反共」スペイン国際復帰

フランコが国内支配を固めていたこの期間に、東西冷戦の構造が表面化。周辺国家のスペインに対する扱いは次第に変化していく。フランコ政権が反共主義である事、第二次大戦で明確に敵対しなかった事がここでものを言い始める。資本主義陣営の指導国アメリカがフランコへの接近を図るようになった。その背景には、スペインが大西洋と地中海、ヨーロッパとアフリカを繋ぐ地政学的な要地であった事が大きい。一九四七年、アメリカの臨時代理大使ハルバートソンはこう言った。

「**荷車の中のリンゴには腐ったものがいくつかあるにせよ、荷車ごとひっくり返すことはないだろう**」（色摩力夫『フランコ　スペイン現代史の迷

路』中公叢書、二五二頁）

明らかにフランコを擁護する意図である。同じ頃、チャーチルもこのように述べる。

「第二次大戦で英国人も米国人もスペイン人には殺されていない。戦争中スペインから受けた間接的援助は膨大なものがあった」（同書、二五六頁）

「モスクワに大使を駐在させて、マドリッドには駐在させないのは奇妙奇天烈である。スペイン人は、ロシア人、ポーランド人、はたまたチェッコ人より、はるかに幸福で自由な生活をおくっている」（同書、二五七頁）

かくして、西側諸国のフランコ政権に対する態度は明確に軟化していった。一九五〇年にはアメリカから二六五〇万ドルの融資がなされ、一九五三年にはアメリカ・スペイン間で防衛・経済に関する協定が結ばれる。更に一九五九年、アイゼンハワーがスペインを訪問。そして一九五二年にはユネスコへ加盟し、一九五五年には国連への加盟を実現。更に一九五八年にはOEEC（欧州経済協力機構）やIMFに加入し、西側世界に組み入れられる形でスペインは国際社会へ復帰していった。

経済成長〜スペインの奇跡〜

国際的な援助を得られるようになった事もあり、経済復興も次第に軌道に乗り始める。この頃から、フランコも自由主義経済へと徐々に移行する事を考え始めた。彼自身は経済に明るくはなかったようだが、テクノクラートを登用する事で経済政策を推進する。一九五一年には貿易情報観光省を設立し、観光で外貨を獲得して工業化を進める方針を整えた。一九五九年には為替レートを切り下げ、貿易自由化へと舵を取る。そうした政策が実を結び、一九六〇年代に入ると経済は好調になり、年八・五％のＧＮＰ成長率を示して「スペインの奇跡」と称された。一九七〇年代になると工業・サービス業の占める割合が三〇％台になり、家電も普及する。こうした経済成長の背景には、アメリカからの援助、外国資本導入、観光収入増加、更に海外移住者の本国への送金が大きな要因として挙げられよう。スペインは、一九六〇年代まではラテンアメリカ諸国、それ以降はフランス・ドイツ・スイスを中心とした西欧諸国に移民を送り出していた。政府は移民局を設立し、彼らの送金を受け入れる体制を整えている。フランコは、西ドイツをスペインにとっての「職業訓練学校」であると評したという。

一方、経済の自由化はイデオロギーの相対化も招き、労働運動や民族主義運動も再活性化する。スペインへ帰還した移民の中には、職業技術に加えて民主的思想を持ち帰る者もいたという。フランコは独裁体制を保つため、そうした動きに弾圧で応じた。しかし、この頃になるとフランコ体制は翳りを見せ始める。例えばかつての支持者であったカトリック教会は、人権問題などでフランコ体制を批判する立場に転じ、一九七一年には内戦でフランコ支持したことを公式謝罪した。そうした中で一九六九年と一九七二年に政府金融機関の不正融資が相次いで発覚。これを契機に政府への不信は高まり、一九七〇年代には政府内部でも改革派が台頭して政治的混乱に陥る。これを収拾できないままにフランコは一九七五年一一月二〇日、この世を去った。その後のスペインはファン・カルロスが国王となり、漸進的に民主化へ向かっていく。

むすび

フランコは、ファシズム諸国と結んで共和国を打倒し、内乱により独裁政権を樹立した事もあって悪名が高い。内乱によって多くの国民が犠牲になった事、独裁政権による弾圧・虐殺がなされた事は確かに批判されて然るべきであろう。一方で、彼の時代においてスペインが第二次大戦の戦禍を避け、戦後に経済成長を成し遂げたのも事実なのである。功罪ともに大きく、死後に至っても評価が定まらない人物は歴史上数多いが、フランコもまたその一人といえるだろう。

祖国統一より西欧諸国との連携を優先し、
ドイツの国際的地位・経済回復を実現

第二次大戦後の西ドイツとアデナウアー

コンラート・アデナウアー
Konrad Adenauer
1876～1967
首相在任 1949～1963

ドイツの東西分裂

第二次大戦で敗北した後、ドイツは連合国によって分割統治された。西側をアメリカ・イギリス・フランス、東側をソ連が占拠する形である。

占領されたドイツは連合軍によって「非ナチ化」が行われたが、どの程度徹底されたかについては地域で温度差が存在した。ソ連占領地域では比較的熱心で、党員の多かった裁判官・弁護士・教員は大量解雇された。そして短期の教習を受けた「人民裁判官」がとってかわっている。一方で医者・技術者・牧師には処分が甘かったようだが。アメリカも当初は「非ナチ化」に熱心であったが、次第に消極的となり、ドイツ人自身の手に委ねるようになった。そして英仏は当初から「非ナチ化」へは積極的でなかった。西側では総じて企業もドイツ側の管理下にあった。全体的に、「非ナチ化」よりも食糧供給・治安維持を優先せざるを得ず、地方レベルでは旧体制の職員をそのまま用いる事例も少なくなかったという。

さて、大戦が終結すると連合国側はアメリカを中心とする資本主義陣営とソ連が軸の共産主義陣営に分かれ、対立を深める。そうした中で、ドイツでもアメリカ陣営とソ連陣営がそれぞれ別個に通貨改革を行い、ソ連が西側諸国の管轄する西ベルリンを封鎖する事態も生じた。やがて、西側も東側も自分たちが占拠している地域を独自で独立させようと動き出す。東側については、ウルブリヒトの項を参照いただきたい。米英仏が管轄する西側では、主要政治家たちに働きかけ一九四八年に憲法を制定するための議会的協議会を開催。一九四九年五月に基本法を制定させた。同年八月、新たな基本法に基づく選挙が施行された。九月二一日には英米仏占領地域からなるドイツ連邦共和国（西ドイツ）が成立。選挙結果に基づき、キリスト教民主同盟が自由党・ドイツ党と連立し、内閣を結成。首班となったのがキリスト教民主同盟党首コンラート・アデナウアーであった。

コンラート・アデナウアー

アデナウアーは一八七六年にケルンで生まれ、弁護士を経て一九〇六年中央党に入党し、政界へ足を踏み入れる。一九一七年から一九三三年の長期にわたり、ケルン市長を務めた。一方、この期間にプロイセン貴族院議員やプロイセン枢密院議長も歴任している。当時、ライン地方のプロイセンからの分離を主張していたという。政治的な影響力はこの時期において既に侮れぬものがあり、中央党指導者としてブリューニングと首相の地位を争った事もある。一九三三年にナチス政権が成立すると、一切の官職を奪われ、一九四四年にはヒトラー暗殺未遂事件に関連したとして短期間投獄されている。一九四五年にアメリカ軍がケルンを占領すると、ケルン市長へと復帰。同年にキリスト教民主同盟の創設に参加し、一九四六年イギリス占領地区キリスト教民主同盟の総裁に選出された。上述の議会的協議会では議長を務めている。

西ドイツ初代首相に就任した際、アデナウアーは七三歳の高齢であった。この時点では、一四年にわたる長期政権を予測したものは少なかったであろう。組閣して弁務官府を訪れた際、アデナウアーはあえて弁務官府の敷物に足を踏み出し、占領軍とドイツの対等な関係をアピールしたという。

経済再建

分裂したとはいえ、一応の再独立を果たしたドイツ。アデナウアーは、戦争で荒廃した国民生活の再建に手を付ける。国家成立した一九四九年、緊急援助法を制定。難民に雇用・住宅・年金の援助を行う事とした。更に翌一九五〇年には第一次住宅建設法で低所得者の住宅問題に対処。一九五二年には負担調整法により、通貨改革の施行から生じた補償を行った。そして社会保障「包括的社会プログラム」に取り組むが、必ずしも効果が十分だったとの評価は受けていない。しかしながら、年金改革にとどまったものの、首相主導により財政担当の反対を押し切って、賦課制度による平均六五％の給与水準改善を行ったのは評価されるべきであろう。もっとも、アデナウアー自身は社会給付を拡大する事には批判的だった。また、当時の主要産業であった石炭鉄鋼部門で、労使代表による共同決定制度がこの時期に導入された。ある程度以上の規模を持つ企業に限られるなど様々な制約は設けられたが、労使間の強調を進めるのに一定の貢献を果たしたようである。

こうした施策もあってか、国民生活は徐々に改善を見せる。更に一九五一年になると、前年に勃発した朝鮮戦争を契機として輸出が増大。それからの西ドイツは、一九六〇年代までGNPが平均七・七%成長する「経済の奇跡」を実現した。その間、失業率は八・五%から一・三%まで著しく減少。これだけの経済成長が可能になった背後には、様々な要因がある。まず、東ドイツや失われた旧ドイツ領から二〇〇万人が移住してきたため安く良質な労働力が手に入った。また、低金利・緊縮財政を行う事で中央銀行による財政健全化に成功。潜在的に工業能力が高かった事、一ドルが四・二マルクと実情より安く固定されていた事などである。マーシャル・プランによるアメリカからの援助、朝鮮戦争を契機とする対外輸出の成長も少なからずプラスに作用した。

ドイツ統一より「西側」を優先し国際復帰

五〇年にIMF、UPE（関税同盟）、五一年にGATTに加盟。五七年には原子力利用に関するローマ条約締結。

一方、外交においてもアデナウアーは西ドイツの国際的地位回復に尽力した。元来、東西分裂後もいずれの「ドイツ」も将来の統一への期待を失ってはいなかった。いずれも憲法に「不可分な民主的な共和国」であり、統一と自由が「ドイツ人全体による自由な決定によって実現される」ものと記載しているのである。しかし、アデナウアーはドイツ統一よりも西側との結びつきを優先する。

「西欧諸国と関係を深めて対等な立場を回復し、ドイツの国際的地位が向上すれば、統一も見えてくる」

これがアデナウアーの考えであった。一九五〇年、フランスと「シューマン・プラン」で石炭・鉄鋼における共同管理に参画した。更に一九五二年にヨーロッパ石炭鉄鋼共同体が発足し、独仏間で長らく紛争の種になっていたルール管理は、経済統合という形で決着する。そして、一九五〇年にＩＭＦ、翌年にＧＡＴＴに加盟するなど国際舞台への復帰も少しずつ実現。一九五七年には、原子力利用に関するローマ条約を締結し、西欧の経済的統合へ向けて積極的に賛同した。

一方、ソ連や東ドイツは西ドイツを西欧から引き離すべく、再統一を求めて交渉する。そのために、統一選挙の条件に関して西ドイツ側の条件も飲むとすら申し出たという。しかし西側諸国は「西側に統合された統一ドイツ」を強く求め、アデナウアーもこれに同調。ソ連・東ドイツ側からの働きかけは不調に終わった。

さて朝鮮戦争を契機に、アメリカは欧州への直接介入に消極的になった。かくして、同盟国としての西ドイツに寄せられる期待は増大する。アデナウアーは国際的地位を拡大するこの機会を逃さなかった。彼は、

「西ドイツは、安全保障を分担する事に積極的用意がある」

と表明。これに対し、フランスは西ドイツを再軍備させる事に当初は反発。西ドイツのＮＡＴＯ直接加盟を阻む目的で、西欧防衛共同体の設立を提案。西ドイツもこれを了承した。だが、フランスが条約批准に失敗したため、この共同体構想は挫折。そして一九五四年、フランスはインドシナ戦争で敗れ、アメリカの支援を得る必要が生じた。かくしてフランスもアメリカと歩調をあわせる形で、西ドイツのＮＡＴＯ加盟に最終的に同意。同時に、西ドイツは連合軍による占拠状態の終結を達成した。一九五八年には、欧州連合（ＥＥＣ）への加入も果たしている。

こうして西ドイツは国際的地位の回復を果たした。だが一方で、西側の主要な一員として旗幟を鮮明にしたため東西ドイツの分裂は固定化され、近い将来における統一が難しくなったのも事実ではあった。現に、アデナウアーは共産主義陣営か

らは「報復主義者」として非難されるようになる。

さて、一九六〇年代になると、東西陣営の間で緊張緩和の動きが見られる。アデナウアーの国家戦略は、

「西側と密接に繋がり、西欧統合の延長上で東ドイツを圧倒し飲み込む事でドイツ統一を果たす」

というものであった。だが「雪解け」とも呼ばれるこの緊張緩和は、アデナウアーの国策が時代に合わないものとなっているという感を人々との間に強めた。また、長期政権に伴う不満も高まっていく。そうした中で行われた一九六一年の選挙では、与党が過半数割れして政権運営が不安定になる。それでもしばらくは政権居座りをもくろむが、一九六三年に退陣を余儀なくされた。

この時期、経済において大きな変化が訪れていた。エネルギー源が石炭から石油へと移行し、工業部門も石炭鉄鋼・繊維から化学・機械・エレクトロニクスへと主力が変動。西ドイツ経済はそうした変化にもよく対応し、西欧屈指の経済大国としての地位を守り抜く。冷戦構造は一九九〇年代初頭まで継続するが、共産主義陣営が低調となり、崩壊する形で終焉。一九九〇年一〇月には東ドイツを西ドイツが吸収する形でドイツは再統一を果たす。奇しくもアデナウアーの構想を実現させた形であった。

むすび

アデナウアーは、経済を再建すると共に国際的地位の回復にも力を注いだ。世界が二つの陣営に争っている中で、自国を引き入れようとする陣営に積極的に加担する事でそれを果たす。「同盟国」となる事で、厚遇を勝ち取り、経済援助も引き出しやすくなるためであった。これは、我が国の吉田茂にも通じるものがある戦略であり、東西の「敗戦国」は戦後復興に当たって類似した方針を選び取ったのである。

第二次大戦後の東ドイツとウルブリヒト

廃墟から立ち上がれ
～ソ連型社会主義か修正主義か
経済復興と成長のための葛藤～

ウォルター・ウルブリヒト
Walter Ulbricht
1893～1973

廃墟から立ち上がる東ドイツ

第二次大戦における枢軸国の代表というべき存在は、やはりドイツであろう。ドイツは壮絶な本土決戦の末に、デーニッツを首班とする政府が連合国に降伏。その詳細は拙著『敗戦処理首脳列伝』を参照いただけると幸甚である。

さて、戦争が終わりはしたが、ドイツの荒廃は目を覆うべきものであった。特にソ連によって占領された東側地域では、破壊をもたらしたのは戦災だけではなかった。元来、東部地域はドイツの中では工業が盛んとは言い難かった。東部では原料が乏しい事もあって、工業の中心は西部地域に集中していたのである。一九三六年時点で既に東部地域の生産額は全ドイツのなかで工業が二四％、農業は二六％程度に過ぎなかった。更に戦禍による破壊でその四分の一にまで低下する。とどめがソ連への賠償である。一九五三年までソ連は戦時賠償の一環として工業施設の接収や鉄道線路の解体撤去を行ったのだ。東部ドイツの人々にとって、苦難の時代であった。当時を回想する人々は一様にこう述べる。

「あのころは働いても食えなかった」

それでも、再建へ向けて立ち上がらない訳にはいかなかった。やがて、ドイツ東部地域はソ連の意向もあって「ドイツ民主共和国」（以下、東ドイツ）として西部地域と分離して独立する。その東ドイツにおいて指導的地位を保ったのがウォルター・ウルブリヒトであった。

ウルブリヒトと東ドイツの経済混乱

ウルブリヒトはライプチヒで生まれ、青年期に社会主義に同調。一九一二年に社会民主党、一九一九年にドイツ共産党へ参加した。一九二〇年代にはモスクワのコミンテルン組織局で訓練を受けているところからすると、将来の幹部として期待されていたようだ。国会議員となった事もあるが、国外亡命を余儀なくされ、モスクワへ移る。第二次大戦中はソ連軍の下でドイツ人捕虜への教育宣伝、ソ連軍占領地の軍政に関与。終戦後はベルリンへ帰って市政を組織し、共産党再建に尽力した。

一九四六年、共産党は社会民主党と合同し、ドイツ社会主義統一党を結成。社会主義統一党の下、東部ドイツは一九四七年に計画経済・人民教育を採用。共産主義陣営の一員となる準備を進めた。石炭・化学工業・機械工業の主導権を政府が握り、土地改革を行い、小農民に農地を分配したのもこの時期である。配分された土地が小さく自作農創出には必ずしも繋がらなかったが、この政策が農民から一定の支持を獲得するのに貢献したのは事実であった。

そして一九四九年の二ヶ年計画を経た上で、一九五一年に第一次五ヶ年計画が実行される。明らかにこれはソ連を模倣したもので、

「我々は、社会主義国家の先輩たるソ連を模範として社会を建設しよう」

という方向で指導部の基本方針が固まっていた事を意味する。だが、これは私企業の多くが西ドイツに逃れる結果を招き、食糧・衣料の供給において大きな打撃となった。

こうした一連の政策が行われる中、ウルブリヒトは一九五〇年に書記長（一九五三年まで）、一九五三年には第一書記（一九七一年まで）となり、国家指導者としての地位を手に入れている。更に一九六〇年には国家元首たる国家評議会議長（一九七一年まで）にもなっている。すなわち、この時期の東ドイツにおける経済的混乱の責任は彼にあると言えよう。

さて、東ドイツは中央政府に全ての機関を集中させる措置を採り続ける。事業部人事を一元支配し、政党も画一化し、更に労働組合・青年組織・婦人組織といった労働者の権利拡充のための組織も政府の伝達機関とした。これもソ連を模範としたものではあるが、戦中日本の大政翼賛会を彷彿とさせる措置でもある。

スターリンの死

だが、こうした方針に変化が訪れるのが

一九五三年。スターリンが死去したのである。スターリンの強圧的な支配に対する反動が共産主義陣営の各地で勃発。親スターリンであったウルブリヒトにも批判が浴びせられたが、彼の地位は揺るがなかった。既に、ソ連の新指導者フルシチョフから支持を取り付けていたからである。その変わり身の早さ、したたかさは流石というべきか。そのおかげもあってか、この年には東ドイツ各地でストライキがあったがこれを鎮圧。労働者の国たる社会主義国で労働争議鎮圧というのは妙な感じがしなくもないが、ともかくウルブリヒトは無事に時代のうねりを乗り切った。

この時期を境に、経済政策にも変化が見られ、ある程度国家管理を緩和したものとなったようだ。その甲斐あってか、一九五六年から六〇年にかけての第二次五ヶ年計画で工業生産が向上。それに伴って国民生活もある程度改善した事は、一九五八年に食糧配給の必要がなくなった事実が端的に示している。だがこれで気を緩めたか、ウルブリヒトは再び旧来の「ソ連型」社会主義への回帰を図る。その結果、一九五九年から六五年にかけて実施された七ヶ年計画では経済危機に陥り、西ドイツへと逃亡する国民が相次いだ。一九六一年に「ベルリンの壁」が建設されたのは、そうした流れを阻止するためであったろう。かくして西側世界の飛び地・西ベルリンへ人々が移動することはできなくなり、東側は人口流出の心配をひとまずしなくてよくなったのである。

管理経済の緩和と経済成長

とはいえ、だからといって経済混乱をそのままにするわけにもいかない。ウルブリヒトは、再び社会主義政策の緩和に舵を切り替えざるを得なかった。かくして一九六三年、東ドイツは新経済政策を導入。

「中央が何から何まで管理するのではない。党が管理を行わないわけではないが、下部組織に大幅

な権限を与えよう」

これが、新経済政策の基本方針であった。全国に社会主義コンビナートが構成され、研究・下請け・機械製作・販売に至るまで決定権を認められる。国家による管理ではなく、現場の判断が重んじられるようになったと言える。

効果は覿面であった。工業生産がこれによって四〇%上昇しただけでなく、国民生活レベルも顕著に向上する。それを分かりやすく示すのが家電保有率の上昇である。テレビは一七%から六九%、冷蔵庫が六%から五六%、洗濯機が六%から五四%にまでなっている。そして自動車保有率も一七%に至り、国民生活に余裕が生まれたのを反映し、週五日労働が定着した。

文化作品に関しても、規制がある程度緩和された。その結果、農業政策を批判する内容を持つ『オーレ・ビーンコップ』（一九六三）や西ドイツ在住の恋人との物語『引き裂かれた空』（一九六三）のように従来なら許可されなかったであろう作品も生まれる。青年層の支持を得るためという理由があったとはいえ、創作・娯楽の幅が広がった事は国民生活を質的にも豊かにしたのは確かである。

計画経済への回帰

だが、これも長くは続かない。一九六五年にフルシチョフが失脚すると、ウルブリヒトは三度、管理経済へと移行する。以降もある程度の経済成長は実現するものの、速度は鈍化し、西との格差は広がる一方となった。度重なる失敗にかかわらずの計画経済への回帰。懲りないと評するべきであろうか。三度目の管理経済移行には、ある程度の理由があったようだ。一つには、新経済政策によって貧富の差が国内に生まれていた事である。そして、次には政府内部の新経済政策に反発する声を無視できなくなった事であった。

以降、反対派の急先鋒であるホーネッカーが主導し、化学工業・エレクトロニクスの中央管理が強化されていく。ウルブリヒトの発言権は徐々に弱くなりつつあった。そうした一九七〇年、ソ連が西ドイツと急速に接近。東ドイツの頭越しに行われたこの動きは、ウルブリヒトの権威に決定的な打撃を与える。彼が高齢と健康不安を理由に第一線から退いたのは翌年五月であった。以後、ウルブリヒトは一九七三年八月に死去するまで党議長の地位には残るものの、もはや政治的実権はなかったという。

ウルブリヒトの後継となったのはホーネッカーである。彼の時代、西ドイツとの国力差は絶望的なものであった。やがて、冷戦終了において東ドイツは西ドイツに吸収される形でその歴史を終える事となるのである。

むすび

ウルブリヒトは、戦災や「戦後賠償」で荒廃し、資源の乏しい東部ドイツの復興に取り組んだ。その足跡は順風満帆とは言いがたく、多くの錯誤や悲喜劇に満ちていた。だがそれでも東ドイツは廃墟から立ち上がった。共産主義陣営の中ではその経済成長は群を抜いていたようで、東側の優等生と呼ばれるまでに至っている。ウルブリヒトの迷いを示すかのような経済政策の揺れ動き、これは東ドイツ経済にとって吉であったのかそれとも凶なのか。「計画経済への頑固なこだわり」と「必要なら緩和政策に踏み切れた柔軟さ」、どちらを重く見るべきなのか。答えは藪の中であるが、東ドイツの歴史には前者が重くのしかかったのは否めないようだ。

第二次大戦後の日本と幣原喜重郎&吉田茂

志すは「良き敗者」
占領軍司令官と信頼関係構築し
それを軸に戦後の枠組みを成立させる

吉田茂　1878～1967
首相在任 1946～1947
1948～1954

幣原喜重郎
1872～1951
首相在任 1945～1946

終戦処理から再建へ～老外交官の再登板～

　第二次大戦において連合軍を相手に完膚なきまでの敗北を喫した日本。徹底抗戦を唱える軍部を抑え、降伏を受け入れるにも一苦労であったが、ともかく一九四五年八月に連合国への降伏が決定する。その後は比較的順調に非武装化も進み、九月二日に降伏文書調印が行われた。この辺りの詳細は拙著『敗戦処理首脳列伝』を参照頂きたい。

　終戦処理に当たっていた東久邇宮内閣は、占領軍、すなわち「連合軍最高司令官総司令部」（GHQ）からの政治犯釈放・特高警察廃止指令に従えないとして間もなく総辞職。元来、終戦処理を終えるとすぐに辞職するつもりだったとも言われる。いずれにせよ、占領軍の指令を実行する後任を立てねばならない。そこで吉田茂外相が推薦したのが、幣原喜重郎であった。

　幣原は一八七二年に大阪で生まれ、東京帝国大学法科大学英法科を卒業。外務省に入り、朝鮮・イギリス等の領事館で勤務。三菱財閥の女婿で加藤高明の義弟という閨閥関係にあり、外交官として毛並みの良い存在であった。外務次官・駐米大使を歴任し、一九二一年のワシントン軍縮会議では全権となった。一九二四年に義兄加藤高明が首相となると外相に就任し、それ以降は第一次若槻礼次郎内閣・浜口雄幸内閣・第二次若槻内閣で外相を務める。彼の外交方針はイギリス・アメリカ両国と協調関係を保ち、中国の内政には干渉しないというものであった。中国のナショナリズムを刺激する事を避け、日本の中国での経済的権益を維持する事に主眼が置かれていた。中国への強硬政策を主張する政友会や陸軍からは軟弱外交として非難を受ける。一九三一年に勃発した満州事件での処理に失敗して政界から退くと、それ以降は第一線に姿を現すことがなかった。

　幣原が首相として推薦されたのは外交通であり、親英米派であったからだが、この時点では既に過去の人扱いであった。酷いのになると、

「既に亡くなっていたのでは」

という者すらいたという。そして本人も、再び政界に出る心積もりはなかった。家が空襲で焼け出されたため、鎌倉の別荘で隠居する心積もりだったようだ。だが吉田から説得され、首相の大任を引き受ける。

五大改革と新憲法

幣原はGHQからの指令の下、「五大改革」の実施に当たった。すなわち婦人の解放・労働組合の助長・学校教育の自由主義化・民衆生活を圧迫する制度の廃止・経済の民主化（財閥解体・農地改革）である。幣原自身はオールド・リベラリストであったが、あくまでその感覚は戦前の範囲内であり、GHQの命ずる民主化は彼の想像を超えていた。

さて問題となっていたのが天皇の処遇であるが、GHQは天皇を残したままでも民主化は可能と考えるようになっており、その求心力を統治に利用しようという方向に傾きつつあった。一九四六年元日に昭和天皇自らが幣原の草稿によるいわゆる「人間宣言」を出したのも、そうした流れの中での出来事である。天皇もまた新たな時代に相応しい有り様を模索する事となった。

それと並行して、GHQは日本政府に憲法改正を強く迫る。幣原は松本烝治と共に明治憲法を修正する方向で進めていたが、最高司令官マッカーサー元帥から拒絶された。マッカーサーは、幣原内閣にこう通告する。

「連合国の中には、ソ連やオーストラリアのように天皇制へ厳しい眼を向ける国もある。天皇を守りたければ、総司令部案を呑む以外にない」

かくして、天皇象徴制・戦争放棄の二原則が盛り込まれる事となった。幣原にとっては少なからぬショックであったろうが、同時に安堵感も存在したようだ。

　ともかく、天皇制は守り抜いた。戦争放棄は、軍部の台頭を繰り返さないためには必ずしも悪いわけではない。

幣原から吉田へ

　憲法草案が起草されると、国会での審議に移る段取りとなる。だがそれに先立って総選挙が行われ、自由党が第一党となった。今後は政党政治が行われることは既に周知の事実となっており、政党内閣でない幣原政権が退いて選挙の結果に基づき自由党を中心とした新政権が作られるのが筋だ、と多くの人は考える。しかし、幣原内閣は第二党の進歩党を中心とした連立による居座りを目論んだ。これは他党から強い批判を浴び、結局は総辞職やむなしとなる。なお、その後の幣原は進歩党総裁となり、一九四七年の総選挙で初めて衆議院に議席を獲得。一九四九年には衆議院議長となったが、在任中の一九五一年に死去している。


　幣原は受動的にＧＨＱからの指令に従ったものであり、積極的に戦後再建のため手腕を振るったものではなかった。しかし大きな波乱なく「五大改革」・「人間宣言」・改憲草案作成と幾多の改革を実行に移した事で、戦後日本が再出発する地盤固めを無事果たしたと評価できよう。とはいえ、彼が首相在任した段階では経済の再建は至難だった。食料の欠乏やインフレーションが国民生活を圧迫し、街には失業者があふれている。幣原内閣も経済問題に手を拱いていた訳では無論なかった。土木事業四ヶ年計画を立案し、失業対策を試み、一九四六年には金融緊急措置令でインフレ収束を狙う。すなわち一〇円以上の日本銀行券を強制的に預金させて既存の預貯金共々封鎖し、一定の制限の下で新円へ切り換えて銀行券発行額を収縮したのである。とはいえ、これらの政策も即時効果が出るには至らなかった。

　さて幣原内閣が退陣すると、次期首相と目されたのが自由党党首の鳩山一郎であった。しかし組閣直前に鳩山がＧＨＱの指令により公職追放とされ、代理の候補者が求められる。人選に難航した結果、選ばれたのが吉田茂外相であった。

反骨・反軍の外交官

吉田茂は幣原同様、外交畑出身者である。一八七八年に自由民権運動の指導者竹内綱の子として東京に生まれ、横浜の貿易商吉田健三の養子として育った。牧野伸顕（大久保利通の次男）の娘雪子を妻としており、彼の閨閥も華やかなものである。学習院・東京帝国大学政治学科を経て一九〇六年に外務省に入省。その後は天津総領事を長く務める。若い頃から癖の強い人物であったようで、馬で通勤したり養父から相続した巨万の富を蕩尽したりと逸話には事欠かない。寺内正毅首相から秘書官として誘われたこともあるが、吉田は

「首相なら務まるかもしれないが首相秘書は務まらない」

と断ったという。一九三一年には駐伊大使としてローマに赴く。当時イタリアの統領であったムッソリーニは外国の大使が訪れても出迎えず、来客側が近づいて挨拶するのが通例となっていた。しかし吉田はムッソリーニのそうした態度を嫌い、殊更ゆっくりと歩んだため、ムッソリーニもしびれを切らして立ち上がり、吉田に近づいて挨拶を交わしたという。外務省の同期である広田弘毅が首相となった際は外相候補となるが、親英米派の吉田を嫌った陸軍が反対し、その話は潰えた。一九三六年には駐英大使となり、開戦回避に動く。開戦後も戦争の早期終結のため尽力し、近衛文麿元首相が早期終戦を求める上奏をした際に一枚噛んでいる。また、イギリスに密航し、和平交渉をしようと目論んだともいう。そうした動きが陸軍から嫌われ、一九四五年には四〇日にわたり陸軍刑務所で拘置された事もある。この時、陸

軍強硬派は吉田を皮切りに終戦工作者を芋づる式にしようとしていたが、吉田が口を割らなかったのと、阿南惟幾陸軍大臣が吉田の旧知であったのとで不起訴となった。こうした動きが戦後には評価され、外相としてＧＨＱとの交渉訳を務めていた。

ＧＨＱとの駆け引き

吉田は首相就任を引き受けるにあたり、自分で金策はしない、人事に干渉させない、辞めたい時はいつでも辞めるという条件を認めさせた。それでも組閣には難航し、その過程で鳩山とも衝突する一幕があったものの三木武吉の仲介で事なきを得ている。吉田は政党政治家を余り評価せず、学者や実業家からの人材登用に熱心であった。石橋湛山を蔵相としたり（四七年に公職追放）、大内兵衛や車畑精一らの協力を仰いだりもしている。これは、吉田が政党政治家から反発を買う一因となった。

吉田内閣成立後も、国民生活は相変わらず逼迫していた。一九四六年六月一三日、日本政府は「食糧非常時宣言」を出す。この時、吉田は占領軍にも餓死者を出さないためには四五〇万トンの援助が必要と申請したが、実際には七〇万トンで乗り切れた。マッカーサーはこれを詰問するが、吉田は平然とこう嘯いたという。

「もし日本が正しい数字を出せる国だったら戦争に負けてなどいませんよ。」（同書、二三七頁）

マッカーサーも吉田のこうした態度に一定の感銘を受けたようで、以降は両者の関係がかえって緊密になったという。両者の信頼関係は、日本政府の立場を改善する際にも大きくものを言った。当時、ＧＨＱの中でも革新派のケーディスら民政局が無理難題を出す傾向があったが、吉田は民生局に反発するウィロビー少将と結び、有利に働きかけようとしている。彼は、ＧＨＱと接触する政府スタッフにこう呼びかけた。

「納得いかない時は勇気をもって拒否してください。それでも強要された場合は内容を文書でもらってきてください。あとは自分がマッカーサーにかけあって何とかします。」（北康利『吉田茂ポピュリズムに背を向けて』講談社、二三三頁）

なお、当時GHQ正面玄関はマッカーサー以外に駐車が許されていなかったが、吉田は日本首相の駐車も認めさせている。これも、日本の立場改善の一環と言えようか。

さてGHQによる改革指令は吉田時代にも続いていた。まず幣原内閣時代に作られた憲法草案を紛糾の末に議会通過させ、一一月三日の公布へと漕ぎ着けた。施行は翌一九四七年五月三日。「日本国憲法」である。憲法が一段落した一九四七年、義務教育が小学校六年・中学校三年と定められた。日本側は財政的に困難と抵抗したが、GHQに押し切られる格好である。同年、農地改革が行われ小作地の七五％、全農地の三五％が買収され、農家に売却された。この際、GHQは正当な価格で買い取るよう指令したが、物価スライド制を採用せず安く買い取り、財政への負担を少なく済ませている。

一旦の下野と政権奪回

経済が立ち直らない中、労働運動が盛り上がると共に左翼政党が勢いを付けていた。そうした中で一九四七年元旦、吉田は労働争議の自重を求め、こう述べた。

「かかる不逞の輩が国民中に多数ありとは信じませぬ」

しかしこれが労働組合側の逆鱗に触れ、「2・1ゼネスト」計画の契機となる。このストライキ計画はＧＨＱの指令により直前に中止となったが、同年の総選挙で社会党が第一党に躍進。吉田はこれを受けて「首相は第一党からが原則」として退陣した。この時の社会党は政権担当の準備ができておらず、党幹部の西尾末広書記長や片山哲委員長はむしろ予想外の勝利に慨嘆したと伝えられる。そこで社会党は引き続き吉田を擁立することで自由党との連立を図るが、吉田はこの申し出を固辞し、片山哲に首相の座を明け渡した。この際における吉田の出処進退は、議会政治の原則を潔く守ったものとして高く評価される。もっとも、一説には左翼政党と手を組むのを拒んだからとも言う。

片山哲内閣、そしてその後を受けた芦田均内閣は政局を安定させる事ができなかった。そうした中で昭電疑獄が浮上。ケーディスと親密であった社長の贈収賄疑惑が問題となり、ケーディスの発言力が低下。吉田にとっては追い風である。結局、この疑獄が契機となって芦田内閣が総辞職し、再び吉田に政権が回ってきた。だが民政局はこれに抵抗を示し、総司令部が吉田首班を承認しないという情報を流し、民自党に圧力をかける。しかし吉田の側近・白洲次郎がＧＨＱに接触し、情報が虚偽である事を確認。それでも党の緊急役員会は吉田辞任の方向に一度傾きかけた。だがこの際、ある一年生議員が吉田の決意を促すべく、こうまくしたてた。

「占領下とはいえ、総司令部が次の首班に口を出すのは内政干渉である。これを許してはいけない」

それに力づけられた吉田は、こう宣言する。

「総司令部から正式な指令があっても、憲政の常道に横槍を入れる振る舞いには納得がいかない。そうなったら党を率いて下野し、世論に問う」

かくして党員たちも吉田を擁立する事に納得。第二次吉田内閣が難産の末に生まれたのである。この時の功績が認められ、例の一年生議員は法務政務次官に抜擢された。彼こそ、後に首相となり「今太閤」と称された田中角栄である。

経済安定九原則

さて第二次吉田内閣が成立した時期には、以前と比較して食糧事情も改善。国民の支持も得やすくなっていた。かくして一九四九年には与党が過半数を確保する。当時、有力な人材は多数が戦争に協力したとして公職追放されており、また吉田自身の子飼い政治家がいなかった。そこで、彼は官僚出身者から積極的に人材を育成。いわゆる「吉田学校」である。そこから育ったのが池田勇人、佐藤栄作、橋本龍伍、岡崎勝男らであった。

池田勇人は蔵相に起用され、経済の安定化に取り組む。一九四八年、アメリカ政府は日本経済復興のため「経済安定九原則」を提示した。税制・予算の健全化と賃金・物価の安定、為替管理の強化、食糧収集・配給の効率化などが眼目である。更に一九四九年、デトロイト銀行頭取ドッジの指導の下でインフレの収束に向け、改革が行われた。まずシャウプ勧告に従い直接税中心の税制を確立、更に補助金を表面化し削減、復興金融金庫債の発行を停止し、債権回収を行い通貨量を引き締める。そして一ドル三六〇円での固定相場制が導入された。これによって物価は安定し、国家財政も黒字となるが、深刻な不況が発生し、社会不安が発生したのも事実である。

単独講和への道〜早期独立のために〜

吉田内閣にとって最大の課題といえば、日本の再独立達成であった。吉田は既にかつて日本大使であったグルーと親交を保ち、彼を通じて独立達成へ向けて働きかけている。一九四七年三月、マッカーサーは講和交渉の時期がきたと発言し、七月には対日講話予備会議を開く。翌一九四八年一一月には講話促進決議が開催されたが、ここで「全面講和」か「単独講和」かが問題となる。すなわち全ての旧交戦国と講和するか、一部の国とだけでも早期に講和するかであった。当時、連合国はアメリカを中心とする資本主義陣営とソ連中心の共産主義陣営に分裂し、対立が表面化。冷戦である。
その中で吉田は、一九四九年一一月一一日の参議院本会議でこう述べた。

「**全面講和が理想であるが、現実問題としては単独講和になるであろう**」

冷戦構造が明らかになりつつある当時、両方と講和を進めるのは困難であった。一方、単独講和であれば一方の陣営に付くことを強いられる半面で早期の国際復帰が可能になる。吉田は、一刻も早く日本の独立を達成すべく後者を選んだ。また、吉田が早期講和を望んだ背景には、アメリカ内部で日本を対ソ連前線基地として半永久的に占領しようという主張も見られたためである。

「**そうした動きが本格化する前に、独立を果たさなければ**」

単独講和には南原繁東大総長ら一部知識人の反対もあったが、吉田は講和交渉を推進。なおこの際、南原らを「曲学阿世の徒」と称し、物議を醸したのは知られている。一九五〇年四月、池田勇人・宮沢喜一・白洲次郎らがアメリカへ赴き、早期講話の必要性を説いた。反対が予想されたため、経済折衝を装っての渡米である。この際、日本側は

「**長期占領がかえって共産革命を呼び起こしかねない**」

と恫喝すると同時に

「場合によっては、日本側から米軍駐留を持ち出す方法をとってもよい」

という条件も持ち出したという。これを受けてか同年五月、アメリカのトルーマン大統領は対日講話を進めると明言。なおこの頃にGHQから再軍備指令があったが、吉田はこの時には憲法の戦争放棄条項を理由に断っている。

講和条約と安保条約

ところがこの年、朝鮮戦争が勃発。これが事態を大きく変えた。GHQは七月、七五〇〇〇人の警察予備隊と海上保安隊を結成するよう指令。これに対し吉田は、国会開会中で野党から反対を受けるとして対応を遅らせた。更にその上で、朝鮮戦争の前線に送られないと確約を取り付けた上で八月に指令を実施した。警察予備隊は、後の自衛隊に発展する。

アメリカも、対日政策においてアメリカ自身の思惑を盛り込んでいた。

「ソ連と対抗する上で、極東では日本を自陣営に取り込む事が絶対条件である」

こうした認識は早くから存在してはいた。天皇制の温存や日本経済の復興政策などアメリカの占領政策はかなり日本に寛大と言えたが、これには吉田・マッカーサー間の良好な関係だけでなくアメリカのそうした考えが背景で影響したのは間違いない。そして冷戦構造が表面化すると、アメリカのこうした意図は従来以上に露骨になった。かくしてアメリカは、日本を資本主義陣営の同盟国として独立させる方向へと急速に傾く。だが一方、日本はユーラシア大陸への橋頭堡であり、米軍が駐留する状況も必要だと考えられた。こうした中で、日米間の講和交渉が行われる。交渉により、沖縄・小笠原諸島は「信託統治」としてアメリカが支配する事が定められたものの、アメリカとの

同意が得られれば日本への復帰が可能という条件を引き出している。早期独立を悲願とする吉田は、

「駐留軍は日本の番犬と考えればよい」

と説いて米軍駐留に反発する人々を説き伏せた。だが一方、将来的には米軍の引き上げも選択肢に入れていたようだ。

こうした努力が実って一九五一年九月八日、サンフランシスコで講和条約が締結され、日本は独立国の地位を回復。国際社会への復帰を果たした。だがこの時にソ連・中国とは講和締結には至っていない。この条約で日本は朝鮮・台湾・澎湖諸島・千島列島・南樺太や委任統治下の太平洋諸島を放棄。賠償に関しては、生産や技術・労働力での賠償を原則に個別交渉と定められる。さて吉田は国際復帰の晴れ舞台の演説を日本語で行うことにこだわった。そこで、急いで白洲らが草稿をまとめあげたという。演説は以下の通りである。

ここに提示された平和条約は、懲罰的な条項や報復的な条項を含まず、わが国民に恒久的な制限を課することもなく、日本に完全な主権と自由とを回復し、日本を自由且つ平等の一員として国際社会へ迎えるものであります。この平和条約は、復讐の条約ではなく、和解と信頼の文書であります。日本全権はこの公平寛大なる平和条約を欣然受諾致します（同書、三五六〜三五七頁）

なお、同日に吉田は日米安全保障条約にも調印。この際には講和条約と異なり、同伴者を伴わず単独で会場へ赴いたという。米軍駐留を定めたこの条約には反発が予想されたため、誰かを同伴させた場合にその人物のその後の活動に支障が生じる可能性を考慮した吉田なりの配慮とされている。

独立を果たした後も、吉田は政権の座に留まった。しかしその強引な手法は与党内部からも批判を呼ぶようになり、一九五四年には反吉田の政治

家が鳩山一郎を中心に日本民主党が結成。与党自由党は少数与党に転落した。吉田はやむなく退陣したが、その後も元老として影響力を持ち続ける。晩年に至ってもその口舌は相変わらずで、長寿の秘訣を問われた際に

「人を食っているから」

とジョークで返したという。一九六七年に没した際には、国葬で遇された。戦後で国葬となったのは、彼のみである。

むすび

幣原が戦後日本の再出発へ向け地均しをしたとすれば、吉田は戦後の土台を作り、基本構造を構築した人物と言えよう。彼の下で日本は経済の混迷から脱出し、国際社会復帰も果たす。それだけでなく、吉田時代が戦後の有り様を少なからず規定した。日本は資本主義陣営としてアメリカ軍の保護下に入り、軽軍備で経済発展を目指す基本方針が固められた。また彼の育てた人材が、保守本流路線を確立し、長期にわたり政権を担う。特に池田勇人・佐藤栄作が首相の時代に日本は高度経済成長を果たし、「経済大国」と呼ばれるに至った。吉田はその仕掛け人として高い評価を受ける一方、外交の自主性を失わせたという批判も存在する。いずれにせよ、吉田茂を語らずして戦後日本を知る事はできない事は間違いない。「戦後日本」に「国父」がいるとしたら、良くも悪くも彼がそれに相当するであろう。

コラム4

敗戦国の戦後復興における戦勝国との関係と戦勝国の事情～敵意から利用価値を経て友情・信頼へ～

拙著『敗戦国首脳列伝』とも関連する事だが、戦いに敗れた後に復興に取り掛かる際には旧敵すなわち勝者との関係が重要となる。敗戦処理だけでなく、その後の復興においても勝者から少しでも寛大な扱いを引き出す事は死活問題なのだ。事実、敗戦国で戦後復興に成功した事例は旧敵国との関係に気を遣い、友好関係を保とうとしている。一方、勝者側が敗者を徹底的に蹂躙せず復興を許す背景には、彼らの思惑があるのは言うまでもない。彼らに、相手への慈悲や騎士道精神といった要素が働いている可能性は否定しない。また、両陣営の首脳間での友情・信頼関係が大きな役割を果たす事例もあるだろう。だが、そういった感情レベルだけで事態が動く訳では当然ない。力関係や利害問題が絡むのが普通である。頻繁に見られる理由を見ていこう。

①完全征服するだけの余力がない

これは話が単純である。ならば、有利な条件で協定を結ぶ他はない。

一例として、第二次大戦後のフィンランドに対するソ連がこれにあたる。衛星国化でなく友好関係に留めたのは、フィンランドの軍事的善戦により勝ちきれなかった結果による所が大きい。
他の例としては、宋を相手にした金であろう。金が南宋との和平を選んだのも、抵抗の激しさから完全征服が難しいと判断したためだった。名目上は君主という地位を勝ち取り、戦わずして南宋から金品が得られる形になるので、実利としては悪くなかった。

②征服すると統治が大変

たとえ敵勢力を併呑できても、それを維持できるかは別問題である。現地の抵抗を抑えたり、統治に責任を負うことの負担がメリットを上回ると判断された場合、敗者をあえて存続させる選択肢が選ばれる。

例えば、マケドニアがギリシアを屈服させた後もアテナイの存続を認めた場合を見よう。この背景には、ギリシアにおける都市国家による自治の伝統が強固だった事がある。これを破壊する事で混乱をもたらすより、親マケドニア路線である限り、寛大な態度を取ることで味方にとどめる事が得策と考えたのである。

承久の乱後に鎌倉幕府が朝廷を存続させたのも同様な理屈である。幕府を支配する北条氏は新興勢力でしかなく、神話以来の伝統を有する朝廷に取って代わるには権威が足りなかった。強大な寺社勢力などを抑えるため、朝廷の伝統には利用価値があった。

③別の勢力との緩衝地帯として必要

敵国を滅亡させる事はできるし、統治も不可能ではない。だが、それによって強敵と直接国境を接する事になる。そうした場合、敗者をあえて残す事がある。

例としては第三次マイソール戦争後のマイソール王国がある。マイソール王国が滅亡すると、対マイソールの一点のみで結びついていたイギリス・マラーター・ハイデラバードの三勢力が国境を接して争うおそれがあった。

イギリスがアフガニスタンを破った後に属国化させ、援助したのも、同様な理由だ。ロシアがインドと直接国境を接するのを防ぎ、それ以上のロシアの進出を止めようとしたのだ。

またロシアにとっては、フィンランドはスウェーデンとドイツの脅威を防ぐ緩衝地帯として重要だった。それが、しばしばフィンランドに干渉した理由である。第二次大戦後は、支配下に置けない以上、敵にするのは得策でないという判断がなされたと思われる。

④別の敵に対抗するため、自国に脅威とならない範囲でこの国が強いのは寧ろ望ましい

屈服させた後、友好関係を結んで別の敵に対する同盟者とする事も多い。

アメリカが日本復興を積極的に支援したのは、この事例であろう。冷戦に臨んで、ユーラシア大陸の東端を覆う位置にある日本を引き入れるのは戦略的に大きな意味を持っていた。蒋介石が戦中に日本と和平工作をし、戦後に寛大だったのも、ソ連に対抗するため「強い日本」に利用価値を感じていたという側面があるという。

首脳同士の人間関係だけで結ばれた関係は、脆い。それは、ローマ共和制最末期におけるアントニウスとクレオパトラを見れば了解できるであろう。個人レベルの男女関係を利用してエジプトに国益をもたらそうとしたクレオパトラだが、ローマ市民から反発を買い、滅亡の呼び水となった。安定して持続するのは、相互が利益で結ばれた関係である。首脳間の友情や信頼は結びつきを強める要因にはなるだろうが、それだけでは安定した関係を築く事は容易くない。一方、国家間の利益による関係であれば、指導者交替後も関係が変化しにくく国民レベルでも納得が得られやすい。その点は、生物界の「共生」にどことなく似ていなくもない。

もっとも、利害関係も時間の経過と共に移り変わる。ある時には利害の共通していた相手が、情勢変化によって敵対関係となる事も珍しくない。そうした中で関係を繋ぎ止めるのに、相互信頼が大きくものを言うのも事実だ。信頼関係と利害関係、いずれの要素も必要なのである。ただし、いずれも首脳間個人にとどまらず国家・国民全体レベルに及ぶものでなければならない。そして国民相互レベルまで信頼を育てるのに必要なのは、平凡ながら「筋を通す」事や「誠意を尽くす」事なのはいつの時代もおそらく変わらないのだろう。

分裂の危機を回避して、中道保守路線で経済復興

第二次大戦後のイタリアとデ・ガスペリ

アルチーデ・デ・ガスペリ
Alcide De Gasperi
1881～1954
首相在任 1945～1953

混迷するイタリアとデ・ガスペリ

枢軸国の中でも、イタリアは少し変わった終戦の仕方をしたのは知られている。詳細は拙著『敗戦処理首脳列伝』に譲るが、バドリオ政権の下で王国政府は連合国側への鞍替えを図る。一方、従来の支配者であったムッソリーニはドイツの支援を受け、北イタリアに独自の政権を樹立し抵抗を続けた。なお枢軸陣営にあった北イタリアを解放したのはレジスタンスであり、戦後の主導権はバドリオ政権でなくレジスタンス達が握ることとな

る。一九四四年六月にローマが解放されると、レジスタンスによってボノーミが首相に選出されたのはその現れであろう。とはいえ、国論はレジスタンス側一辺倒というわけでもなかった。農業中心で保守的な南部、商工業中心で革新的な北部という形でほぼ拮抗していたのだ。

「このままでは祖国が分裂する危険がある」

そう憂慮する者は少なくなかった。それに加え、左派以外の人間には別の危惧もあった。

「レジスタンス主導体制が共産主義化につながるのではなかろうか」

そうした中、指導者としてアルチーデ・デ・ガスペリが台頭する。ここで、彼について少し見ておこう。

デ・ガスペリはトレント地方出身である。ウィーン大学在学中からカトリック政治運動に参加し、一九一一年にはオーストリアの国会議員となった。イタリア人のデ・ガスペリがオーストリア政界に入ったのは、当時のトレントがオーストリア領だったからである。したがって、彼が故郷のイタリア復帰を目指す運動に身を投じるのは自然な流れであった。トレントがイタリアに組み込まれると、今度はイタリア人民党の一員としてイタリア下院議員に。ムッソリーニが台頭した際、当初は支持に回る。だが、やがて政策の相違から反ファシズム運動に転じて一九二六年に逮捕され、釈放後はバチカン図書館で勤務し、嵐をやり過ごした。そして一九四二年、イタリア人民党の流れを汲むキリスト教民主党を結成し、反ファシズムの国民解放委員会に名を連ねている。かくしてイタリアの反ファシズム陣営の有力者となったデ・ガスペリ。ローマ解放後はボノーミ内閣・パルリ内閣で外相を務め、全世界で戦禍が収まった後の一九四五年一二月、満を持して首相の座に就いたのである。

イタリア共和国の船出
〜分裂の危機に脅えながらも〜

この時期、イタリアの政治風土は波乱に満ちていた。ムッソリーニを支持し、政権を与えた国王への問責の声が高まっており、一九四六年六月に王制の可否を問う国民投票が行われる。結果は、共和制支持一二七〇票対王制支持一〇七〇票。僅差で共和制が支持された。数的に両派が互角であるだけでなく、地域による相違が顕著だったという。北イタリアで共和制支持が大多数を占める一方、南イタリアは圧倒的に王党派が強かったのである。

かくして、イタリア共和国の歴史が幕を開けたが、その始まりから国論が統一されているとは言い難かった。そして憲法制定議会選挙では、デ・ガスペリ率いるキリスト教民主党は第一党となったものの全五五六議席中、過半数を下回る二〇七議席に留まった。左派は社会党が一一五議席、共産党が一〇四議席と分裂したのが敗北につながったと言える。ともあれ、問題を孕みながらもイタリアは民主主義国家としての再出発を果たそうとしていた。一九四七年二月にパリで改めて連合国と講和条約を締結し、その結果としてイタリアは支配下にあったエチオピアやリビアの将来における独立を承認。一応の国際社会復帰を果たす。

そして一九四八年元日に新憲法が施行された。ここでは、「州」を単位とした地方自治制度や憲法裁判所の新設などがうたわれている。とはいえ民主主義の普及は必ずしもスムーズだったわけではない。例えば、地方自治に対する中央政府の態度は強圧的と言って良いものであったという。

「地方自治は地方の独立運動に繋がりかねない」

そうした考え方が背後にあったようだ。また、実務官僚にはファシズム時代以来の人間が多く、当時の法解釈が保守的な傾向が指摘されている。そして憲法に定められた筈の憲法裁判所も、実際に設置されたのは一九五六年の事であったという。新時代となっても、旧弊を改めるのはなかなか難しかった。それでも、一九四八年四月の選挙ではキリスト教民主党は五七四議席中の三〇五議席と単独過半数を確保。以後、同党は中道右派による長期政権を維持する事となる。

経済成長と官民癒着～長期政権の光と影～

これには、時に難渋する民主化と異なり、経済復興が比較的順調だったのも大きいだろう。ド・ガスペリは大企業と関係を深め、公的資金で産業を振興する方針を採る。これによって、南部の中流階級や地主を味方にしていった。また、工業化を進める上で、水力発電所が戦前のレベルを維持し、比較的戦禍が少なかったのも幸いしている。一九四五年から一九五〇年代前半は自由貿易を採用し、安価な労働力が得られた事が経済成長の基盤となった。その労働を支えたのは、工業化に伴って起こった南部から北部への大規模な人口移動である。この頃、一九五四年に公営テレビが放送開始し、一九五五年にフィアット社が大衆車「フィアット600」生産を始めたのはこうした経済の好調さを表した一例であろう。この流れに乗り、フィアットは世界的企業へと成長する。そして好況に伴う個人的消費の拡大が、更に経済成長の呼び水として作用した。国民は、食わせてくれる指導者についていく。経済復興・好況を実現したデ・ガスペリとその政党に支持が集まったのは自然な流れであろう。

この頃、デ・ガスペリは農民からの支持獲得も目論む。その目玉と言えるのが、一九五〇年に新設された「国土改革庁」である。

「農地を分割し、再分配を行おう。それだけでなく、新規の農地取得者へ技術指導も行う」

これが、国土改革庁による農業政策の骨子であった。もっとも、実のところ直接恩恵を被ったのは農村人口の五％程度に過ぎないようだが。

更にデ・ガスペリは「南部開発公庫」を設立。開発計画を打ち出すことで、この地域にキリスト教民主党への支持を集める方便だったとされる。従来、キリスト教民主党は農村の支持を獲得するに際し、教会との繋がりを媒介としていた。だが、デ・ガスペリとしては、党のバチカンへの依存を改めたかったのである。

かくして、キリスト教民主党はデ・ガスペリ政権を通じて着実に支持基盤を広げた。とはいえ、こうした半官半民組織を利用したやり方は、与党による公私混同と批判も大きかった。実際、この時期に情実主義が蔓延し、公務員の数が急増し行政サービスが低下するという弊害もあったのは否定できない。

デ・ガスペリが首相職にあったのは、一九五三年七月まで八つの連立政権で首相を務めた。首相在任は七年八ヶ月（二四九六日）にわたる。没したのは翌年であった。彼はヨーロッパ統合論者であったとされるが、没後間もない一九五七年にイタリアは欧州共同体（ＥＥＣ）に加入。西欧陣営の主要メンバーとしての地位を確かなものとしていく。

むすび

デ・ガスペリの政治手腕は、決してクリーンなものとは言い難い。企業と結託し、農村への利益誘導を通じて支持層を拡大し、時には公私混同も辞さなかった。だが一方で、左派勢力を排除して中道右派の長期政権を確立し、経済成長を達成し西側陣営へ歩ませるなど後世への影響が大きかったのも事実である。その姿は、我が国の戦後を牽引し「経済大国」とした与党の保守政治家たちを彷彿とさせる。彼のようなタイプは、あるいは中堅先進国における「戦後」政治家の一つの型なのかも知れない。

「敗戦続き」の小国にもたらされた一時の安寧

第二次大戦後のブルガリアとトドル・ジフコフ

トドル・ジフコフ
Todor Zhivkov
1911～1998

不運な国・ブルガリア

二十世紀はしばしば「戦争の世紀」と呼ばれる。二つの世界大戦をはじめ数々の戦いがあり、多くの国々がそれに巻き込まれた。そうした国々の中でも、ブルガリアほど「勝ち運」に恵まれない国は珍しい。最初の第一次バルカン戦争こそ勝利した。が、これもバルカン半島諸国と連合してのものだった。そして、占領地をめぐって周辺諸国と対立。これがケチの付き初めだった。第二次バルカン半島で敗北し、その挽回を狙った第一次大戦でも敗れた。そして、第二次大戦もまた負け戦となったのである。三たびの敗戦、そしてそれに引き続いた共産革命。その混乱を収め、ブルガリアにしばしの安寧をもたらした男こそトドル・ジフコフである。やがて約半世紀にわたる東西冷戦を経てこの国は四度目の「負け」を味わう事となる。だが、それまでの日々において、東側の中では比較的自由な体制とある程度の経済成長を実現してみせたのである。

第二次大戦におけるブルガリア
～終盤に宗旨替えしたけれど…～

ジフコフはソフィア近郊の農村で生まれた。成長して印刷工となり、一九三二年に共産党に加入。第二次大戦でブルガリアが枢軸国側に付くと、ソフィア地区パルチザン旅団長として地下活動に従事する。

実のところ、ブルガリアは第二次大戦において当初は中立を保っていた。とはいえ、ドイツ寄りではあった。そして旗色を明らかにしたのが一九四一年。ブルガリアは日独伊三国軍事同盟に加入し、同年末には参戦。以降、ドイツ軍と共に東部戦線に派兵し、ソ連軍と戦っている。だが、やがて戦況が悪化し、四三年になると空襲を受けるようになる。

「どうやら、選択を誤ったらしい」

ブルガリア政府はそう感じたのか、この頃になると連合国との和平を模索する。しかし、連合国からは相手にされなかった。仰ぐ旗を変えるには遅きに失したようだった。そして一九四四年九月八日、ソ連軍が侵入。これに乗じて反枢軸団体・祖国戦線は大規模なストライキを煽った。ジフコフもその仕掛人の中に名を連ねている。そして戦争大臣マリノフがこのストに呼応した。彼から陸軍に命令が飛び、首都は軍部により制圧された。

「もはや、祖国を救うには現政府を転覆し、連合国の好意を得るしかない」

マリノフはそう考えていたのであった。こうして、祖国戦線を中心とした政府が成立。以降、ブルガリアは連合国側に付く。

祖国戦線は共産党・社会民主党・農民同盟など左派政党の連合体であった。だが、次第に共産党が新政府で立場を強めていく。ソ連軍が評議会を通じて監督していたためである。その威光を共産党は最大限に利用し、権勢を拡大。まずパルチザンを中心に国内部隊を掌握する。更に地方委員会や労働者評議会なども支配下においている。加えて、政敵排除のため攻めに出た。一九四五年二月、旧政府勢力の復活を防ぐため右派・中道派を粛清。そして陰謀を用いて社会民主党・農民同盟を分裂に追い込んだのである。

こうして共産党は硬軟取り混ぜた手腕で優位を固める。だが、皮肉にもその過程で党は国民の支持を失いつつあった。余りに暴力的に過ぎたのである。また対外的な失敗もそれに拍車をかけた。四七年のパリにおける平和条約で、ブルガリアは連合国側とは認められなかった。

「完全敗北に直面して旗印を変える国など、信ずるに足りない」

そうみなされたのも無理はない。結局、ブルガリアは戦中に奪われた領土をほぼそのまま失った。この結果に国民は反発、政府への批判が高まる。

ジフコフ、政権を奪取

そこで共産党は強硬手段で権力を守ろうとした。政敵の中でも最有力であったペドコフを逮捕・粛清。そして四七年一二月にはソ連の手によるディミトロフ憲法を通過させ、共産党の指導的立場を確立させた。こうして、権力基盤を安定させた共産党だが、その後も、内部での粛清が絶えなかった。指導者だったディミトロフが死ぬと、後継者争いを経てチェルヴェンコが政権を取る。ジフコフはこうした混乱の中、その才覚に注目され、期待の若手として頭角を現した。一九四八年にはソフィア市党第一書記となり、チェルヴェンコ政権が成立すると中央に抜擢される。五〇年に党書記、翌年には政治局員に昇進。更に五三年、チェルヴェンコは党第一書記の地位をジフコフに譲り、自身は首相に専念した。ここに、四〇歳にも満たないジフコフが政権の中枢に地位を占めたのである。

さて、この頃になるとかつての連合国にも分裂が生じ、深刻な対立状態に陥っていた。ソ連を中心とする共産主義陣営と、アメリカを盟主とする資本主義陣営である。ソ連はスターリンによる独裁体制の下、東欧や中国等を自陣営に引き入れ、アメリカ陣営に対抗。以降、両陣営は半世紀にわたって睨み合いを続ける。「冷たい戦争」（冷戦）である。そうした中、チェルヴェンコはディミトロフと同様に親スターリン的な政策を採用。だが、一九五五年にソ連でスターリンが死去、フルシチョフが後継となる。これで風向きが変わった。それまで蓄積した不満が爆発するかのようにストライキが頻発。これは抑えきれない、チェルヴェンコはそう考えた。そこでソ連の政策変更に歩調を合わせ、恐怖政治を緩和させる。だが、それでも彼は不満の矛先をかわすことはできなかった。

「これはチェルヴェンコを追い落とす良い機会だ」

ジフコフは内心でほくそ笑む。そして一九五六年、フルシチョフはスターリン批判を行う。ジフコフはそれに乗じ、自国でもチェルヴェンコ批判を展開、その権威を貶める。こうして、彼は権力を自らの手に収めたのである。

政敵には抑圧、国民には寛容

ソ連には屈従、西側には友好

とはいえ、ジフコフも当初は他の東側首脳と大きな違いがあるわけではなかった。例えば、五〇年代には農業の集団化に手を付けるものの、失敗に終わっている。これによって彼はユーゴフら政敵の批判を受けた。しかし、ジフコフはソ連の支持を取り付けた上で政敵を追放し、党内部の支配を固める。これに味をしめたか、その後も自らの地位を脅かす党上層部に対しては、大規模な人事異動によって排除している。

一方、国民に対しては穏健な政策による不満緩和を基本方針とした。例えば六五年には民間の言論活動の自由を緩和している。これは必ずしも一貫された訳ではなく、チェコ動乱の際には一旦反動化した。とはいえ、全体的に東側世界の中では比較的自由度の高い状態で推移したのも事実である。

その反面、ソ連に対しては卑屈とも思える態度で追従した。七一年に改訂された憲法・党綱領で、ソ連への全面的服従を唱えただけにとどまらず、二度にわたってソ連への併合を申し入れたとさえ伝えられる。とはいえ、これは実現するところとはならなかった。フルシチョフは申し出を受けた際、このように疑ったという。

「これは開発をソ連に負担させ、生活水準改善を手っ取り早く行おうという魂胆ではないか」

かくして、その手に乗るか、とばかりに申し出は拒絶された。ソ連がブレジネフ政権の際にも同様の提案を行ったが、この時は外交的に不可能だとの理由で断られたという。

かと思えば、西側諸国に対してはジフコフは比較的開放的な外交を展開する。まず六六年にはフランスに接近。反米的性格が強いため取り付きやすかった。それにとどまらず、七三年には西ドイツとも国交を樹立する、そして七五年にはバチカンを訪問し、国内でもカトリック信者のローマ巡礼を認めた。更にアフリカ諸国とも結びついて留学生の受け入れや技術者の派遣などを行っている。

ソ連に過剰なまでの忠誠を示したかと思えば、西側とも積極的に友好関係を持つ。こうした外交方針からは、ジフコフの真意はどこにあるのか混乱させられる。だが、国内問題の反映と考えれば納得はいく。ソ連には政権への支持と経済援助を期待したいし、西側からも技術支援や投資が欲しい。そんなところであったろう。加えて、疲弊したブルガリアはもはや他国と対立したくないというのも本音だったのではなかろうか。

国民生活の再建～柔軟さと幸運と～

さて、ブルガリアにとって、ジフコフ政権にとって、そしてブルガリア国民にとって何よりも期待されたもの。それは国民生活の安定であり、経済成長であった。それなくしては、政権の安定はありえない。ジフコフは経済改革に精力的に取り組んだ。

「もう、農業集団化の時のように失敗はできない。もっと、柔軟な施策が必要だ」

そう考えたのか、経済においても東側としては寛容さを基調とした政策が打ち出される。

「何よりも、国民生活の改善が優先だ」

それが、ジフコフの基本方針となった。消費財の供給や教育・住宅の普及に力を注いだのはその一例である。

東側陣営の経済政策も、ブルガリアに幸いした。東側では国際的分業政策が採用され、ブルガリアはソ連の小型自動車・大型貨物自動車の組み立てを請け負う。これが、工業化を促進した。やがて、造船・鉄道車両・フォークリフトの生産も成長し、産業の中核を占める。さらには、コンピュータ部品をも生産するまでになった。貿易においても、同様に恩恵を受けた。東側諸国以外との取引は制限されたが、競合なしにソ連を中心に市場を確保できた。更に、ソ連から石油を安く入手できたのも経済成長に少なからず貢献する。

工業化の一方で、ジフコフは農業の再建にも再び取り組んだ。六九年から農場を再編成し、農工複合体が作られていく。班組織による農作業を基本に、現地の加工工場・軽工業で余剰人口も吸収する体制である。これには地域の特性に合わせ、産品の特化を行う事で生産力を増大させる狙いがあった。また、農業の集約化が図られた。ブルガリアの農地面積が狭いためである。機械化・化学肥料導入・灌漑整備が積極的に行われる。これらの政策は、従来の画一的な集団化とは大きく異なっていた。現地の実情を考慮した、柔軟さがあった。この一連の改革は、成功によって報いられる。農業人口が減少したにもかかわらず、農業生産額は増加した。ジフコフ末期には、食肉生産は八〇年代には第二次大戦前の三倍、牛乳は六倍に伸びる。ぶどうやバラ油の生産も大幅に上昇。

こうした工業・農業における成功を背景に、一般国民の生活レベルも向上した。一人当たりの食肉消費量ではソ連を上回るまでになっている。

国民生活の改善が自信になったのか、ジフコフはブルガリアの民族主義に傾倒していく。こうした中、少数民族であるトルコ系・マケドニア系住民もブルガリア化を強いられた。そうすると、ジフコフのソ連への合併要求は一体何だったのか？　そう思わずにはいられない。謝絶される事を当初から予測した上での、ポーズに過ぎなかったのだろうか。

こうした風潮の中、脚光を浴びたのがジフコフの娘であるリュドミラ・ジフコヴァだった。彼女はブルガリアの文化的伝統への関心を高め、更に非マルクス的思想にすら傾斜する。その文化的業績からジフコヴァは国民的な尊敬を得た。もっとも、彼女の言動はブルガリアの独自性への称揚にとどまり、他民族の排斥・同化を伴うものではなかった事には留意する必要があろう。

ジフコフ政権の黄昏
～経済の停滞と対外スキャンダル～

だが、政権運営が長くなるにつれ、矛盾が現れてくる。これは、古今東西避けられぬ現象であるようだ。七〇年代後半以降は、ブルガリアが関与する国際的なスキャンダルが続発。ジフコフ政権の威信は低下していく。まず、西側に亡命し、ブルガリアの実情を暴露した知識人たちを襲撃した疑惑があった。ロンドンでゲオルギー・マルコフが毒殺され、パリではウラジミール・コストフの暗殺未遂事件。それにとどまらず、偽ウイスキー製造疑惑、加えて国有貿易企業が麻薬・武器の密輸に関与した疑いも浮上した。更にはローマ教皇暗殺未遂事件への関与まで疑われる始末。一連の疑惑によってブルガリアは国際社会から顰蹙を買った。そんな中で一九八二年、アメリカからはありがたくない称号を頂戴してしまう。テロ支援国家。名誉失墜もここに極まれりである。

これに加え、少数民族問題の失敗も不利に働いた。前述の民族主義に基づくブルガリア同化政策は国際的な批判を招く。特に非難されたのが、イスラーム的慣習やトルコ語の禁止であった。

更に、肝心の経済も成長が鈍りつつあった。まず、西側と比べて先進技術の立ち遅れが覆いようもなくなった。更に、ＥＥＣ（欧州経済共同体）が域外からの農産物輸入を禁じる。これもブルガリアにとって痛手だった。当時、ブルガリアの工業製品は西側と比較して性能が劣る。そのため輸出品は農産品に限られていた。すなわちこのＥＥＣの処置によって、ブルガリアは西側から外貨を獲得する手段を失ったのである。そして、頼りのソ連が経済事情から石油価格を引き上げたのも、経済的打撃となった。これに加え、スキャンダル等による国際的信頼喪失が経済に悪影響だったのは言うまでもない。

何とか、不調に陥った経済を立て直さなければ。

そこでジフコフは「新経済メカニズム」の導入に踏み切る。企業の権限を拡大する。そして各組織の指導層を選挙制にする。更に競争原理を導入しようとした。だが、成果は上がらなかった。経営幹部の運営能力が未熟で、新たな方針転換に対処できなかったのだ。

やがて、経済不況は国民生活にも影響を与えずにはいない。この時期には、外貨を獲得しても対外債務の返済に充てざるをえなくなっていた。国民生活の改善を行う余裕がなくなったのである。そして、比較的自由に寛容だったのがここでは裏目に出た。外国旅行やテレビなどによって、国民に西側の情報が手に入りやすくなっていた。なぜ、自分たちは彼らのように豊かになれないのか。国民の不満は次第に蓄積していく。

終焉

ジフコフにとって逆風が続く中、決定打が訪れる。一九八五年、ソ連でゴルバチョフ政権が成立。ゴルバチョフはグラスノスチ（情報公開）やペレストロイカ（改革）を推進し、国家再建を目論む。そんな彼にとって、ジフコフは旧時代の遺物に過ぎなかった。かくして、ソ連はジフコフ政権に冷淡となった。

国内にも、ゴルバチョフの改革は影響を与えた。高まりつつあった国民の不満が表面化するきっかけとなったのだ。ここにトルコ系住民とブルガリア人知識層が結びつく。かくして、反ジフコフの動きが高揚。八九年には人権団体・環境団体による反体制デモが行われる。これを憂慮した共産党改革派によって、同年に党内クーデターが勃発。ジフコフは失脚し、書記長と国家評議会議長を退任した。没したのは一九九八年である。

ジフコフ政権崩壊以降、「冷戦」の終了に伴ってブルガリアは市場経済へ移行した。だが民営化は進展せず、経済規模も著しく縮小。一九九五年には農業生産高が九〇年の五一・一%、工業生産額も九〇年の六八％に落ち込んでいる。「冷戦」後のブルガリアは、半世紀ぶりの「敗戦」による苦汁を味わう事となった。その後も、経済再建のための努力は続けられている。

むすび

ジフコフは、長年にわたり陰謀やソ連の支持を利用し、政権を維持した。だが、時の流れは残酷だった。新進気鋭の若き俊才も、晩年には時代の流れに取り残された老残の身となる。そして長い独裁体制の下で少なからぬ弊害が生まれた。抑圧が生じる。そして腐敗も起こった。

とはいえ、周辺の東側諸国と比較すると、穏健なものではあった。そして戦災や政治的混乱で疲弊した国民に一時は生活の安定を与えた。冷戦後の混乱を考えると、ジフコフは十分に評価されるに値する指導者と言わねばなるまい。政治の要諦は、国民を食わせる事である。そして彼は曲がりなりにもそれを成し遂げたのだから。

それにしても、戦後ブルガリア経済の推移を見ていると既視感を覚える。政府が管理と放任の緩急を使い分け、経済が発展。しかし、やがて従来の手法が通用しなくなり低迷する。更に冷戦後への適応に苦しんでいる。その姿は、我が国とどことなく似ていなくもない。高度成長およびバブル経済の後に「失われた十年」を過ごす日本。旧東側諸国には、意外に我が国を映す鏡というべき存在があるのかもしれない。

コラム5

偽ウイスキー事件ブルガリアの

ジフコフ時代末期にブルガリアを襲ったスキャンダルの一つ、偽ウイスキー事件。本題から少し離れるが、ゴシップとして中々面白い話題であるため少しここで触れておきたい。

問題の事件が大々的に報じられたのは一九八四年一二月。当時の新聞記事によれば、概要は以下の通りである。

この年、イタリアのアンコーナ港税関で有名スコッチウィスキーブランド「ジョニー・ウォーカー」の偽物が大量に押収された。その数、何と二二五〇〇ケース。発送したのはブルガリアの国有運送会社デスプレッド社である事が文書から判明したという。

その偽ウイスキー、ラベルに「スコットランド産」と書かれていないという一点を別にすれば、ボトルといい蓋といいボール箱といい、本物の「ジョニー・ウォーカー」とそっくりであったそうだ。当時「ジョニー・ウォーカー」を販売していたディスティラーズ社（一九八六年にギネス、現ディアジオ社に買収される）によれば、外見だけにとどまらず色や香りも瓜二つだったとか。しかしながら、中身は大違いでウイスキーと化学アルコールを混合したものであったという。

英国産業連盟（CBI）は在ロンドンブルガリア大使館に問い合わせ、残存する偽ウイスキーを直ちに押収する事を要求。大使館側はブルガリア政府の関与を否定すると共に調査を約束した。だが、これらの偽ウイスキーが国有企業から輸出された経緯について十分な説明がなされていないとしてCBI職員には不信感を露にする者もいたようだ。

この時期、本文で扱ったようにブルガリアには国際的なスキャンダルが相次いでいた（ジフコフの項を参照)。ブルガリア経済が苦境に陥りつつある中、何とか外貨を稼ごうと苦心する余りに道を踏み外したものであったのかもしれない。しかし当時、ブルガリアには亡命者暗殺・麻薬や武器の密輸といったどす黒い疑惑も色濃く漂っており、この偽ウイスキー事件も、それに相まってブルガリアへの国際的イメージを悪化させたのは間違いないところである。

コラム6

ブルガリア、その「敗戦続き」の事情

トドル・ジフコフの項でも述べたが、ブルガリアほど「勝ち運」のない国も珍しい。第二次バルカン戦争に始まり、第一次大戦、第二次大戦。どうしてこうなったのか。それぞれの戦争におけるブルガリアの事情を見てみよう。

第二次バルカン戦争と第一次大戦

まず、発端の第二次バルカン戦争である。それに先立つ第一次バルカン戦争では、ブルガリアはセルビア・ギリシア・モンテネグロと同盟してオスマン帝国に勝利した。だが、割譲された領土の分配をめぐって問題が生じた。まず、ルーマニアが中立を守った報酬として領土の分け前を要求。これに対しても、ブルガリアは南ドブルジャの一部を譲らざるを得なかった。更に、同盟国間でも対立が起こる。セルビアやギリシアは、均等な配分を主張した。だが、ブルガリアには、自分たちが主力として働いたという自負があった。そのため、それに見合った取り分を求める。結局、それぞれの主張は噛み合わなかった。今度はそれらの国々と戦争をする羽目になる。戦いに敗れた結果、手に入るはずの領土をほとんど失う事に。

次に、第一次大戦。第二次バルカン戦争で敗れたブルガリアでは、戦費の穴埋めや領土の近代化が課題となった。そのための費用として、ドイツから多額の借款をしている。この時点で、ドイツに少なからず借りができた。

それでも、戦争が始まった当初はドイツ率いる同盟国寄りでは必ずしもなかった。なので、連合国と同盟国の双方から誘われる。そして、連合国より同盟国の方が条件がよかった。何しろ、マケドニアとトラキアの大半を与えると提示されている。また、その時点では同盟国側の方が優勢であった。そのため、ドイツ側に付くことを踏み切る。その結果が、再びの敗北だった。

「我が軍はドイツ贔屓、我が妻はイタリア人、我が国民はロシア贔屓。ブルガリア贔屓なのは私だけだ」

（K・J・クランプトン『ブルガリアの歴史』高田有現・久原寛子訳、創土社、二三九頁）

と慨嘆する有様だった。

第二次大戦

そして、第二次大戦に関する事情を見よう。戦後しばらくは、ブルガリアは協調外交を通じて失われた領地・権益の回復を目指した。もう、戦争はこりごりだ。そうした思いも、ブルガリアにはあった。そして、当初はイタリアに後ろ盾を期待する。しかし、必ずしもイタリアの動きはそれに応えるものとは言えなかった。

更に、国民感情の問題もあった。国民の間では、独立以来ロシアへの親近感が強い。だが、政府は共産主義化を恐れ、ソ連とは距離を置いていた。一方、ナチス政権成立以降、軍部や国家主義者にドイツ寄りが目立つようになる。こうした分裂の中で、国王ボリスは

対外情勢も厄介だった。周辺諸国からは、現在の国境線を認めない限りバルカン協議に加えないと通告される。その面々はトルコ、ギリシア、ユーゴスラビア、ルーマニア。いずれも第二次バルカン戦争での旧敵国だった。更に一九三三年、ロンドンでの国際会議での決定がブルガリアの民族主義者を憤慨させる。「侵略的国家」の定義に、「破壊活動を行う集団を鎮圧できない国」が含まれたのだ。

「ブルガリアは周辺諸国から孤立している。現状

では、この定義は彼らに攻撃の口実を与えかねない」

そうした危惧が高まったのも無理はないだろう。

そんな中、ドイツはチェコスロバキアを解体させ、旧領土を奪回した。第一次大戦の敗戦国が、失われた領土を取り戻した。この事実は、ブルガリアの右派を更に高揚させた。だが、この時点でも国王は戦争に巻き込まれるのを恐れ、中立を望む。

しかし、ブルガリアも独ソ中立条約を契機にドイツ寄りへと傾いていく。軍部だけでなく政府内部にもドイツ贔屓が多くなっていた。そして、独ソ接近は、親独政策が国民の親露感情を刺激する心配をなくした。そして第二次大戦が始まると、スターリンは東欧諸国から権益を求める。その中で一九四〇年にルーマニアからブルガリアへ南ドブルジャ割譲が行われた。この成果に、ブルガリアは更に枢軸側への傾倒を深める。それでもこの時点ではまだ中立を保とうとするものの、ドイツとの関係は次第に深みに入っていった。そして、ついには枢軸国側について参戦するに至るのである。

見果てぬ夢「大ブルガリア」

ブルガリアが「負け馬」に乗り続ける格好になった背景には、失われた領土の回復が動機として挙げられる。問題は、ブルガリア独立が達成された露土戦争にまでさかのぼる。当初の講和条約であるサン・ステファノ条約では、ブルガリアは広大な領土を設定されていた。エーゲ海沿岸をも広く含んだものだった。これには、急進的なブルガリア民族主義者も満足した。だが、そこに列強が介入する。彼らは、ブルガリアをロシアの衛星国とみなした。そして、ロシアの地中海への進出を警戒する。その結果、改めてベルリン条約が締結された。そこでも、ブルガリアは独立を認められはした。だが、その領土は大きく削られる。一度は手の届きかけた「理想のブルガリア」を取り戻す、それがブルガリアの悲願となった。

「失われた領土」を回復するため、国際情勢に乗じて博打を繰り返した。ブルガリアが敗戦を繰り返した背景にはそれがある。「負け馬」に乗り続ける結果になったのは、領土問題をめぐり周辺諸国と対立関係だったためもあろう。そうした国々が、国際社会に概ね順応していた。となると、それを打開するためには新興国家による規制秩序打破に期待せざるをえない。

現実の情勢に順応できず、出来る事と出来ない事も見分けられなかった。そう批判するのは容易い。短期的な視野での博打を繰り返した。そう非難するのも簡単だ。だが、失われた領土を回復しようとするのは、国家が存続するために必要な欲求ではある。そして、二つの世界大戦におけるドイツの戦いぶりを見れば、少なくとも初期段階でドイツが勝利すると考えたのは無理もない。軽率と言われても仕方ない面はあるし、同じ失敗を繰り返したのには批判の余地があろうけれど。

ここで、目を転じて日本史の話をしよう。平安後期、武家の棟梁である清和源氏は物産豊かな東北地方を頼義時代から頼朝時代に至るまで狙い続けたとの伝承がある。それが史実かどうかは不明だ。だが、少なくとも頼朝は東北地方について「源氏の遺執の残る所」と述べたと伝えられる。それについて、作家・今東光は以下のように述べた。


日本人もこれくらい死太くなくちゃいけません。満州でロシヤが日ソ中立条約を破って、どんなことをしやがったか。北方の領土をどうやって掠奪したか。こんなことは孫子の代まで忘れちゃなりません。必ず仇をうつことを忘れちゃならない。アングロサクソン人は死太いので有名だが、日本人も死太さで負けちゃ駄目。二代、三代、五代、十代と仇を討つ覚悟をしなくちゃ日本人じゃありませんぜ。

（今東光『毒舌日本史』文春文庫、一三七頁）

この発言の当否に関してはここでは問わない。少なくとも、日本人の間で多数派の意見ではないのは確かであろう。しかし、世界史を見る限り、こうしたメンタリティーは決して珍しいものではないようだ。とすれば、一度や二度の失敗で懲りず「死太さ」を失わなかった点に関して、ブルガリアは天晴と褒められて然るべきなのかもしれない。

ブルガリアの選んできた道は、軽々しいと批判されるのはやむを得ない。しかし、運がなかったのも確かだ。その不運の元凶は、「理想のブルガリア」が一度は手に入りそうになった事に由来するように思う。その幻影を振り切れなかった事はブルガリア自身の責任であろうし、それへの批判はありうるだろう。だが、それに関しても、ブルガリアだけが特別だとは思わない。やはり、究極的にはツキに恵まれなかったという事だろうか。冷戦で「四度目の敗戦」を味わう羽目になったのを見るにつけ、そう思う。「四度目」に関しては、

ブルガリアに選択の余地はなかったのだから。

第二次大戦後のユーゴスラビアとチトー

柔軟さと己のカリスマを武器にして、
多民族を抱えた独自路線

ヨシプ・ブロズ・チトー
Josip Broz Tito
1892～1980

ユーゴスラビアとドイツ軍

二十世紀初頭、セルビア王国は自らの主導によってバルカン半島の南スラブ諸国支配を目論んでいた。第一次大戦後、その夢は「ユーゴスラビア王国」として結実。だが、セルビア中心主義は諸民族の反発を招き、特にクロアチアは分離独立の動きを見せる。クロアチアに自治権を与える形で一応の決着は着いたが、民族問題はユーゴスラビアの宿痾となった。さて、第二次大戦において当初、ユーゴは中立の立場を取る。だが、周囲の状況はそれを許さず、一九四一年に枢軸国に参加を強いられた。すると国内の親連合軍派がクーデターを起こし、これを鎮圧すべくドイツ軍が侵入。この騒ぎに国王や政府は国外へ亡命した。ここにおいて、ユーゴ国民の間でドイツ軍への抵抗運動が勃発。皮肉にもここにユーゴ国民は、民族や宗教を越えた「共通の敵」を得る。こうして、全国レベルでの連帯が実現。その指導的立場として台頭したのがヨシプ・ブロズ・チトーである。

抵抗運動の中で

チトーは一八九二年にスロベニア人の母とクロアチア人の父の間にクロアチアのクムロベツで生まれ、金属労働者となる。一九一〇年に社会民主党に入党。第一次大戦ではオーストリア・ハンガリー二重帝国軍で働き、戦傷しロシア軍の捕虜となった。その際にボリシェヴィキに参加し、祖国に帰還した後は一九二〇年に非合法下で共産党結成に加わる。一九三四年、コミンテルン書記局員やスペイン義勇軍派遣活動を担った。この頃から「チトー」と名乗ったようだ。党書記長となったのは一九三七年。

ドイツ軍によってユーゴが占領されると、連合軍の援助下で抵抗運動の最高司令官となる。一九四三年、第二回民族解放反ファシズム評議会で臨時政府が成立。ここでチトーは首相兼国防相、ユーゴスラビア元帥となった。一九四五年三月には臨時政府が国際的承認を獲得、更に同年一一月の選挙でチトー率いる人民戦線が大勝利を収める。ここにユーゴスラビア連邦人民共和国が成立し、国王から全ての権限を剥奪。ユーゴスラビアは、チトー指導下で戦後を迎えたのである。

ソ連との決別

チトーは、少なくとも当初は他の東欧諸国と同様にソ連の衛星国というべき立ち位置にあった。一九四六年、国内の西側企業を国有として接収。そしてギリシアの共産党ゲリラを支援し、マケドニアを彼らの武器や補給を担う基地として活用する。翌年にはブルガリアやハンガリー、ルーマニアと友好協力相互援助条約を締結。ソ連の指導下で動いていたとはいえ、この時点で既にチトーは彼自身の思惑を持っていたようだ。アルバニアにユーゴ軍の駐留を認めさせ、これにギリシアも加えた連邦を形成し、バルカン半島を掌握しようという構想である。だが、これはソ連の認めるところとはならなかった。代わって、ブルガリアとユーゴとの連邦を勧められるが、チトーはこれを拒否。ブルガリアはソ連の影響が強く、これによってソ連からの掣肘が強まるのを嫌ったのである。以降、ソ連との関係は微妙なものとなった。とはいえ、それでもしばらくは決定的な断絶には至らず双方で和解が模索されていた。

決定的な両者の決別がもたらされたのは、翌一九四八年。先に舵を切ったのは、チトーだった。ユーゴは、ソ連に依存しない自力での国防と経済発展を目指すと宣言。これはソ連との縁切りに等しい。ソ連がこれを放置するはずもなく、コミンフォルム、すなわち共産主義陣営の連合からユーゴは除名された。

非同盟主義と民主化・自由化・分権化

以降、ユーゴはあからさまに独自の動きを見せるようになる。まず外交面。一九四九年以降、チトーは西側へ接近、アメリカから経済・軍事援助を受けた。更に一九五三年、ギリシアやトルコと友好条約を締結。ソ連と決別した以上、その報復を回避する手を打たねばならない。独力で対抗できないなら、敵の敵とよしみを結ぶのは常道であり必要不可欠であった。

そして、経済面でもチトーは我が道を行く。政府による経済管理を緩和し、「労働者自主管理」を導入。現場の労働者が企業を管理するというものである。要は、資本家抜きでの市場経済を目標としたと言ってよい。こうした柔軟な施策によって、七〇年代末までは年平均六・八％と比較的順調な経済成長を達成した。

このままソ連との対立関係が続くかと思われたが、スターリン死後に再び情勢は変化する。新たにソ連の指導者となったフルシチョフは、スターリンの路線から軌道修正しようと図っていた。その中で、曲がりなりにも共産圏であったユーゴを完全に敵に回すのは得策でないと判断し、関係改善へと動き出す。一九五五年、ベオグラード宣言によりフルシチョフはユーゴ型を含めた社会主義の多様性を容認。そして翌年にはチトーがモスクワを訪問し、両国は少なくとも表面的には友好的関係に復帰する。だが、その後も西側とも比較的良好な関係を保ち、非同盟主義というべき立場を保持したのである。

ユーゴがこうした独自路線を貫けた背景には、いくつかの要因がある。まず、ソ連から比較的離れていた事。次に、西側との境界線上に存在していた事。そして、チトーの個人的カリスマで国内がまとまっていた事であった。ソ連としては、下手に手を出す事でアメリカの介入を招く事も、ユーゴを完全に敵とする事も避けたかった。それが、比較的自由な動きを可能としたのだ。

民族紛争の火種

その後も、ユーゴは民主化・自由化・分権化を進めた。出入国の自由や、西側の出版物へのアクセスをも容認している。だが、これは長期的には禍を招いた。西側の自由主義的な思想が流入する事は、民族問題を顕在化させる結果となる。冒頭でも述べたが、ユーゴスラビアはセルビアを中心に多数の民族・宗教が併存する国家だ。宗教は北部がカトリック、南部がギリシア正教・イスラームが多くを占め、文字はと言えば北部がローマ文字で南部はキリル文字。言語的にもスロベニア語、セルボ・クロアチア語、マケドニア語を公用語として認めざるを得ない状況で、スロベニア人・クロアチア人・セルビア人・モンテネグロ人・マケドニア人が居住していた。その結果、スロベニア、クロアチア、セルビア、ボスニア・ヘルツェゴヴィナ、モンテネグロ、マケドニアという六つの共和国による連邦制が採用されていた。チトーはこれら国内の共和国に与えた自治権を広げていく。セルビアの影響を抑える事で他民族の不満を抑える狙いがあった。だが、寄り合い所帯であるユーゴはチトーのカリスマがあって辛うじて破綻を免れているに過ぎない。結果から判断すると、チトー自身がそれを直視できていなかったと言われても仕方ないようだ。

一九八〇年、チトーは八八年の生涯を閉じる。以降、ユーゴに終末の足音が忍び寄っていく。七〇年代末から、ユーゴ経済は低迷に陥った。他の共産圏における計画経済よりは柔軟であったとはいえ、一律な労働主導管理や上級管理層の軽視、そして官僚層の無責任といった弊害が表面化し始めたのだ。カリスマの喪失、そして経済の停滞は諸民族の不平を顕在化させる。それでも冷戦が持続している間は何とか抑えが効いていた。だが九〇年、冷戦の終結と共に東欧諸国で革命が起こり、共産主義政権が崩壊。このうねりがユーゴに及ばないはずはなかった。結局、これがユーゴスラビアの崩壊の契機となる。一九九一年、選挙結果を受けてスロベニアやクロアチアが独立を宣言した。これを契機に、ユーゴスラビアを構成していた諸民族の間で泥沼の紛争が幕を開ける。

むすび

チトーが国家指導者として担った任務は、極めて難易度の高いものであった。無数の火種を抱えた火薬庫のような国家の分裂を防ぎ、更に戦禍で荒廃した国土の再建も行わねばならない。そして、分裂を防ぐには大国から付け入られるのも避ける必要があった。チトーは、自らの存命中に限ってはそれをやってのける。その没後間もなく、ユーゴが崩壊の憂き目を見た事を考えると第三章に分類する事も考えた。だが、半世紀にわたる安定をこの難局で実現した偉業を考えると、それは酷なように思い、第二章で扱う事とした次第である。チトーは、偉大な個人が一時的にであれば歴史の流れを左右しえた事例の一つと評価してよかろう。

軍部独裁で綱紀粛正・経済再編し
「漢江の奇跡」を演出

朝鮮戦争後の韓国と朴正熙

朴正熙（パクチョンヒ）
1917～1979
大統領在任 1963～1979

戦後混乱とクーデター

第二次大戦後、日本の支配から解放された朝鮮半島だが、冷戦のあおりを受けて南北に分裂した。朝鮮民主主義人民共和国（北朝鮮）と大韓民国（韓国）である。一九五〇年に両国は戦争状態に突入し、大きな破壊がもたらされた。朝鮮戦争である。休戦により戦闘が一応の収束を見た後、韓国は破壊された生産能力に苦しむ事となる。また北から流入した亡命者をどうするかも大きな問題だった。
それでも一九五八年ごろには一応のインフラ再建が果たされる。しかし大企業と政府の癒着が目立ち、製粉・製糖業は好調だったものの中小企業は低迷に苦しむ。また李承晩大統領の強権政治に反発して学生運動が高揚。その結果、民政選挙で張勉の政権が発足するが民主主義はこの時点では未成熟であり、政権は不安定な状況に陥る。政局は混乱し、治安も悪化。休暇中の海兵隊員がソウルでチンピラの集団に襲われたが警察は報復を恐れて手を出さないという事件すらおこっていた。CIAはこの時期、韓国に関して悲観的な見通しを語っている。

　そうした中で一九六一年、軍部がアメリカの黙認の下でソウルに進撃。クーデターを起こした。その指導者となったのが当時において軍需基地司令官であった朴正熙《パクチョンヒ》である。これに対し、言論界でも『東亜日報』『思想界』のように支持を表明する者もあった。

北朝鮮の侵攻に対する備えは大丈夫か。また、日本が経済成長しつつあるが、これによって再び従属・依存状態に陥るのではないか。

　そうした危機感が、クーデターが支持された背景には存在した。一方、文民政治家や学生・知識人はこのクーデターを批判したという。朴正熙は一九六三年に民主共和党を結成、予備役となって立候補した上で大統領に就任した。ここに、彼による独裁体制が樹立された。

朴正熙

　朴正熙は一九一七年に慶尚北道《キョンサンブクド》善山郡亀尾面に生まれ、一九三七年に大邱《テグ》師範学校を卒業。小学校教諭を務めたのち、一九四二年に満州国新京軍官学校予科を卒業した。更に日本の陸軍士官学校へ留学し、一九四四年に卒業した後に満州に配属され、満州国軍中尉で終戦を迎える。その後、一九四六年に警備士官学校を卒業し陸軍に任官し、朝鮮戦争では陸軍情報局作戦情報課長に始まり第九師団参謀長・陸軍情報局・作戦局・軍事局を歴任。休戦後は准将としてアメリカ陸軍砲兵学校に留学し、更に少将となった。一九五九年のソウル軍管区司令官を経て、一九六〇年に釜山の軍需基地司令官となっている。現状打破を目ざす将校グループのリーダーとして知られ、クーデターの際は軍事革命委員会・国家再建最高会議の副議長として脚光を浴びた。一九六二年に大統領権限代行となり、翌一九六三年に大将で予備役に退き大統領に就任したのは既にみたとおりである。

朴正煕が目標に掲げたのは、反共体制の再整備・西側諸国との結びつき強化・政治腐敗の一掃・民生再建であった。だが、その遂行にKCIAすなわち中央情報部を利用して旧政治勢力を追放しており、「兵営政治」と批判されたのも事実である。目標として挙げられた通り、彼の時代には政府腐敗は比較的少なく、自身も一族への金銭助力をせず献金も受け取らなかったという。だが一方で、権力構造を人間関係に依存しており、システム化を怠った面は指摘されている。

官民一体の経済再建

朴正煕が特に力を入れたのは、経済の再建である。彼の時代になってようやく、本格的な朝鮮戦争からの復興が始まったともいえる。まずは、生活に苦しむ農民・漁民や中小企業への救済が急務だった。早くもクーデター直後から農漁村高利債整理法を制定しており、農民・漁民の借金を農協に肩代わりさせる措置をとっている。更に同年、民間銀行が再編され、中小企業や農民・漁民などに資金を提供し易い環境が整えられた。

また、効率的な経済政策立案のため数多くのシンクタンクを設立し、専門家の知恵を結集しようとした。例えば経済企画院が設立され、経済政策の立案に従事する。また建設部・科学技術処・エネルギー資源部、韓国科学技術研究院、韓国銀行調査部も設立される。一九七一年には韓国開発研究院を設立して経済問題の総合研究を担わせ、オイルショックに直面した一九七五年には中東問題研究所を設立し、対策を練らせている。大統領の下にはこうした諮問評価組織が数多く置かれ、アメリカで養成された専門家による政策の修正・指導が適宜行われるようになった。こうした措置によって経済官僚が育成され、第一次五ヶ年計画の時点では海外からの顧問の発言力が大きかったのに対し、第四次五ヶ年計画では国内専門家が立案の中心となるに至っている。更に公的組織だけでなく民間の韓国開発協会や韓国産業研究所なども政策立案に関与させたのは注目に値するであろう。まさに官民一体となって経済成長へ向けて知恵を絞る体制が整えられたのである。官僚・企業・軍部が連合しての政権運営が朴正熙時代の特徴であった。

かくして一九六二年から第一次五ヶ年計画が発動。自立経済の確立を目標に掲げたが、必ずしも効果は上がらなかった。また、通貨改革も行われたがこれも即効性は見られていない。その後、輸出振興を重んじる方針を採用。地域別に年間輸出目標を定める輸出ターゲット制度、韓国貿易振興公社による輸出業者支援、輸出振興会議による調査・政策調整、貿易自由化が行われた。

その上で一九六七年からの第二次五ヶ年計画では化学工業・鉄鋼業・機械工業を重視。火力発電を軸に電力供給の充実、鉄道・港湾インフラの整備、通信インフラの拡大に力が注がれた。そして一九七〇年代には北朝鮮に軍事的に対抗する必要性が意識され、重化学工業化が焦点となっている。

日韓基本条約と資金援助

一方で、日本との外交問題も懸案であった。一九五一年から日韓関係正常化へ向けた交渉が行われていたが、朴正熙はこれを積極的に推進。一九六五年六月に日韓基本条約を締結し、国交を正常化した。これに対しては日本支配時代の記憶もあり、国民から強い反発があった。だが朴正熙はこれを戒厳令で抑え込む形で強行。この条約によって、日本から三億ドルの無償援助や二億ドルの長期低利貸付、民間からの三億ドル借款を受ける事が可能になった。クーデターによって成立し、対外的な印象が良くない朴正熙政権に対し、アメリカは表立った経済援助をしにくい状況にあった。その肩代わりを日本が担う恰好になったのである。その一方で武器援助はアメリカが担当する。また、ベトナム戦争時に派兵することでアメリカからも多額の借款を受けるようになった。これら日本やアメリカとの関係を契機に外資導入も軌道に乗り始め、経済開発に大きくものを言った。なお一九七一年からは北朝鮮との対話も開始されたが、大きな進展は見られていない。

漢江の奇跡

これらの政策が図に当たった事で、朴正熙支配下の二〇年で韓国は飛躍的な経済成長を遂げる。一人当たりGNPは八七ドルから一六四四ドルと一九倍に急増し、輸出額は七倍以上に伸びたという。この経済成長は、「漢江の奇跡」と通称される。朴正熙はまた、「セマウル運動」を展開し、都市・地方の格差縮小も図った。これにより農村の近代化は進んだが、格差縮小は不十分であったようだ。

こうして着実に成果を上げつつあった朴正熙だが、一九七二年に戒厳令下での憲法改正から暗雲が漂う。いわゆる「維新憲法」を制定し、大統領の半永久政権を確立したのである。これによって国内の民主派、北朝鮮、アメリカと関係が悪化。翌一九七三年八月には東京から金大中を拉致という強引な手段に出て国際問題化した。一九七四年に夫人が暗殺されたのちには、側近を頼りとして弾圧強化に乗り出す。折から、経済成長に伴う労働問題や都市問題が社会問題化していた事もあり国民の不満は高まっていった。かくして一九七九年一〇月二六日、金載圭中央情報部長の手によって暗殺され、生涯を閉じた。

むすび

朴正煕の評価は難しい。比較的近い時代のため、客観的に見にくいためなのもある。だが、彼の時代が持つ二面性も大きな原因なのは間違いなかろう。国民を弾圧した憎むべき独裁者、という見方もあれば分裂時代、韓国を中興した英雄との評価もある。いずれかが間違いという訳ではなく、共に朴正煕政権が有した性格の一面を切り取ったものであろう。戒厳令下で国民を苦しめ、強圧的な支配を行ったのも事実ではあろう。一方で、朝鮮戦争後で荒廃し、将来が悲観視された韓国が彼の時代に経済的に躍進を遂げたのも否定しようがない。人間の評価は「棺の蓋を覆って定まる」と言われるが、朴正煕の場合は死後三十年以上を経過した現在においてもなお、論議の対象になりそうだ。

いずれにせよ言えるのは、今日の韓国は朴正煕の影響を抜きにしては語れないという一点であろうと思われる。

独立戦争後のアルジェリアとブーメディエン

石油利権を餌にして、海外資本によって目論む工業化
～惜しむらくは性急に過ぎた～

フワーリー・ブーメディエン
Houari Boumedienne
1932？～1978

ベン・ベラからブーメディエンへ

長らくフランスにとって重要な植民地であったアルジェリア。しかし、第二次大戦後に各地で植民地独立の機運が高まる中、アルジェリアも一九六二年七月三日に独立を果たす。その際の経緯は拙著『敗戦処理首脳列伝』を参照いただけると幸甚である。翌年に初代大統領に選出されたの

はベン・ベラ。彼は社会主義を志向する『アルジェ憲章』を採択したが、前途は多難であった。独立戦争に伴う戦禍、そしてフランス人の撤退による資金・インフラ問題。この国は経済的な破綻に直面していた。それに対する有効な対策を打ち出せないまま、ベン・ベラ政権はクーデターによって倒れる。時に一九六五年であった。クーデターによって新たに指導者となったのがフワーリー・ブーメディエン。本名をムハンマド・ブーハルーバ（Mohhamad Ben Brahim Bokharuba）といい、独立戦争時からの幹部の一人である。東アルジェリアの農民の子として生まれ、チュニスのザイトゥーナ大学やカイロのアズハル大学で学び、アラビア語・フランス語に堪能となった。西アルジェリアのオラン地方での反フランス軍事作戦で活躍し、ベン・ベラ政権では副大統領・国防相になっていた。そして今、軍を背景に政権を奪取したのである。

三つのR

権力を握ったブーメディエンは、人民議会を解散させ、革命評議会議長に就任。一連の社会主義政策を本格的に導入した。すなわち、農業革命・工業革命・文化革命による「三つのR（Révolution）」である。

まずは農業を見よう。一九六三年までにフランス植民者が所有していた土地は国有化され、それを基に自主管理農場制度が進められた。植民者たちが国外脱出していた事で、その土地を没収する手間が省けたのは好都合だったと言えよう。しかし、自主管理は労働意欲の減退を招き、生産性が低下。それに加えて、若年労働力が不足していた。やむなく一九七一年に農業革命憲章を発布して農地を再配分し、共同生産・共同出荷を基本とする農業協同組合が設立される。だが、それでも勤労意欲を高めるには至らなかった。給与制度によるサラリーマン化が原因で、農民から労働意欲や農地への愛着が薄れたのである。次に工業。アルジェリアに残されたフランス企業は、自主管理委員会の手に委ねられた。そして一九七〇年に策定された第一次四ヶ年計画に基づき石油・天然ガスが七一年に国有化。天然資源からの利益を確保したのである。そこからの上がりを軍資金として、鉄鋼業・石油化学工業に代表される工業部門を発展させる計画であった。その戦略に沿って、工業インフラの建設が進められる。アンナバの製鉄コンビナート、スキクダとアルズーの石油精製工場・天然ガス液化工場、アンナバやスキクダの肥料工場である。そして重化学工業プラントを建設するに当たっては、海外企業に発注した。ここまではよくある話である。だが、この際にアルジェリアは資材調達・在庫管理・コスト計算も含めた指導を完全一括請負方式で行わせた。現地労働者にノウハウを身に付けさせるのが目的であった。それでも、石油利権の関係もあり、応じる企業は相応にあったようである。農業とは異なり、工業化は一定の成果を上げた。ブーメディエン時代を通じてGDPは二・二五倍に成長し、工業生産も年一〇%程度の成長速度を維持する事に成功。アルジェリアは「中進国」とみなされるまでになったのである。

最後に、文化革命について見よう。ブーメディエンは、文化の中核をイスラームやアラブ化に置いた。アルジェリア住民の国民意識が希薄であったため、それに代わる精神的基盤を求めたのである。

こうした成果は、アルジェリアの国際的な影響力向上に一役かった。ブーメディエンは非同盟主義外交を標榜し、第三世界外交を進める。

シャーズィリー政権と内戦

一九七六年、彼は新たな憲法を制定、大統領選を施行。破綻寸前の経済を飛躍的に成長させた業績を背景に、大統領に選出される。だが、それから間もない一九七八年一二月に病死した。後継者となったのは参謀総長のシャーズィリー・ベンジャディード（一九二九〜）大佐である。

この頃になると、急激な工業化の歪みが表面化しつつあった。ブーメディエンの最晩年には既に、生産性の低下や設備投資の遅れ、技術者育成の遅延、それに伴う劣悪な製品が問題として浮上している。一九八〇年代には石油価格が低落。それを契機に国営化・重化学工業化路線は挫折し、膨大な累積債務に悩まされる。失業とインフレ、それに加え、民生部門の未熟による生活物資の不足が問題となった。

シャーズィリーは、そうした中で方針転換を図る。従来の社会主義路線から、門戸開放へ。炭化水素公団を分割し、競争原理を導入した。また、国家による貿易独占を緩和、民間企業にもライセンスを発給する。更に住宅不足対策として、公共住宅建設を大規模に行った。また首都アルジェの「リアド・エル・フェット」にブランド店舗やカフェ、映画館など総合施設を設け、市場経済化をアピール。

だが、こうした門戸開放による効果は決してはかばかしくなかった。住宅不足や断水・停電の頻発、食料・薬品の欠乏も解決されなかった。こうした時は、悪い事が重なる。シャーズィリーがリベラルな方向に転換し、言論の自由を拡大した結果、国民の不満や思想対立が表面化する。かくしてイスラム主義運動が高揚、選挙のたびに躍進を見せた。政府や軍はこれを警戒し弾圧を行ったが、これが裏目に出る。一九九一年にシャーズィリーは退陣に追い込まれ、一九九二年にはイスラム主義運動組織はテロ活動に転じる。これによって数万人の犠牲者が生じ、一時は「第二次アルジェリア戦争」とまで呼ばれるような状況に陥った。

その後、一時的な軍政を経て成立したアブデラズィズ・ブーテフリカ（一九三七〜）政権が市場経済導入や対テロ対策に尽力、解決には至らないものの事態は改善傾向にはある。とはいえ、日本人も巻き込まれたテロ事件が勃発するなどまだ余談を許さない状況だ。

独立戦争後の荒廃から、一時は中進国レベルまで経済を成長させたブーメディエン。その手腕には一定の評価を与えられてしかるべきであろう。だが、彼にも理念が先行した側面があったのは否めず、フランス支配の遺産を十分に活用したとは言い難い。また、石油資源に依存し、地力が不十分なままで無理を重ねたと言わざるを得ないものでもあった。その結果が、次代における破綻と見る事もできる。

結果論ながら、性急に過ぎたのは否定できないところである。もっとも、他に有効な方法があったかと問われると難しいのも事実である。

泥沼の戦争から脱出するため、
善戦を示して交渉に引き出す
戦火から一抜けして経済再建

中東戦争後のエジプトとサダト&ムバラク

ホスニー・ムバラク
Husni Mubarak
1928 ～
大統領在任 1981 ～ 2011

サダト
Muhammad Anwar al-Sadat
1918 ～ 1981
大統領在任 1970 ～ 1981

ナセル政権、イスラエルと対決

　エジプトはオスマン帝国から独立した王家によって、イギリスの影響下における統治が行われてきた。だが一九五二年、ナセルら将校団による革命が勃発。王制は打倒され、翌年に共和制が宣言される。大統領となったナセルは、一九五六年に農地改革とスエズ運河の国有化を宣言し、英仏の反発を招き、スエズ戦争に突入するが目的を貫徹。

　スエズ戦争で成功した事で、ナセルはアラブ諸国内での盟主的存在になった。そうした空気の中で一九五八年にエジプトはシリアと共同で「アラブ連合共和国」を結成したが、ナセルが主導権を握っている事に反発したシリアによって一九六一年に解体された。さてアラブの盟主となった事は、厄介な副産物をもたらした。アラブ諸国が共通して敵視する相手、すなわちイスラエルと正面から対抗せざるを得なくなったのである。エジプトは、イスラエルに対してシリアやヨルダンと共に敵対したが、三国の間での戦略的調整もかなわず歩調をそろえる事が出来なかった。そうした中で一九六七年、第三次中東戦争で大敗。広大な領土を占領された諸国は、その奪還のためパレスチナ問題への介入に留まらずイスラエルとの本格的な敵対を余儀なくされる。かくして同年、アラブ諸国のあいだで三つの取り決めがなされた。すなわち、

「イスラエルとは直接交渉しないし、国家承認せず、和平協定に署名もしない」

というものである。

　とはいえ、ナセルは本音ではこれ以上のイスラエルとの敵対関係継続に無理を感じてもいた。一九六九年、イスラエルが占領しているエジプト領シナイ半島から撤退する事を条件に、和平を持ちかけたが不調に終わったという。和解の道筋が見えない以上、将来的にイスラエルとの和平を考

慮するか否かに関わらず、この時点では戦闘的な態度を示さざるを得なかった。

　こうした中で、ナセルは国内的には社会主義的な「社会・経済開発一〇ヶ年計画」を採用。企業国有化や外資接収を行い、軍事予算優先の経済政策を行ったが、経済的に逼迫。苦境に陥った中で一九七〇年、ナセルは急死。副大統領のサダトが昇格し、事態の収拾に当たることになる。

サダトと第四次中東戦争
～和平交渉のための戦争～

　アンワル・アル＝サダトは一九一八年、エジプト人の父とスーダン人の母の間に生まれ、カイロで成長した。一九三八年に陸軍士官学校を卒業し、第二次世界大戦中は地下反英運動に従事してドイツ軍とも秘密裏に連絡を取っていた。露見して拘禁されたり、軍を離れジャーナリストとして過ごした時期もあるがすぐに軍に戻っている。ナセル率いる自由将校団運動においては、ムスリム同胞団との連絡係として活躍。一時的に内務大臣となってもいるが、一九六九年に副大統領に就任するまではナセル政権の中枢から離れていた。

　そうした経緯もあり、当初サダトはその力量を疑問視されていた。だが彼は反対派を迅速に追放して体制を確立。サダトは、エジプトのおかれた状況を憂慮していた。何しろ対イスラエル戦争のせいで、国家建設もままならなくなっている。死傷者は一〇万人以上、物的損害は数百億ドルにのぼっていた。おまけに、シナイ半島の油田が占領されているため収入源も減少している有様だった。そこで、サダトは心中である決意を固める。

　経済成長を実現するためには、イスラエルとの和平が不可欠だ。何とかして、イスラエルを和平交渉に引きずり出さねばならない。

　そのために、彼が選んだ手段は皮肉にも戦争をちらつかせる事であった。


「イスラエル、そしてその保護者アメリカにエジ

プトとの戦争継続は得策でないという認識を持たせねばならない」

サダトはそのための準備を入念に行う。当初はソ連に軍事援助強化を求めたが、ソ連はアメリカとの直接対決を恐れ、二の足を踏んだ。それに反発してサダトはアメリカに接近し、キッシンジャーの勧告に従い、ソ連の軍事顧問団を追放する。しかし、ここまでしたにも関わらずアメリカからの和平への動きは具体化しなかった。結局、サダトは再びソ連に接近。前回の事もあり、ソ連もエジプトへの影響力を持続する事を選び、今度は武器供給に踏み切った。軍備を整える目途が立ったサダトは、イスラエルとの戦争準備をちらつかせてアメリカを牽制する。和平の機会を引き出すのが目的であったがアメリカの反応は芳しくなく、エジプトは逆に後へと引けなった。かくして戦争を決意したサダトは、シリアと軍事協力関係を締結し、一九七三年八月に最終打ち合わせを行う。しかし、エジプトとシリアとでは戦争目的に明らかな温度差があった。エジプトは和平への契機を掴むのが目的で、一方のシリアは占領地を完全奪還するため徹底的にイスラエルを打ちのめそう考えていたのだ。イスラエルは、両国が戦争準備をしているという情報は入手していたものの、信憑性に乏しいと軽視。かくして一九七三年一〇月六日、エジプトを中心としたアラブ連合軍はイスラエルへの奇襲に成功。第四次中東戦争である。緒戦でイスラエルに大打撃を与える事に成功したアラブ軍は、しばらく戦局を有利に運んだ。しかし徐々にイスラエル軍に押し戻され、半月後には国連から停戦の呼びかけを受けた。軍事的にはイスラエル有利で膠着していたが、アラブ側は石油戦略を採用し、資源に窮した西側諸国を歩み寄らせる事に成功したのである。しかし、やがてアラブ側もイスラエルに対する温度差が露呈し、足並みが乱れ始めた。それに付け入るようにキッシンジャー米国務長官はエジプトを対象として対話を試み、アラブ諸国から離反させようとする。エジプトとしては交渉の糸口になりうる機会だったが、イスラエルとの関係調整もあり、進展しなかった。

和平実現と経済成長

さて、対外的に苦戦を強いられていたサダトであったが、一方で国内に向けて一九七四年四月に「十月作業教書」を出す。ここで、彼は「インフィターハ（門戸開放）」政策への方針転換を表明。すなわち海外からの投資を誘致し、東西両陣営への門戸を開放する事が趣旨である。他には民間企業の活動奨励、工業化、公的部門の活性化、自由貿易地域の設立も目標に挙げられた。サダトによる経済再建への決意表明であった。それを実現に持っていくには、和平や先進諸国との関係改善は必須といえた。

一九七七年、転機が訪れる。アメリカでカーター政権が誕生したのだ。カーターはソ連との緊張緩和を基本政策とし、中東に対しても包括的和平を求める。これを受けたイスラエルは、ヨルダン川西岸・ゴラン高原の返還を余儀なくされる事を恐れた。国境防衛が弱体化する可能性があるためである。

「それなら、エジプトとの単独和平でシナイ半島のみの返還に応じる形で妥協した方が良い」

そうした空気がイスラエル国内でも生じた。かくして、ルーマニア・イラン・モロッコを仲介としてエジプトへの接近を図る。イランはこの時期には比較的イスラエルと関係が良好で、モロッコもユダヤ社会を抱えていたためアラブ諸国の中では反イスラエル色が比較的薄かったのだ。その一例としては、リビアによるサダト暗殺計画の情報をモロッコを経由してサダトに流し、恩を売った事例が挙げられる。

一方、エジプトでも国内危機が深刻化しており、和平は急務であった。経済発展が果たせず食糧暴動が起こっていたのである。一九七七年一一月九日、サダトは国民議会で以下のように表明した。

「平和のためなら、私はたとえクネセット（イスラエル議会）であっても赴く用意がある」

これが契機となって事態は動き始めた。一一月一五日、イスラエルからサダトに公式招待状が届く。かくして一九日。サダトは二一発の礼砲に迎えられベングリオン空港に上陸し、エジプト首脳として初めてイスラエルを訪問した。翌二〇日に彼はクネセットで演説し、エジプトの立場を表明する。

エジプトはイスラエルを国家承認する事、中東の包括的和平が重要である事、イスラエルの占領地域からの撤退が必要である事

これが骨子であった。

こうしたサダトの動きは、アラブ諸国から見れば裏切りと映った。従来の経緯を考えると当然であろう。かくして同年一二月、トリポリで開催されたアラブ首脳会議ではアラブ諸国がエジプトと国交断絶を決議した（オマーン、ソマリア、スーダンを除く）。だが一方で、エジプトとイスラエルの間でも和平条件を詰められず、和平が進展しなかった。

袋小路に入ったかに見えたが、ここでカーターが動く。彼は和平への主導権を取り戻そうと、一九七八年九月、キャンプデービッドにサダトとイスラエルのベギン首相を招待。交渉は何度か決裂の危機を迎えたが、何とか合意に達する。

・三ヶ月以内に両国は平和条約を締結する
・イスラエルはシナイ半島から完全撤退する
・スエズ運河やアカバ湾でイスラエル船舶が航行するのを認める
・パレスチナの自治を認める

というのが条件であった。この年、和平実現が国際的に評価され、サダトはノーベル平和賞を受賞する。

こうして、苦難の末にエジプトとイスラエルの平和条約は締結された。一九七九年三月の事であった。翌一九八〇年には両国の間で国交が締結される。だがパレスチナの「自治」についてはエジプトとイスラエルの間で温度差があったようだ。

ようやく成立した和平。これを契機にエジプト経済は発展への軌道に乗った。経済成長を可能にした要因としては、一九七五年にスエズ運河再開を果たした事、油田地域を返還された事、戦争による負担がなくなった事、原油価格の高騰、平和到来で観光収入が増加した事、外貨導入にある程度成功した事などが挙げられる。また、産油国に出稼ぎをした人々による送金も大きな要因であった。こうした条件に支えられ、エジプトは七〇年代後半から年六％程度のペースで経済成長を維持。

しかし、それに伴う歪みも生じ始めていた。インフレや貧富の差が増大し、輸入増大による赤字累積が進行したのである。また、ジーハン夫人による資金私物化も問題となり、国民の不満を募らせた。かくして一九八一年一〇月六日、サダトは軍事パレード観閲中に暗殺された。サダトが継承した時と同様、副大統領が昇格する。ホスニー・ムバラクである。

ムバラク政権
～民需移行と財政健全化への取り組み～

ムバラクは一九二八年にエジプト北部のメヌーフィヤで生まれ、一九四九年に陸軍士官学校、一九五二年に空軍士官学校を卒業した。空軍パイロットや空軍士官学校教官・校長を経て空軍参謀長・空軍最高司令官兼国防次官となった。その期間、ソ連に留学し、軍事技術を学んでいる。一九七三年における第四次中東戦争での活躍で翌年に空軍元帥となり、一九七五年副大統領に任じられた。

　ムバラクもサダトと同様、副大統領時代は権力中枢には絡んでいなかった。それもあって、彼は「バカラ」（牛）と綽名され、鈍重さを嘲笑され軽んじられていたようだ。だがムバラクは予想外の手腕を発揮し、サダトの門戸開放路線を継承する。また、イスラエルとの和平により悪化したアラブ諸国との関係改善に尽力し、一九八九年にはアラブ連盟に復帰を果たした。

　ムバラク政権でも経済成長は持続し、八〇年代には工業部門も発達。一九九〇年代に入ると民需に重点を置いた経済への移行が軌道に乗り、民間企業活動の環境が成熟し、人材も整ってきた。

　しかし、一九八〇年代末から一九九〇年代初頭には財政赤字やインフレ、対外借款に苦しめられる。そこでＩＭＦや世界銀行の指導下で交換レートを是正し、社会的影響を考慮しつつも緊縮経済を行う事で財政の健全化に取り組んだ。これによって関税・スエズ運河からの収入が増大する結果となる。

　また、国際情勢が思わぬ形でエジプトに幸いした。九〇年にイラクがクウェートに侵入した際には、戦争回避に尽力したが果たせず、開戦後は逆に積極的に多国籍軍に参加。その見返りとしてクウェートやＵＡＥ、カタールや米国から一三二億七六〇〇万ドルの借款免除を受けるという形で経済的な恩恵を受ける結果となると共に、アラブ諸国の間でも和平の先駆者として高く外交的に評価されるようになる。

　一方で一九九一年に社会開発基金を成立させ、低所得層への援助を行おうとするが、失業率や貧富の差は容易には解消されなかった。

　ムバラクは経済政策での成果を盾に長期政権を保ち、二〇〇五年には五選を果たすが二〇一一年に民主化を求める革命で失脚した。

むすび

　サダトは、硬軟双方の態度を使い分ける事で泥沼の戦争状態から抜け出す事に成功。平和と経済成長を果たした。それによる犠牲は大きく、アラブ諸国から断交され、自身も暗殺の憂き目にあったが、後継者に恵まれた。ムバラクは国際関係をうまく立ち回り、堅調な経済を維持。この二人による戦後復興と経済発展は、開発独裁の成功例とみる事ができよう。だが貧富の差を埋める事はできず、民衆の不満によって権力の座を失った。

エジプトに限らず「民主化」の波が押し寄せるアラブであるが、その先はどのようになるか。まだ不透明感がある。

コラム7

「戦後復興」と「開発独裁」〜海外援助が期待できる時代の一類型〜

戦後復興のため必要な資金を調達するに当たり、海外を頼る事例がある。これは「コラム：祖国《ふるさと》は遠きにありて想うもの〜亡命者・海外移住者たちの復興への貢献〜」で述べた通りである。民間で国外から金を得る手段は亡命者・難民からの送金。ならば、政府レベルで海外から資金を手に入れる手段はないのか。第二次大戦までは、植民地からの収奪という手があった。では、第二次大戦後はどうか。海外からの援助が、それにあたる。

第二次大戦後の世界では、少なくとも建前としては人権の尊重や貧困の解消が標榜されている。世界銀行やIMFといった国際的な経済機関の設立は、そうした風潮を反映したものである。

それだけではない。資本主義陣営・共産主義陣営の対立による冷戦は、両陣営による発展途上国への誘引工作を生んだ。それが、米ソ両国による各国への援助として現れる。その最も顕著なものとして、アメリカのトルーマン・ドクトリン（一九四七）やポイント・フォー計画（一九四八年）が挙げられよう。冷戦後は二陣営による競争がなくなった事もあって海外援助は下火になるが、二〇〇一年の同時多発テロを契機に再び援助額は増大する。今度は、貧困が国際テロの温床になるとの認識が広がったためである。

第二次大戦後の世界では、独裁者がこうした情勢を利用して海外援助を巧みに引き出し、それを基に経済復興を遂げる事例が目立つ。いわゆる「開発独裁」と呼ばれるタイプである。本書で取り上げた範囲では、スペインのフランコ、韓国の朴正熙、エジプトのサダトやムバラクなどがこれに相当する。あとは、ベトナムのドイモイ政策も、その範疇に含めて良いであろうか。これらの国々では、国民の政治的要求を抑圧しつつも、外貨導入によって経済成長を優先する点で共通している。そして、経済成長が達成されると中流階級が生まれ、民主化への要求が高まる事も似通っているといえよう。

無論、「開発独裁」が第二次大戦後になって初めて見られたわけではない。だが、特に第二次大戦後になってから顕著になったと言う事はできよう。「開発独裁」。それは、先進諸国による海外援助が期待できる、ある意味幸福な時代における産物と言えようか。

地域レベルの取り組みきっかけに
革命元勲動かして　市場原理を導入し
見事脱した経済混乱

ベトナム戦争後のベトナムと「ドイモイ《刷新》」を進めた男たち

チュオン・チン&グエン・バン・リン&ド・ムオイ

グエン・ヴァン・リン
Nguyen　Van Linh　1915 ～ 1998
書記長在任 1986 ～ 1991

チュオン・チン Truong Chinh
1907 ～ 1988
国家評議会議長在任 1981 ～ 1986
書記長在任 1986

ド・ムオイ Do Muoi
1917～
首相在任 1988～1991
記長在任 1991～1997

統一はしたけれど

冷戦の影響で南北に分裂し、長らく戦いを続けてきたベトナム。共産主義を奉じるベトナム民主共和国（北ベトナム）はアメリカによる強力な軍事介入も排除し、一九七五年にベトナム共和国（南ベトナム）首都サイゴン（現ホーチミン）を併合する形でこの戦いは終結した。ここにベトナムは統一されたのである。

それから間もない一九七六年一一月、ベトナム共産党第四回大会で南部へも企業国営化・資産接収・農業集団化の導入が決定されたが、これは生産力の低下を招いた。また党官僚による腐敗も、政府への不満を高めた。そして矯正教育の存在や、旧敵であるがため自身や子供の就職機会が制限される事を知った南部の知識人の間から、国外に脱出する者も多発する。かくして難民・頭脳流出が問題となった。サイゴン陥落が「数百万人が喜んだと同時に数百万人が悲しんだ」（トラン・ヴァン・トウ『ベトナム経済発展論』勁草書房、五一頁）と評された所以である。

また、この頃になると中国との対立が深刻化していた。中国はカンボジアを使ってベトナムに圧力をかけ、ベトナムもそれに対抗してカンボジアへ侵攻。更に資本主義国との関係改善も難しく、国際的に孤立する。

こうした状況により、ベトナムは経済的困窮に直面した。何しろインフラは戦争で破壊されている。中でも都市における食糧不足は深刻であった。そのため闇市場が横行する。一九八〇年代には、研究所の副所長というエリート階級ですら、子供のミルク代を捻出するため夫人がソ連に出稼ぎに出なければならない事態になっていた。また自転車やプラスチックの履物、卵や腐っていない米は彼らにとっても手の届きにくい贅沢品であったという。こうした状況を打開すべく、政府は、肥料などの供給と引き換えに農産物を農民から低価格で買い上げる政策を採用。しかし、供給する肥料がそもそも不足しており、農民も米を隠す傾向にあった。かくして国家による徴収も不足する。

地方レベルでの市場開放の試み

　こうした経済システムの破綻に直面し、各地で危機感が高まった。かくして一九七〇年代後半から、地方レベルで密かに非社会主義的な手法を導入する事例が散見されるようになる。例えば農村では請負生産を試みては批判される事例が相次ぐ。そして、ホーチミン市でも米を高値で買い上げる事で米の隠匿は減少、市民にとっても闇市より安く買えるようになる事例があった。また、華人ネットワークを利用して非公式に出入国管理なしの海上貿易もなされるようになっていた。経験的に、こうした方法に生産拡大効果がある事が明らかになっていき、一九七九年九月には農村物請負制や国営企業の自主権を認め、活用する政策へと方針転換が行われた。例えば一九八〇年には華人経由の海上貿易も部分的に認められ、非国営貿易会社が設立されている。

　これら地方の「実験」は国の方針を完全に無視したものではなく、一九七九年に戦時経済からの脱却を意図してベトナム共産党第四期第六回中央委員会総会で提起された「新経済政策」を原形としてはいた。だが、政府も直ちにこうした動きを受け入れて市場経済への転換に踏み切れた訳ではない。一九八〇年から八二年にかけては揺り戻しも見られた。しかし、とある政府重鎮・革命元勲が市場開放政策への理解を示すようになってから、流れは大きく動き始める。国家評議会議長チュオン・チンこそ、その人であった。

保守的元勲、改革へ方針転換

チュオン・チンは本名をダン・スアン・ク（Dang Xuan Khu）といい、一九〇七年二月九日に北部のナムディン省スアンチュオン県で知識人の家に生まれた。一九二七年にベトナム青年革命同志会に名を連ね、インドシナ大学高等商業学校で学生運動に参加する。一九三〇年にホーチミンがベトナム共産党を結成すると、これに参加。一九四〇年には党中央常務委員となり、一九四一年に党書記長。この頃からチュオン・チン（「長征」という意味）と名乗るようになった。一九四五年の八月革命やその後のフランスとの戦いで活躍したが、一九五〇年代に土地革命を行った際に中国モデルを採用して混乱をもたらし、一九五六年に引責辞任する。とはいえその後も党政治局員の地位にとどまり、厳格な理論家として知られた。教条的・保守的と評され、ハイフォンで生産請負制が試みられた際にはこれを中止させるなど、当初は地方レベル改革に対しても引き締める側にまわっていた。

しかし、彼の耳にも、周囲からの忠告が入ってくるようになる。

「もはや、社会主義の理想にこだわって従来の方式を貫く事は困難である。請負制は、成果を上げつつある」

そして彼は次第にそうした進言に対し、態度を軟化させていった。一九八一年、彼は故郷を視察した際に生産請負制の現場を直接に見聞。これを決定打として、チュオン・チンは一転して改革を支持する決意を固める。彼はこの年から国家評議会議長として元首の位置にいたが、更に実務レベルの長であるレ・ズアン書記長が体調を悪化させたため党務を代行する機会も増えていた。当時の政府要人には、テクノクラートをブレーンに抱える者も多かったが、チュオン・チンもまたソ連・東欧への留学経験者を中心に研究グループを形成している。彼は傘下の知識人たちにテーマごとに討議させ、彼自身は聞き役に徹していた。それを通じて、現実に見合わない社会主義的改革を急ぐ事の非、市場経済導入が必要であるとの見方を改めて納得するようになる。そうしてある時、チュオン・チンは感激を込めて言った。

「私はもっと早く君たちに会うべきだった」（古田元夫『ドイモイの誕生　ベトナムにおける改革路線の形成過程』青木書店、九〇頁）

また、彼は地方視察をしばしば行い、実情把握に力を入れるようになった。

ドイモイ

さて改革を国策レベルで実行に移すにあたり、手本となったのはソ連初期に行われた部分的な市場経済原理導入の試み「ネップ」である。これはレーニンによって行われた政策であるため、教条主義者からも表立った反対を受けにくいためであった。こうして、チュオン・チンは従来とうって変わって、一九八四年頃からは現実に合わせた改革の必要性を公の場でも唱えるようになる。

一九八六年七月一〇日にレ・ズアン書記長が死亡すると、一四日の中央委員会総会でチュオン・チンは書記長に選出された。これには半年後の第六回大会に向けてのつなぎという意味合いが強かった。彼は前政権から政治局の人事はそのまま引き継ぎ、討論を通じて改革への賛同を地道に取り付ける。まず、これまでインフラ整備も充分でないまま重工業化を急ぎすぎたと反省。また非社会主義的な事業団体の廃絶を急ぐべきではないと提唱。経済管理についても従来の集権的・官僚的な国家による丸抱えが生産現場の自主性を奪ったという反省の下、国家管理の範囲内で「自由」市場を形成する必要があるという結論を政治局スタッフからも引き出し、納得させたのである。チュオン・チンの周到な所は、以上の合意を得た上で「経済的観点に関するいくつかの問題についての政治局の結論」をまとめ、全政治局員に署名させ、内容に責任をもたせた事であろう。後に同じ問題が蒸し返されないようにするためであった。この辺り、動乱を生き抜いた人間ゆえの老獪さなのかもしれない。

この頃、共産党内で経済的混乱の要因を分析し、責任の所在を明らかにする事を求める声が高まっていた。そうした雰囲気の中、同年一二月にハノイで党会議が開催される。ここでチュオン・チンは書記長として演説。

「わが国にとって、刷新（ドイモイ）は、切迫した要請であり、存否にかかわる重要な問題である」（同書、二二四頁）

こう述べて、改革の必要性を訴えた。かくして、画策される一連の改革は「ドイモイ」と呼ばれるようになる。

ペレストロイカの波に乗って

一九八五年三月、ソ連でもゴルバチョフ政権が成立し、改革の動きが見られていた。チュオン・チンにとっては願ってもない追い風である。翌一九八六年一一月にソ連訪問した彼は、ソ連の改革「ペレストロイカ」と同様のニュアンスを込めて「ドイモイ」に言及。改革の草案についてもゴルバチョフから支持を得た。かくして、改革への流れは決定的なものとなった。チュオン・チンの改革派への転向が、事態を大きく動かしたのである。この年一二月にチュオン・チンは引退。だが、彼の敷いた「ドイモイ」路線は健在であった。同月にグエン・バン・リン書記長体制の下で開催さ

れた第六回大会では、「市場メカニズム」という語の使用こそ控えられたものの、

・社会主義への道は比較的長期な歴史過程をたどる事
・農業・日用品・輸出品に投資を集中する事
・長期にわたり非社会主義的な企業体の存在を認め活用する事

という基本方針が定められたのである。共産党によるスローガンとしても、

（一）社会主義の達成は長期にわたる過渡期を必要とするとの位置づけ（思考の刷新）
（二）従来の重工業優先から農業重視への転換（経済発展戦略の刷新）
（三）非効率的な国営化・集団化から、市場経済原理を伴う混合経済体制への移行（経済体制の刷新）
（四）自力更生路線から国際分業への参画の必要性（対外戦略の刷新）

という内容が提起された。かくして、「ドイモイ」は正式な国策として党大会でも定められたのである。

グエン・バン・リン

グエン・バン・リンについても少し語っておこう。彼は本名をグエン・バン・コック（Nguyen Van Cuc）といい、ハノイ近郊で生まれ、少年期に革命運動に加わった。一九三〇年ごろに捕らわれたが一九三六年に脱走し、ハイフォンで共産党に参加する。一九四一年に再び捕らわれたものの戦中に再び脱走している。ベトナム戦争中はサイゴン周辺の特別区における動員を担当し、一九七二年から七三年にかけサイゴン市党委員会書記、その後、政治局に選ばれ書記も歴任し、再びサイゴン書記長となった。政治局に再任され、

中央政府に復帰したのは一九八五年である。

彼の下で改革は遂行され、生産手段の所有形態の多様化、価格の自由化、国際分業の重視、外国資本の積極的導入が打ち出された。こうして市場経済への転換が図られた。だが、こうなると「共産主義」とは方向が異なってくる。共産党が政権を掌握する事への疑問も生じかねない話であった。そこで共産党は綱領に「ホーチミン主義」を明記し、「社会主義思考型」であるとアピールすることで自党により政権を正当化しようと苦労する事になる。

それはともかく、「ドイモイ」による市場原理導入はベトナム経済を次第に改善させていく。改革開始当初はインフレに悩まされたが、金利の引き上げや赤字補填の中止、貨幣発行から外国援助へと対応の切り替え、配給制の廃止を行うことで乗り切った。また為替レートを調整し、公定レートと闇レートの差も解消している。一九九〇年代初頭には、ＧＤＰが年八％台の成長を遂げるまでになった。

「ドイモイ」の波は、安全保障政策にも及んだ。カンボジアへの侵入が国際的非難を呼んでいる事、社会主義陣営の退潮、周辺諸国の発展を背景に、一九八八年にはカンボジアからの撤退やＡＳＥＡＮ加盟への意思表明も行われるに至る。

改革が軌道に乗り始めた一九九一年に、グエン・バン・リンは引退する。その後も彼は相談役として影響力を保ち、後継のド・ムオイも改革方針を継続した。

ド・ムオイ

ド・ムオイは一九一七年にハノイで生まれ、一九三六年から革命闘争に参加。北部各省のベトナム共産党委員会書記、ハイフォン市の党委員会書記を経て一九六〇年党中央委員となる。南北ベトナム統一後は両地域の経済融合に尽力し、苦労を強いられたという。その後は副首相・建設相・党政治局員を歴任し、一九八八年に首相となった。

彼は「ドイモイ」が推進された時代に副首相・首相・党書記長と幹部の地位にあり、強力な改革派として知られるようになる。

一九九二年、従来の「八〇年憲法」から「九二年憲法」へと改憲が行われた。この新憲法は、ドイモイ路線を成文化しており「ドイモイ憲法」とも称される。冷戦終了後には旧共産圏である事より、東南アジア地域の一員としての立場を前面に押し出すようになる。一九九五年はベトナムにとって外交的に実り多い年であった。アメリカとの国交正常化を果たし、更にＡＳＥＡＮへの正式加盟も認められたのである。

これらの成果を背景に、ド・ムオイは更なる改革推進をめざし、一九九六年の第八回党大会で「ドイモイ一〇年の総括」「ドイモイ推進による二〇二〇年までの工業国入り」「党条例の補充・改正」といった方針を掲げた。他方、共産党指導部の中にはそれを危惧する声も上がり始めていた。一九八〇年代末の中国の天安門事件やソ連・東欧の社会主義体制崩壊は、彼らに大きな衝撃を与えたのである。

「性急な政治改革は、共産党政権を崩壊させる危険がある」

この可能性を改めて彼らは感じるようになった。かくして、共産党政権は経済改革と社会主義政治体制の堅持という二面作戦を強いられる事となる。一九九七年、ド・ムオイからレ・カ・フュー（Le Kha Phieu　一九三一〜）に書記長が交代。彼はドイモイには慎重とされていたが、同年のアジア通貨危機により経済が下降線をたどったことから改革継続を決意。一九九九年に新会社法を成立させ、

（一）外資による株式取得上限を二〇％に拡大
（二）国営企業の株式会社化

を決定し、国有企業の競売を開始し、民間企業の育成に努めている。一方、経済成長と開放政策による新たな問題も目立ち始めた。自由な思想の流入による政府批判の高まり、貧富の差の拡大や汚職への対策が急務とされている。

むすび

統一後のベトナムは、戦後体制の構築に苦しんだ。長く苦しい戦いで国が荒廃していた事に加え、資本主義圏であった南部に共産主義を導入する事による混乱。更に中国との軍事的対立も拍車をかけた。

しかし、原理原則にこだわらない現実的な方針転換がベトナムを救うことになる。殊に、革命第一世代の一人であるチュオン・チンの転向が大きかった。共産主義国家建設を牽引した元勲という立場は、考え方を硬直させても不思議はない。それを思うと、現実を受け入れた彼の柔軟さは大いに賞賛に値するであろう。更に、改革路線の指導者として良き後継が続いているのも大きな幸運であった。無論、ベトナムの今後の歩みには不透明性も少なからず存在するが、先行きに期待がもたれている国の一つとされているのは故なきところではないのである。

独裁・内戦で疲弊した祖国を再建
HIV対策・経済成長に一定の成果

ウガンダ内戦後のウガンダとムセベニ

ヨウェリ・カグタ・ムセベニ
Yoweri Kaguta Museveni
1944～　大統領在任 1986～

アミン政権とウガンダ内戦

アフリカ中央部の内陸にある国・ウガンダ。一九七一年にアミン少将がクーデターで政権を奪取して以来八年間、この国は彼の強権政治に苦しんだ。ランゴやアチョリといった敵対部族が弾圧され、対外的にも諸外国との関係を悪化させた。中でもインド系企業の財産を接収し、その協力を得られなくなったのは大きな経済的打撃となる。やがてアミンの独裁に反発が高まり、一九七九年にタンザニア北部でウガンダ民族解放戦線（ＵＮＬＦ）が結成された。タンザニア軍の援助を受けたＵＮＬＦはウガンダへ進撃し、アミン政権を打倒するが、その後も政情不安が続く。一九八五年にはクーデターを目論んだ軍事評議会に対し、民族抵抗運動（ＮＲＭ）が抵抗したため再び内戦となる。戦いはＮＲＭの勝利に終わり、一九八六年に新たな政権が樹立された。ＮＲＭの指導者ヨウェリ・カグタ・ムセベニが大統領に就任したのである。この政権が、アミン時代以来の長い混乱に終止符を打った。

ムセベニ、民主主義確立に取り組む

ムセベニは一九四四年に西南地方のントゥンガモで生まれ、タンザニアのダルエスサラーム大学で経済学と政治科学の学位を取得。マルクス主義と汎アフリカ主義に共鳴し、モザンビークでゲリラの訓練を受けた。一九七〇年にオボテ政権の下でウガンダの知識人グループに参加するが、アミンのクーデターによりタンザニアへ亡命。北タンザニアのモシで講師として働きながら、一九七三年に救国戦線（ＦＲＯＮＡＳＡ）を結成する。七九年にＦＲＯＮＡＳＡはＵＮＬＦに参加してアミン打倒に貢献。その後、ムセベニは防衛大臣、地方自治大臣などを歴任したが、ムセベニは一九八〇年の選挙結果を拒絶し、翌年に政権に反旗を翻す。軍事評議会のクーデターに際し彼が軍事的に対抗したのは上記の通り。それに勝利した今、彼は独裁と内戦で荒廃した祖国の復興に乗り出す。

就任したムセベニが最初に唱えたのは、

「我々の最初のプログラムは民主主義の回復だ」

という事である。まず民主化は村落レベルから行われた。村々の首長を廃止し、評議会を住民投票で選出して運営する事に改めていく。そして同様な改革を上部地方会議、そして最終的に議会に相当する国民抵抗評議会へと広げたのである。秩序回復に伴い、亡命していた国民が徐々に帰国しつつあるのを見計らって一九八九年、憲法草案作成委員会を設立。一九九四年に制憲議会選挙を行い、大統領支持派が勝利した。翌年には新憲法が制定され、一九九六年には大統領選挙でムセベニが圧勝。議会選挙でも与党が勝利する。

海外からの援助・仕送り・投資を起爆剤に経済成長・貧困削減

さて荒廃した国土を復興させるには、経済政策が重要なのは言うまでもない。内乱が終結を見た時点では、秩序回復に伴い復興需要が生じ、経済を牽引した。それが一段落すると一時経済成長が減速するが、ムセベニは先進国からの援助を積極的に受け、経済の自由化を進める事で乗り切ろうとする。一九八七年から世界銀行やＩＭＦの支援の下に構造調整を積極的に推進、主要産品であるコーヒーにも民間企業参入を認めた。これが功を奏したか、一九九三年以降は再び経済が上昇気流に乗り、年七％程度の成長率を維持する。こうしてウガンダはサハラ以南アフリカにおいて最も成長率の高い国の一つとなった。その大きな助けとなったものとして、海外移住者からの送金は見逃せない。彼らは英語を話せるためもあって海外で就職しやすいのである。二〇一〇年時点において、送金額は年八億ドル。これは国家予算の二割相当で、コーヒー輸出額の三倍になるという。

そしてムセベニは、国際関係の改善にも力を注いだ。まずアフリカ諸国との連携である。アフリカ連合（ＡＵ）に参加、さらにタンザニア・ケニアとも地域内協力を推進し、二〇〇一年一月に東アフリカ共同体（ＥＡＣ）を結成。二〇〇六年一一月にルワンダとブルンジも加えている。それにとどまらず、米国・EU諸国やインド・中国などとも関係強化を図る。これには、直接投資を呼び込む意図もあった。

もっとも、彼の外交には汚点も存在した。例えば隣国のルワンダ愛国戦線を援助し、国際的非難を浴びたのはその一例だ。裏事情として、彼の政権奪取にはNRM内部のルワンダ出身者による貢献が大きく、彼らの中にルワンダ愛国戦線へ参加するものもいたためという側面もあったようである。またコンゴ民主共和国への軍事介入をした事も知られている。そしてウガンダ国内でも国境付近では武装勢力との戦闘が持続しており、内戦が一段落したとはいえ、きな臭い話が消えたわけではない。

さて、ムセベニはマクロな経済成長のみならず、国内の貧困人口減少にも力を注いだ。二〇〇〇年には貧困撲滅行動計画（PEAP）の第一次改訂版を交付、世界銀行・IMFから世界最初の貧困削減戦略文書（PRSP）と評価される。二〇〇四年には第三次PEAPを策定し、特に農産物を中心とした輸出産品の多様化や付加価値の付与を優先課題として貧困削減に重点を置いた。二〇一〇年には成長と雇用創出に重点を置いた五か年国家開発計画を打ち出している。一九九八年時点では人口の五六%存在した貧困者が二〇〇二年には三二%に減少したのは、その成果であろう。

AIDSとの戦い

貧困層への対策としては、AIDS問題も見逃せない。AIDSはアフリカで大きな社会問題であり、十分な医療を受けられない貧困層を中心に深刻な被害を受けている。特に南部アフリカでは成人男子の三～五人に一人が感染しているともいわれ、平均寿命の低下・労働人口の減少をもたらす社会問題となっている。ウガンダも一九八〇年台半ばにおいてはアフリカで最初にAIDSの深刻な被害を受けた国の一つであった。

「これを放置すると、国は崩壊する」

危機感を抱いたムセベニ政権は、性感染症への対策強化に乗り出す。妊婦への自主的ＨＩＶ検査を導入し、カウンセリングも導入。首都カンパラ市内での妊婦ＨＩＶ感染率は一九九二年には二九・五％であったのが二〇〇〇年には一一・二五％まで低下した。とはいえそれでもかなりの高値であり、今後も更なる対策が必要なのは間違いない。

ウガンダへの期待と課題

ムセベニはＮＲＭによる単一政党制により政権を維持した。これに対し不満も見られるようになり、二〇〇〇年に複数政党制の是非を問う国民投票が行われる。この際はＮＲＭ単一支配が支持されたが、二〇〇五年の投票により複数政党制復帰が決定された。二〇〇六年にはムセベニが三選を果たしたが、長期政権化による不満も生じている。

また二十年にわたる反政府勢力「神の抵抗軍」（ＬＲＡ）との戦闘はいまだ停戦に至っていない。ＬＲＡは国軍に掃討され拠点を国外に移しているのが現状で、南スーダンの仲介による和平交渉も不調に終わっている。

ウガンダは現在も農業が主要産業であり、人口の八〇％以上が従事し、二〇一〇年でＧＤＰの二〇％を占める。コーヒー、紅茶、綿花に加えバニラや野菜、果物も輸出産品に加わった。ウガンダ政府は、綿花や石鹸などを有機産品としてブランド化する事での売上増加を目論んでいる。都市の工業は、農産物を利用した綿工業・製糖業などをインド系財閥が中心となって開発している。アミン時代にはインド系資産が没収され、彼らとの繋がりが断絶していたが、ムセベニ政権はその資産を返還する事で関係を修復し、新たな投資を呼び込む事に成功した。また、農業だけでなく北西部で石油掘削が行われており、期待が高まっている。

さて二〇〇八年以降のウガンダは世界的景気後退による影響を受けながらも、経済は堅調に推移している。ただし食糧・燃料の高騰が国民生活の負担になり始め、主要貿易国であるスーダンが政情不安定なのが不安材料となりつつあるようだ。二〇一一年現在、一人あたりＧＤＰは一三〇〇ドルである。

ムセベニは決して模範的な指導者ではない。長期支配、周辺との軍事闘争など問題は存在する。だが少なくとも、独裁・内戦による長い混乱にあったウガンダをある程度の安定に導き、経済成長を成し遂げたのは否定できない。とはいえ、長期政権が「名君」であり続けるのが難しいのも事実ではある。現在、ウガンダは明るい展望と不安材料の双方を抱え、正念場にある。ムセベニが今後どういった方向に自国を導くのか、目が離せない所だ。

コラム8

戦後アフリカで「戦後復興」が進まなかった理由〜政府に国民生活「復興」する意図があるのは、実は決して当たり前じゃありません〜

現代のアフリカでは、内戦が繰り返されている。そして、現在では驚異的発展を遂げる地域も多い一方で、いまだ戦後復興がままならない事例もまれではない。そもそも戦争終結の明確な線引きがない場合が珍しくないというのもあるが、現代アフリカ特有の事情が関わっている。

国際援助、権力者のお小遣いに

復興資金が得られなかった訳ではない。いや、それどころか主要国から戦後を通じて莫大な資金・食料・物資がアフリカに投下された。だが、それが本来の目的に使用されたかとは別問題である。そう、多くは権力者たちの懐に消えてしまったのである。例えばトランスペアレンシー・インターナショナルによれば、ザイール（現・コンゴ民主共和国）のモブツ大統領は五〇億ドルを国民から搾取したという。ダンビナ・モヨ氏は、

「**指導者たちは、国民への暴力、国費の浪費、国のニーズに対する無関心度を競い合い、彼らの夢をかなえるための国債ドナーからの資金援助獲得**

に血眼であった。」（ダンビナ・モヨ著・小浜裕久監訳『援助じゃアフリカは発展しない』東洋経済新報社、六九頁）

と述べ、そうした権力者たちを

「金の冠を自分に載せず、土地を奪取せず、国のビジネスを親戚や友人に手渡さず、莫大な金を外国銀行に預けず、自分の国をあたかも自分用のけたはずれの現金自動支払機とみなしたりしない指導者など、ほとんどいない」（同書、六九頁）

と強い調子で非難している。

そうした腐敗にもかかわらず、主要国は彼らを支援してきた。資源の権益を確保するために、あるいはその政権を自陣営に留めるために。かくして、産出する資源や海外からの支援が権力者の個人的蓄財に用いられる構造が保たれた。冷戦が終了した九〇年代になると、陣営への引き込み合戦の必要がなくなり、援助は人道的色彩が強くなる。だが、それでも基本構造は変わらなかった。世界銀行・IMFといった国際機関において援助が利権源と化していたのである。職員たちは援助ビジネスで生計を立てており、援助中断の決断が下しにくくなっていた。それだけではない。そもそも、どの国が腐敗しており、どの国が健全なのか。そうした判断を誰が下せるのか、という問題がある。結局、国際社会は、建前と裏腹に腐敗にも目をつぶる傾向が生じたのである。

援助がもたらす内政腐敗

なるほど、これでは腐敗や圧政が収まらないわけである。何しろ、収入を国内産業や国民の納税に頼る必要がなく、配慮もいらない。黙っていても外部から金が権力者の懐に入ってくるのだから。

こうした地域では、開発プロジェクトも公益福祉より流用金のチャンスとしての側面が強くなる。こうした話は我が国でもないわけではなく、この地域に限った話ではない。だが、この地域において顕著だったとは言えるようだ。一例を挙げると、九〇年代のウガンダでは教育に当てた支出の二〇％しか現場に届かなかったという。

アフリカ諸国の中でも、こうした惨状を呈する国々は政治学によって酷評されている。「政府のとる利益を最大化しようとする」（平野克己『アフリカ問題　開発と援助の世界史』日本評論社、二五〇頁）すなわち元首やその側近の利益のため収奪が行われるのみで、開発には積極的でないという事から「収奪国家」「吸血国家」と呼ばれたのだ。更に酷いのになると、政治権力が犯罪行為に関与する「窃盗国家」「重罪国家」と分類される事例すら見られるようだ。

経済発展の足かせに

政治腐敗は、思わぬ方面でも経済発展の阻害となっている。役人が利益をくすねる目的でビジネスに介入する危険が想定される。ただでさえインフラ整備が不十分なところに、腐敗に伴う煩瑣・不要な手続きがコストをかさませてしまう。こうした事情が安い労働賃金という利点を殺してしまい、海外企業の参入を躊躇させているのだ。

更に、別の問題もある。独裁者たちが受け取っている「援助」は無償ではない。いずれは利子を付けて返さねばならない「借金」である事がほとんどである。そのため、やがて負債額が膨らみ、返済するあてがないため更に援助に依存する悪循環に陥っているのだ。なら、援助が資金でなく必要物資の現物であれば良いか、というとそう話は単純でない。これはこれで、援助物資が零細な現地産業を押しつぶす結果になることもあるようだ。援助とは、なかなか難しいものである。

むすび

ともあれ、こうした事情によって海外からの援助は、アフリカの発展を寧ろ阻害する方向に作用していた。最大の原因は、援助する側が相互利害関係を築けた相手は、腐敗した権力者のみであった事に求められるであろう。そして長期にわたり持続する関係は善意より利害に由来する事が多いのである。

近年の世界経済拡大は、そうしたアフリカ事情に新たな風潮をもたらす可能性があるという。資源需要の拡大によるアフリカ開発、特に権力者とのパイプが少ない中国の参入に現地の産業・社会そのものとの利害関係構築を期待する向きもあるようだ。そうした見込みの当否も含め、今後アフリカから目が離せない状況が続きそうである。

経済復興のため、欧米へのイメージ戦略に苦悩する指導者たち

イラン・イラク戦争後のイランとラフサンジャニ&ハタミ

モハンマド・ハタミ
Mohammad Khatami
1943～
大統領在任 1997～2005

ハーシェミー・ラフサンジャニ
Ali Akbar Hashemi Rafsanjani
1934～
大統領在任 1989～1997

イラン・イラク戦争

　イランは長らく王制国家であったが、一九七九年にホメイニが主導する革命が勃発し、共和制に移行した。だがシーア派を急進的に打ち出したこの革命は隣国イラクの警戒を呼び、両国の対立が深まる。そして翌年にはイラクがイラン前国王と締結した国境線に関する協定の破棄を宣言。これを引き金に両国は戦争へと突入した。イラン・イラク戦争である。緒戦ではイラク軍に深くまで侵攻を許したイランであったが、やがて体勢を立て直し戦線を膠着化、次第に戦況を有利なものにしていった。しかしアメリカや周辺諸国は革命の波及を恐れ、イラクへの支援を行う。また、イラク軍による毒ガス使用もあり、再びイランにとって苦しい展開となった。かくして一九八八年八月八日、ホメイニは国連の停戦決議を受け入れる形で戦争終結に踏み切った。だが革命政権の最高指導者ホメイニは翌年に死去。戦後の国家復興は、残された人々の手に委ねられる。すなわちハーシェミー・ラフサンジャニおよびモハンマド・ハタミである。

保守政治家ラフサンジャニ、復興のため開放政策採用

　ラフサンジャニはケルマーン州で生まれ、コムの神学校で学んだ。二八歳でイスラム革命運動に加わり、しばしば逮捕された。革命後は評議会メンバーに選出され、内務大臣となる。一九八〇年に国会議員に当選すると、議長に任命される。一九八八年六月には軍最高司令官代理となり、事実上の国防責任者とされた。一九八九年にホメイニが死去すると、ラフサンジャニは最高評議会議長となる。そして首相を廃止し、大統領をトップとする形で憲法が改正されたのを受け、同年に大統領に選出された。

　戦争による被害は甚大で、五〇以上の都市、四〇〇〇以上の農村、一三万軒以上の家屋に及んでいた。また、社会インフラの破壊も手酷いもの

である。通信・運輸の要である電信・鉄道のみならず、基幹産業である原油輸出設備も例外でなかった。ホッラムシャフル港やアーバーダーン精油所、ハーグ島の積出設備などである。これらの再建が、国家の復興には急務であった。

そのため必要なのは、まず復興資金である。そのためには外部から資金を仰がねばならない。かくして、

「規制緩和、民営化、企業の自由化と市場経済」

この三つをスローガンに改革が唱えられた。政府系資産を売却する一方で、テヘラン株式取引所を再開。更にキーシュ島・ゲシュム島に自由貿易地区を設置した。また戦争で国外に亡命した技術者に帰国を呼びかけると共に、革命的なスローガンを引っ込める事で対外的な警戒感を緩和させようという努力もしている。ラフサンジャニ自身が保守派かつ対米強硬論者である事を考慮すると、こうした開放政策の採用は思い切った決断であると言えよう。それもあってか、一九九二年の選挙でラフサンジャニは再選を果たしている。

ハタミ登板～ソフトイメージへの転換～

だが、革命や戦争を通じての石油収入の減少は痛手であり、多額の借款に資金を依存せざるを得なかった。また失業問題も重大な社会問題であり続けた。それに加え、アメリカのクリントン政権がイランに大量破壊兵器開発疑惑の目を向ける。これも、対米関係を悪化させると共にイランの対外的イメージにとって少なからぬダメージとなった。

そうした中、一九九七年には現実派のハタミが大統領に選出された。彼の唱える「宗教的な民主主義」が女性・若者に支持されての地滑り的勝利だったという。

ハタミは一九四三年にヤズド近郊アルダカンで生まれ、コムなどの神学校で学び、イスファハー

ン大学で哲学、テヘラン大学で教育学を修めた。父がシーア派でも高位にある人物だった事もあり、早くからイスラームを打ち出したホメイニの革命運動に共鳴。一九七八年にはハンブルクのイスラーム・センター所長を務めている。革命時に帰国し、翌年に国会議員となってからは文化イスラム指導相、大統領顧問、国立図書館長を歴任し一九九六年に最高文化革命評議会メンバーとなった。多言語に堪能な国際派で開明的な人物として知られ、イスラム指導相時代には初めて女性歌手の公演を認めた事が特筆される。こうした文化的に寛容な態度は、保守派から攻撃の的にされる事もあった。

ハタミが大統領として手を付けた仕事としては、報道の自由の実施。そして周辺諸国との関係改善であった。悪化していたイランの国際的イメージを改善させるためには、開明派としてのハタミはうってつけと考えられた。中でもアメリカとの関係改善は重視される。一九九八年一月、ハタミはアメリカのCNNテレビに出演し、こう訴えた。

「イランはアメリカへの敵意を持っていない。アメリカ国民との対話を提唱したい」

こうしてアメリカへの接近を図るのみならず、一九九八年には国連総会でこう提案した。

「来る二〇〇一年を、「文明間の対話」の年にしたい」

対外融和を前面に押し出したハタミらしい逸話である。異文化間の相互理解と寛容を願って、この案は可決された。……実際に訪れた二〇〇一年が、「文明間の衝突」の始まりの年として語られるようになるとは、この時に誰が予想したであろうか。

ハタミへの試練

こうしたアピールはイランの国際的イメージ改善には大きく役立った。だが、国内改革は順調とは言えなかった。彼の唱える「宗教的な民主主義」は、保守派の強い反対に遭い、進展したとは言い難い状況で、報道の自由も十分に実施されるには至らない。それでも二〇〇一年の選挙で再選を果たしてはいる。

改革が進展しないのに苛立ったか、ハタミは大統領権限を強化する法案を提出。二〇〇三年に国会での同意は得られたものの、違憲審査会で拒絶される。

一方、経済対策としてハタミは為替レートを一本化し、二〇〇二年には新外国投資法を成立させ、対外投資の増加を目論む。しかしインフレや失業率の問題は彼の在任中に解決するには至らなかった。

さて二〇〇一年九月一一日、アメリカで同時多発テロ事件が勃発。以降のアメリカはブッシュJr.政権の下で「テロとの戦い」に情熱を注ぐ。そうした中、イランはアメリカから「悪の枢軸」、すなわちテロ支援国家として名指しで非難された。ハタミにとってそれまでの努力を無にされた思いであったろう事は、想像に難くない。イラン国内でも、アメリカへの反発から保守派が勢力を伸ばす。既に大統領を退いていたラフサンジャニも、二〇〇一年のアメリカにおける炭疽菌事件について

「アメリカはイラン・イラク戦争でイラクに炭疽菌を提供し、そのことで代償を支払わされている」

と述べ、「悪の枢軸」発言に対しても

「ブッシュ大統領は恐竜のような頭に、スズメ程度の脳みそしかない」

と激しく非難したという。

かくして、ハタミは思うに任せない情勢のうちに二〇〇五年に任期満了。後任となったのは超保守派として知られるアフマディネジャドであり、更に二〇一三年には保守穏健のロウハニが大統領選で勝利。その後もハタミは対外的な発言を続けている。核開発には慎重な立場をとり、全ての「極端な思考」に反対するなど中庸な立場をとり続けている。一方で、アメリカが西欧風民主主義を中近東に押し付けるのは無茶だとも苦言を呈している。

むすび

戦禍によって荒廃した祖国を再建するにあたって、イランは対外的イメージ戦略に苦しむ事となった。シーア派はイスラームの中でも少数派であり、その急進派が主導権を持つ革命政府はアメリカや世俗的イスラーム諸国の警戒を呼んだからである。ラフサンジャニは本来の政治志向に反してでも開放路線を選択せざるを得ず、ハタミは国内の抵抗に苦しみながらも対外融和・開明政策を採用しようとした。だが、内外の障害が多く、苦労が続いているのが実情である。特に、同時多発テロ事件は、タイミングが悪いと言わざるを得ない。それでも彼らの苦労が実ったのかある程度の経済復興は進展しており、一人当たりＧＤＰは二〇一二年で七二一一ドル、経済成長率は同年で一・九％である。アフマディネジャド政権は分配の公平化を唱え、貧困対策・汚職追放・地方開発に尽力しているが、アメリカとの対立が深刻化し経済制裁を受けている状態である。

コラム9

サダム・フセインのイラクと三つの「戦後」

サダム・フセイン政権の成立

イラン・イラク戦争後のイランについて述べたのであるから、もう一方の当事者であったイラクについても見ておこう。この当時、イラクの指導者はサダム・フセイン（Saddam Hussein Takriti　一九三七～二〇〇六　在職一九七九～二〇〇三）であった。とはいえ、イラクの動向は「戦後復興」と呼ぶにはそぐわないようにも思われる。そこで、コラムという形でこの時代のイラクを見ていきたい。

サダム・フセインは、一九三七年四月二八日、ティクリートで生まれた。この地は、十字軍から聖地エルサレムを奪回した英雄サラディンの出身地として知られている。サダムの父は農夫であったが、彼の家系はティクリート一帯の有力者であったアル・ベジャート一族に属していた。そのため、サダム自身は軍人ではなかったものの、一族のコネを利用して高級将校と連携できた事が、後の飛躍に役立つ。

彼はカイロ大学・バグダード大学を卒業。一九五六年のスエズ紛争でエジプトのナセルを支持し、反イギリス・反フランス・反イスラエルの大衆デモに参加した。二〇歳でバース党に入党。バース党は、一九五二年に結成され、アラブ民族主義と社会主義を混合させた政党である。それから間もない五八年、クーデターによって王制が転覆し、イラクはカシム政権の下で共和制となった。

五九年、サダムはカシム首相の暗殺に失敗し、シリアを経由してエジプトに亡命。ナセル大統領の庇護下にあった。帰国したのは六三年である。同年、バース党はCIAの援助を得てクーデターを成功させるが直後に失脚。

六八年、サダム主導で七月一七日に再びバース党によるクーデターが挙行される。この時は、再び新政権が転覆しないよう、情報部長ナイーフを味方に引き入れていた。サダムの如才無さが伺えよう。かくしてアハマド・ハッサン・アル・バクル将軍を首班とする政府が樹立され、サダム・フセインは革命指導評議会副議長となった。この副議長時代に、彼はナイーフを含め、競争相手となりうる人物を粛清。権力を手中に収めていく。その上で七九年に大統領に昇格した。そしてその直後、党内の政敵を粛清し、独裁体制を確立するのである。

独立以来、イラクは軍・政党・部族・情報部が相互に抗争を繰り返し、停滞していた。それが、サダムがクーデター以来進めていた粛清によって、政府に権力が一本化される結果となる。また、イラクは長らくイランと領土問題で対立していたが、七五年に和解。イランからのクルド人反乱勢力への支援も行われなくなったため、国内は静謐になる。以降、石油資源を利用しての経済成長が進められた。

イラクにとってのイラン・イラク戦争 ～経済成長の日々～

しかし、七九年にイランで革命がおこった。その最高指導者・ホメイニ師とフセインは対立し、八〇年に両国は戦争へ突入。当初はイラク軍戦車隊が有利に戦いを進めたが、イランの歩兵部隊に阻まれ、長期戦に陥る。西側諸国や一部アラブ諸国はイラクの崩壊を恐れ、大量の支援を行った。

まずアメリカはイラクを「テロ支援国家」から除き、CIAはイラク軍情報部と頻繁に会合。衛星写真でイラン軍の位置に関する情報を与える。

更にはアメリカ軍がイランの石油基地を爆撃したり民間旅客機を撃墜する事すら行った。また、サウジアラビアは積極的な財政支援を行い、その額は二年間で二五〇億七〇〇〇万ドルに上っている。

これらイラクへの支援や、イラク軍による毒ガス使用もあって、イランにとって戦況は不利となった。かくして、イランの最高指導者・ホメイニは八八年八月八日に停戦を受け入れる。

この戦争を通じ、イラクは地域最強国の地位を手に入れた。八〇年時点では一〇個師団を持つに過ぎなかったが、停戦時には五五個師団となる。戦車も四〇〇〇台に達し、ロケット弾をも保有した。

確かに戦争での被害は甚大であった。まずシリアがイランに味方し、自国内のイラク送油管操業を停止。そして、戦禍による原油輸出港破壊は経済に打撃を与える。人的被害も戦死者二〇万人、負傷者四〇万人に及んだ。海外からの借款も膨れ上がった。上述のサウジアラビアからの二五〇億七〇〇〇万ドル以外にも、クウェートから一〇〇億ドル、西側からは四〇〇億ドルである。

だが、そうした中でもイラクは戦前以来の経済成長を維持した。フセイン政権は戦費は海外からの財政援助で賄い、一三七億ドルに上る石油収入を国民生活に充てる。石油輸出に当たっては、ヨルダンの港湾を使用できたのも大きかった。

当時のイラクについて、世界銀行は経済・社会の発展がギリシアと同水準と評価している。医療費は無料であり、食糧事情も良かった。国民の肥満傾向が問題となっていた、という事から生活レベルの高さが察せられよう。貧困層ですら、毎日鳥肉を口にできたとも伝えられる。

フセインが主導したバース党による独裁政治は、国民に恐怖を与えたであろうし、多くの犠牲者も生んだ。だが、政治の安定をもたらし、それがこうした経済成長につながったのも否定できない。イラク国民は、バース党によって初めて豊かさを享受できたといえる。もっとも、これは「戦後復興」には当てはまらない。戦争を通じても成長を続けたのだから。表現は悪いが、「焼け太り」という言い方が事実に近いであろうか。

クウェート侵攻以降の転落

しかし、九〇年のクウェート侵攻が全てを変えた。これを契機に西側諸国はイラン・イラク戦争での好意的態度を一変させる。翌年の湾岸戦争でイラクはアメリカを始めとする多国籍軍に敗北し、クウェートから撤退。しかし、アメリカは以降もフセイン政権を警戒し、イラクへの経済制裁・貿易封鎖を解かなかった。これがイラクの経済や国民生活に破滅的な打撃を与える。

イラクは飼料や食料を輸入に依存していたため、国民は従来と一転して飢餓に直面した。これは中産階級や知識層すら例外でなく、彼らは海外移住を切望するようになる。社会インフラも戦災で機能不全に陥っていた。発電所が破壊され、上下水道を汲み上げるポンプが動かない。精油所が爆撃され、輸送用燃料も手に入らなかった。

イラク政府は、これらの問題を解決しようと様々な手を打つ。まずヨルダンやイランと密貿易を行う事で、外貨を獲得しようとした。次に、食糧不足を改善しようと農村に移住する人々が増えていたのに対し、彼らに穀物代金を確実に支払う事で食糧を確保しようとする。そして配給制度によって、国民が飢餓に直面しないよう図った。また、自国人技術者の助けによって、バグダッドのインフラを修理し、主要発電所の再稼働も急ぐ。その甲斐あって、湾岸戦争終結後四ヶ月で発電量は戦前の四割にまで回復。電力は市民生活に優先的に回され、下水も修復する。治安の悪化に対しても、厳罰化を導入することである程度食い止めた。

だが、経済制裁が続く中では、限度があった。下水の濾過装置を再稼働させるには至らず、ティグリス川の汚染が進む。浄水を作る上で欠かせない塩素も不足した。塩素は化学兵器にも用いられるため、厳しく海外から規制されたのである。かくして人々は汚水を利用せざるをえなくなり、衛生状態が悪化した。加えて九四年には配給用の食料も不足するようになる。医薬品も不足した。

こうした状況が国民の健康を直撃する。九〇年には三〇人に一人の割合だった乳児死亡率が、九七年には三〇人中八人の割合にまでなっていた。また、九五年には五歳以下の二九％が標準以下の発育だと報告されている。

経済制裁を行っていた西側も、こうした状況を座視し続ける訳にはいかなかった。九一年にはイラクに一六億ドル相当の石油を半年ごとに輸出する事を認め、代金は国連が管理し、食料・医薬品に使われるという決議が国連で行われる。だが、イラクは主権侵害であるとしてこれを拒絶。九五年には、三ヶ月毎に一〇億ドル相当の輸出を認めると改められた。イラク側が屈してそれを受け入れるのは九六年である。だが、最早その程度で事態が打開できる状況ではなくなっていた。

フセインは、こうした逆境を自らの権力強化に利用した。

イラクは従来、世俗的な性格が強い社会であった。だが国民生活の悪化は、宗教に救いを求める人々を増加させていた。フセインは政策を「イスラーム」の戒律に沿うものに転換。彼らの支持を得ると共に、取締を通じて独裁体制をより強固なものとしようとしたのだ。

一方、長引く経済制裁とそれによる国民生活の破綻により、アラブ諸国間でイラクへの同情が集まりつつあった。また、イラク国内でもアメリカへの反発が募っていく。フセインはそれも、自らへの求心力を高めるのに利用したのである。

結果論であるが、イラクへの経済制裁はイラク人を苦しめる一方で、フセイン政権の基盤を固める結果に終わった。当初の意図からすると、逆効果だったと言わざるを得ない。そして、湾岸戦争後の「戦後復興」は、十分には行いえなかったのである。

フセイン政権倒壊以後のイラク

時は流れ、二〇〇三年三月。アメリカのブッシュJr.政権はフセイン政権打倒と大量破壊兵器排除を唱えてイラクを攻撃。フセイン政権は崩壊した。フセインの身柄は同年一二月に拘束され、二〇〇六年一二月三〇日に処刑された。その後も、相次ぐテロリズム等によってイラク国民は塗炭の苦しみを舐め続けている。

イラクにもたらされた悲劇に関して、ブッシュJr.を非難する声は大きい。当然であろう。とはいえ、そこに至るまでの経過を見る限り、最も責められて然るべき者が彼なのかは疑問がなくもない。ブッシュJr.は手段はともあれ、湾岸戦争以来の泥沼に何らかの決着を与えようとした、とも見えるからである。もっとも、その結果が新たなる泥沼であったのだから、彼への非難が起こる事自体は妥当であるが。ましてや、大量破壊兵器が存在する明確な証拠は、ついに発見されなかったのであるから。

だが、彼と同等、あるいは彼以上に責めを受けるべき人物が、別にいるようにも思われる。第一の候補は、湾岸戦争後も経済制裁を継続したブッシュ父であろう。湾岸戦争の時点でフセインを打倒していれば、あるいはフセインの危険を承知で受け入れるかしていれば別の展開があったかも知れない。中途半端な微温的対応が結果として事態を悪化させたようにも思える。次の候補は、ブッシュ父の方針を受け継ぎ、八年という長期にわたって継続させたクリントン。イラクの国民生活が破滅的な状況に陥ったのは彼の時代、とも言える。三番目の候補は、やはりフセインである。彼は国民の危機をも権力強化の具として、政権に居座り続けた。また、大量破壊兵器への未練をなかなか捨てようとしなかったのも、経済制裁が長引いた一因なのは間違いない。そして、大量破壊兵器が完成していない以上、査察に協力するという選択もあったはずである。そうすれば、最後の破滅だけは避けられた可能性がある。

結局、「主犯」を一人に絞る事自体に、無理があるのかもしれない。ブッシュJr.やフセインを含め、様々な指導者たちの様々な過ちが重なったツケを、イラク人たちは払わされる羽目となった。概観すると、それは間違いないようだ。とはいえ、何をしたでもない筆者が、安全な位置から今更何を言おうと、机上の後付論に過ぎぬ。

むすび

善悪は別にして、サダム・フセインが一種の傑物であった事は間違いない。彼の下で、イラクは政治的混乱から脱却し、初期には経済発展すら実現したのだから。だが、彼は国際情勢の風向きを読み誤った。当時、冷戦は終わりつつあった。そして、アメリカ一強状態への移行を意味する。そんな中でのクウェート侵攻。アメリカが、それを認めるはずはない。それは、世界を敵に回す結果を招いた。そこからは、全てが裏目に出る。まるで、ボタンを掛け違えたかのように。

現在では、二〇〇七年以降の治安は一時期と比較すると改善傾向にある。また、新政府は、二〇一〇年から二〇一四年にかけての国家開発計画で、石油依存構造から脱却と農業・工業の振興を目指している。とはいえ、社会は依然として不安定であり、インフラの回復に苦慮する状況が続く。この国にとって、ここからが本当の「戦後復興」である。

カンボジア内戦後のフン・セン

とにもかくにも、軍事衝突は回避する
〜そのためには臨機応変な改憲も辞さず〜

フン・セン
Hun Sen 1950〜

カンボジア内戦終結と総選挙

第二次大戦後に独立を達成したカンボジア。
だが、その歴史は苦難に満ちたものとなった。
一九七〇年のクーデターに端を発した内戦により、

塗炭の苦しみを舐める羽目に陥ったのである。シアヌーク国王派、親米のロン・ノル派、ポル・ポトによる共産主義過激派といった諸勢力の抗争。これにベトナム・中国といった周辺諸国の介入。これに加え、ポル・ポト独裁下での大量虐殺。カンボジアの大地は赤く染まり、荒廃したのである。

泥沼の流血に一応の区切りをもたらす契機となったのが、一九八九年の冷戦終結であった。まず国内に駐留し、ヘン・サムリン政権を支援していたベトナム軍が撤退。また時を同じくして、カンボジア和平を求める国際的な仲介の動きが目立ち始めた。かくして九一年一〇月、パリで休戦協定が締結される。この時に定められた条件は以下の通りである。

・カンボジアの主権を代表するのは、カンボジア諸派で構成するカンボジア最高国民評議会である
・評議会の議長は元国王のシアヌークとする
・国連カンボジア暫定統治機構（ＵＮＴＡＣ）が停戦・武装解除を行った上で、総選挙を実施する
・民意に基づく新政府を作り、その下で非同盟中立の平和を実現する。

諸勢力に、国際社会の圧力の下で武力闘争抜きで歩み寄りを図らせたものと言え、単一の勢力による統一がなされない以上は他にありえない決着といえよう。

さて、一応の和平が成立した一九九三年、UNTAC主導の下で総選挙が行われた。ポル・ポト派はボイコットしたが、その他の諸勢力は参加。選出された議会の下で、新憲法が制定され、カンボジア王国が誕生、シアヌークが王位に復帰した。この時に第一首相に選ばれたのはフンシンペック党のラナリット。親国王派でシアヌークの実子である。だが、この後のカンボジア政界の主役となったのは彼ではなかった。第二首相に甘んじたフン・セン。カンボジア人民党副議長である。

フン・セン、政権死守のための蠢動
～武力対立だけは回避～

フン・センはコンポンチャム州生まれで、一九七〇年の内乱勃発時に共産主義運動に共鳴しポル・ポト派に参加。「民主カンボジア」、すなわちポル・ポト政権の下で第二一区参謀長兼司令官となっている。しかしポル・ポトが反ベトナムであるのに反発して対立、ベトナムへ亡命。ヘン・サムリンやペン・ソバンらと「カンボジア救国民族統一戦線」を結成し、一九七九年にベトナム傀儡政権の「カンボジア人民共和国」が成立すると外相となり、八五年に首相を兼任した。一九八七年には、敵対勢力である民主カンボジア連合政府の大統領となっていたシアヌークと会談し、和平への足がかりを築いている。すなわち、悪名高いポル・ポト派で台頭し、敵対派閥の大立者となった内乱の主要人物の一人と言える。とりもなおさず国民に悲劇を招いた「戦犯」の片割れなのは否めないが、上記の形で決着した以上は指導層の手が血で塗れている事はやむを得ない。

さて、ラナリットと組んだ連合政権は短期間で瓦解。一九九七年、フン・センは早くもラナリットを政変で追放。

「ラナリットはポル・ポト派と結ぼうとしている」

彼はこう主張し、軍に手を廻したのである。かくして首相の地位に昇ったフン・センであったが、国際的批判は免れなかった。また、翌年の選挙でも第一党にはなったものの単独政権を成立させるには至らない。やむなく、フンシンペック党と再び手を組むほかなくなった。

「ならば、ラナリット前首相を国会議長にしていただきたい」

フンシンペック党からこのような条件を突き付

けられたフン・センは一計を案じる。

「新たに上院を作り、議会より上の存在としよう。上院議長を我ら人民党から出すのだ」

なるほど、そうすれば上院より下位である議会でラナリットが議長だろうと人民党にとってはお構いなしであろう。フン・センは自らの政権を守るために腐心し、そのためには改憲も辞さない人物である。近代国家として余りに問題が大きい手法だが、ともあれ少なくとも政治対立を武力に持ち込ませない事だけは評価できようか。

外資誘致と経済再建

さて、フン・センらカンボジア政府は、そうした政争の間にも国土の復興を忘れていたわけではない。内戦が終わると同時に市場経済へと移行。一九九四年には投資法を制定し、外国資本の誘致を目論む。荒廃しきったこの地にどの程度、外資が参入するか。不安はあったが、カンボジア資本と外国資本の間に法的な区別を設けず、参入障壁を低くしたのが功を奏した。台湾・中国・香港、更にＡＳＥＡＮ諸国から縫製業・靴製造業者が提携を申し出てきたのである。かくしてカンボジアはようやく経済成長を始め、首都プノンペン周辺を中心に工業化が少しずつ進展し始めた。地方に眼を転じると、レンガ・タイル・竹製品など衣食住に関連する製品を扱う地場産業に頼る割合が相変わらず高い。もっとも、国際援助関係者やＮＧＯが常駐する事で商業・サービス業関係の需要が生み出されつつあるようだ。これは、内戦による（迂遠ながら）皮肉な副産物と呼べるかもしれない。

一九九七年に、アメリカから最恵国待遇を獲得。アメリカ向けの輸出も増大した。これら商工業以外には、観光業も成長分野であるようだ。アンコール・ワットのような歴史遺産の存在が、観光客誘致に大きな意味を持っているのは言うまでもないだろう。

かくして、カンボジアは徐々に経済を回復させ始めた。九〇年代のアジア通貨危機で一時経済は停滞したが、二〇〇四年から二〇〇七年には年一〇%以上の成長率を記録。その後、世界経済危機の影響で成長は再び鈍化したが、二〇一〇年にはプラス成長に戻している。

二〇一三年現在、フン・センはなお首相の椅子を死守しており、その政治生命の強さを内外に示している。カンボジア政府は二〇〇八年、経済の更なる回復と貧困削減を目標に掲げた。そのためには投資環境を改善し、更に海外投資を誘致する事が求められる。

また、財政赤字の改善も重大な課題である。内戦の後遺症で、国民の多くが貧困にあって税負担能力が小さく、政府も徴税能力が充分ではない。収入が少ない以上は財政難も止むを得ないが、国営企業の民営化や軍事支出削減による改善を目論んでいるようだが、財政再建への道はまだ遠い。

なお、国営企業の民営化は経済の活性化という点でも効果を期待される政策であるが、こちらは比較的順調なようだ。皮肉な話であるが内戦で実質休業状態にあり、雇用への影響が小さいからだという。

むすび

フン・センは上述したように決して清廉な政治家ではない。それどころか、国民を苦しめた内戦にも多大な責任がある人物である。そして、現在においても様々に問題があるのは否めないようだ。とはいえ、内戦終了後、その再燃を防止し続けた点に関しては少なくとも評価されなくてはなるまい。カンボジアが何とか経済再建を果たしつつあるのも、戦火が収まってこそなのであるから。とはいえ、カンボジアの歩む道はまだまだ険しいのが実情である。

稳健な政治姿勢で海外から好感集め、援助を呼び寄せ経済成長

ユーゴ紛争後のクロアチアとサナデル

イボ・サナデル
Ivo Sanader　1953～
首相在任 2003～2009

クロアチアの独立と内戦

チトー死後、ユーゴスラビアでは民族問題が表面化。東西冷戦が終了して東欧諸国の共産主義政権が転覆すると、ユーゴでも諸民族が独立へと動き始める。ユーゴスラビアを構成する一つクロアチアも、例外ではなかった。一九九〇年に複数政党制による選挙が行われ、トゥジマンのクロアチア民主同盟（HDZ）が勝利。大統領となったトゥジマンはスロベニアと共同し、翌年六月に独立宣

言を発する。

当然、ユーゴスラビアで指導的立場にいたセルビアはこれを認めない。クロアチア内部のセルビア人が挙兵したのを契機に、その保護を理由として連邦人民軍がクロアチアに介入。独立への動きを潰そうとした。ここに、クロアチアは本格的な戦闘状態に突入。同年末に国連の介入もあり一応の停戦が成立し、九二年にECからクロアチアは独立を承認され、翌九三年には国連加盟を果たす。クロアチアは独立主権国家として国際社会に受け入れられつつあった。

だが国内でのセルビア人勢力との争いは依然として終わらない。一時は領土の三分の一をセルビア人が占拠する状況だったという。だが国連の平和維持部隊がいるため、下手に力に訴えるわけにもいかない。悩んだトゥジマン政権であったが、結局は荒療治を決意。アメリカの支持の下で一九九五年にセルビア人勢力を軍事制圧。クロアチア内部での紛争は一応の幕を閉じた。この紛争を通じてクロアチア内部の他民族は国外への亡命を余儀なくされ、二〇〇〇年以降は国際世論の後押しもあり、帰還が進んでいるものの未だ解決はしていない。

戦争は終わったけれど

さて、内戦が終わったとはいえ、クロアチアの置かれた状況は厳しいものであった。まず、国際的な立場が決して良いとは言えなかった。トゥジマンの民族主義的姿勢は、海外からの批判にさらされる。国内のセルビア人制圧もさることながら、ボスニア・ヘルツェゴビナにおける紛争に首を突っ込んだのも非難の対象となった。

経済的にも、苦しかった。クロアチアは、元来は旧ユーゴスラビア内の経済先進地域である。だが、紛争の傷跡は大きかった。冷戦終結から暫くは、東欧への西側による投資が行われたが、クロアチアは内戦によってその機会を逸してしまう。そこへ難民・避難民の流入が経済危機に拍車をかけた。一九九四年にはインフレーションが収束したが、依然として進行する失業率上昇や財政赤字。国民は不満を募らせつつあった。

一九九九年にトゥジマンが死去。クロアチア政界は転機を迎える。翌年の選挙でクロアチア民主同盟が野党に転落し、六党による連立政権が成立した。ラチャン首相は国際協調路線への転換を図るが、国民生活を改善できずクロアチア民主同盟に政権を奪回された。かくして二〇〇三年一二月、首相となったのがイボ・サナデルである。

穏健外交で海外投資を誘致

サナデルはスプリトで生まれ、青年時代は文学を修めた。その後は著作権代理人を勤めていたが、一九九二年にクロアチア民主同盟の一員として議員に当選。トゥジマン死後の二〇〇〇年に党首に選出され、一旦は選挙に敗れたが二〇〇二年に党首に返り咲く。その後は穏健派として党内の極右派を抑えようと腐心しながらも、二〇〇三年の選挙で勝利。与党復帰を果たした。かくして首相となったサナデルは、内戦からの復興に苦慮するクロアチアの舵取りを担う事となる。

サナデルはまず、ラチャンの協調外交路線を継承。クロアチア民主同盟を民族主義政党から中道右派へと転換させた。内戦で亡命したセルビア人難民の帰還を進めると同時に、旧ユーゴ国際刑事裁判所へも協力。中でも二〇〇五年に元将軍であるゴトビナが逮捕された際には、情報提供を行い、国際的な評価を受けている。こうした穏健な政治姿勢は国際的な評価を高め、海外投資を招くのに一定の効果を示した。かくして既にラチャン時代で安定傾向に入っていた経済は、サナデル政権の下でも年四～六%での成長を見せる。それもあってラチャン政権に累積した対外債務の返済もある程度進展。とはいえ、国内消費の増加に比して対外輸出は伸びず、貿易赤字は拡大したようだ。

外交・経済の安定により国民からサナデル路線は支持を受け、二〇〇七年の総選挙で勝利を収める。以降のサナデルはＮＡＴＯやＥＵへの加入を主要目標として掲げた。ＮＡＴＯへの加入は、二〇〇九年四月に実現。一方でＥＵ加盟はスロベニアとの国境問題がネックとなり、進展しなかった。

まだ続く試練

サナデルとクロアチアに暗雲が立ち込めたのは二〇〇八年。世界金融危機である。中央銀行が厳格な金融政策を採用したため通貨は安定を保ったが、比較的順調であった経済はこれを契機に悪化。内需の縮小や観光業の不振、失業率の上昇に苦しむようになった。不況による求心力の低下もあってか、二〇〇九年七月にサナデルは辞任を表明。念願であったＥＵ加盟は果たせずに終わったが、彼は

「ＥＵのドアの手前には立つ事ができた」

と述べたという。後継となったのはコソル。彼女はサナデル路線を継承し、ＥＵ加盟実現を目標に据えている。まずスロベニアとの間の国境問題に関しては仲裁裁判所の設置に合意。二〇一一年にはＥＵ加盟に要する交渉を終了させた。手続きを完了させたうえで二〇一三年七月に加盟予定を果たした。またコソルは危機税や補正予算によって経済停滞を乗り切ろうと奮闘しているが、まだまだ課題は多い。

さて引退したサナデルは二〇一〇年一二月、汚職疑惑のため逮捕された。彼の政権下で民営化が目指されたが決して順調にはいかず、官民の癒着も問題となっていた。彼自身も、多分に漏れなかったということか。容疑が事実であれば遺憾である。

むすび

サナデルは民族主義政党の指導者として政権を握りながらも、対立党の方針を継承する柔軟さを

有していた。それが経済の安定と国際的地位の上昇に成功した所以であろう。とはいえ彼が積み残した課題は少なからずあり、また加入目前となったＥＵ自体も危機的状況に陥るなど将来に待つ道は決して平坦ではないようだ。この先、クロアチアがどのような針路をとるのか注目に値するだろう。

コラム10

「十日間戦争」後の経済成長とミラン・クーチャン～ユーゴ解体、スロベニアの場合～

スロベニア独立と「十日間戦争」

本書で取り上げたクロアチアを始め、旧ユーゴの国々にはユーゴ解体の際に内戦で塗炭の苦しみを味わった人々も少なくない。その中で、比較的軽微な損害でこの時期を乗り越える事ができたのが、スロベニアであった。西欧に比較的近くセルビアから距離があるという有利な地理的条件もあったが、国家指導者の巧みな外交手腕とバランス感覚によるところも大きかった。すなわちミラン・クーチャン大統領（Milan Kucan 一九四一～ 在職一九九一～二〇〇二）である。

クーチャンは一九四一年にクリジェフツィに生まれ、大学時代に政治活動に参加。その後は共産党で順調に地位を上昇させる。一九八二年から八六年までベオグラードで中央委員会代表などを務めた。さて、チトー死後、民族運動・民主化運動が次第に表面化しつつあった。クーチャンはベオグラードからスロベニアに戻り、その指導的立場に立ってからは、そうした情勢変化へ柔軟な対応を心がけたようだ。ユーゴの中心的存在であるセルビアが未だ民主化を拒んでいた時期に、彼は既に小規模な企業の設立、更に非公式ではあるが野党の存在をも許容している。

一九八八年初頭、セルビアのミロシェヴィッチが民族主義を掲げて支持を集めていた。この時、クーチャンはセルビアについて

「この愛国主義の情熱は故意に燃え上がらせたものでしかない」

と吐き捨てたとタイム誌は伝えている。そして一九九一年半ばになると、民主化・民族主義の波は怒涛の如く東欧を席捲。クーチャン率いるスロベニアは、クロアチアと共にセルビアにこのように通告した。

「今後、ユーゴを構成する共和国が全て対等な主権国家連合となる事を認めて欲しい。もしセルビアがこれに同意しないなら、我々は連邦を離脱する」

だが、セルビアはこの提案を認めない。そしてスロベニアの国民投票ではおよそ国民の九割が独立を支持し、ベオグラードとの訣別という方向性を明らかにする。ここにクーチャンはスロベニアを独立させ、国際社会から完全な主権国家として承認を得ようと決意した。

それに対しセルビアは激怒。軍事力に訴えて連邦の崩壊を食い止めようとする。これに対し、クーチャンは独立前日の演説で国民に試練の時代が来ると警告するのみでなく、全世界にもスロベニア独立への助けを訴える事で対抗した。

一九九一年六月二五日、スロベニアが独立宣言を出す。それに対応してユーゴ連邦人民軍は戦車部隊をスロベニアに向けた。そして二七日に戦闘が始まり、翌日には電話局へ、三〇日にはリュブリャナ市街への空爆も行われる。だが、市民は防空体制を整えていた。更に、現地部隊はパルチザン方式で抵抗準備を怠らなかった。彼らの反撃により、連邦人民軍は撃破される。これはユーゴ政府にとっては衝撃であった。彼らは、

「軍事力で威嚇すれば、独立を撤回するだろう」

という腹積もりをしていたが、見積が甘かった。実戦へと突入したばかりか、自軍の旗色が悪い。そこで、ユーゴ政府側も慎重な姿勢に転じた。周辺諸国が連邦解体を避けるべく仲介するのを待つ事としたのである。だが、西欧はユーゴ側に与さなかった。彼らには、ユーゴの解体を阻止するつもりはなかったのである。かくして、ユーゴはスロベニアを屈服させるのを断念せざるを得なかった。しばらくは小競り合いが散発したものの、七月六日に停戦合意が行われる。かくして、スロベニア独立のための武力抗争は、一〇日で幕を下ろす事ができた。「十日間戦争」と通称される。

決して無血で独立を達成できた訳ではないが、少なくとも国土の深刻な荒廃は避けられた。クーチャンの慎重な舵取りが、この結果に貢献したのは間違いないだろう。この一連の経過で、セルビアのミロシェヴィッチ大統領はクーチャンが重要な敵手であると悟ったようだ。彼が失脚した後、二〇〇三年にハーグで行われた国際法廷で、ミロシェヴィッチはクーチャンを激しく罵ったと伝えられる。

その後、ドイツが最初にスロベニア独立を承認し、更に翌年一月にはECも独立を承認。スロベニアは国際社会の一員として迎え入れられた。そして一九九二年一二月、新憲法の下で大統領選挙・議会選挙が行われ、クーチャンは初代大統領に当選、一方、共産党は敗北し、自由民主党を中心に大連立内閣が成立した。クーチャンは一九九七年にも再選され、二〇〇二年に引退する。その後も、現在に至るまでスロベニアで彼の人気は高い。

その後のスロベニア経済

さて、独立後のスロベニア経済の動向を概観しよう。スロベニアは旧ユーゴスラビア構成国の中でも先進工業地域で、経済的には比較的裕福であった。そして、独立に際し大きな戦災は受けなかった。とはいえ、ユーゴ紛争はスロベニアの市場を奪う結果となり、経済的に打撃となる。

しかしながら、東西対立が終焉していた事がプラスに働いた。西欧との関係を深める事で一九九三年には経済成長率がプラスに転じる。その後は西欧諸国との連携を重視し、その一員となる事を国家戦略に置いた。EU加盟を外交における目標とし、二〇〇四年五月にそれを実現。この年には、世界銀行の借入国から出資国への転換にも成功した。二〇〇七年にはユーロを導入し、二〇一〇年にはOECD加入も果たすなど国際的地位を高めつつあった。だが、その後は経済的に苦しんでいる。かつては、周辺諸国の中では経済的に最も安定しており、CIAサイトによれば二〇一一年時点で一人当たりのGDPが二九〇〇〇ドルであったが、輸出額・生産額が低下し、失業率は二〇一二年には一二%に達しつつある。

スロベニアは、ユーゴ紛争において犠牲を全く出さなかった訳ではない。とはいえ、独立後のスロベニアの歩みを「戦後復興」と称するのは流石に無理があると思われる。そのため、隣国クロアチアとの比較という形で余談としてコラムで扱う事とした。元来がある程度の工業化を果たしていたのに加え、ヨーロッパの東西を繋ぐ地理的に重要な位置にある事を利用して西欧に接近し、経済成長に一度は成功した。現在は苦境にあるとはいえ、旧ユーゴのうちでスロベニアが最も巧みに国際社会をわたっているようである。

凄惨な民族浄化の悲劇を越えて
汚職追放達成し「アフリカの希望の星」へ躍進

ルワンダ内戦後のルワンダとビジムング&カガメ

ポール・カガメ
Paul Kagame　1957～
大統領在任 2000～

パスツール・ビジムング
Pasteur Bizimungu
1950～
大統領在任 1994～2000

ルワンダ内戦と大虐殺

アフリカ中央部の内陸、ウガンダの南に位置する国ルワンダ。この国で悲惨な内紛があり、大規模な虐殺が行われた事は記憶されている方もおられるだろう。この国の住民は大別すると、人口の八五％を占めるフツ人と一五％のツチ人という分布になる。フツ人は農耕民で、七世紀から十世紀頃に定住したとされた。一方のツチ人は遊牧民で、一説には十五世紀頃に北方から移住したともいう。このように両者が別々の民族と長らく考えられてきたが、近年では寧ろ生業の違いによる区分ではないかという説が有力になりつつある。ともあれ、少数派のツチ人が王国を建設し、多数派のフツ人を支配する時代があったとされる。やがてこの地域を支配したドイツ・ベルギーは間接統治を行い、ツチ人を重用し、フツ人を従属させる政策を採用した。ツチ・フツの対立が顕在化したのはこの時期が原因ともされるが、明確な所は不明だ。

第二次世界大戦後、アフリカ各地で独立への動きが強まる。ルワンダでも一九六一年、立法議会選挙でフツ人を基盤とするフツ人民解放党（ＰＡＲＭＥＨＵＴＵ）が圧倒的勝利を収めた。この時の国民投票では王制廃止が決定し、翌一九六二年にルワンダは共和国として独立を果たす。しかし、その後もツチ人が権力を握っていたためフツ人の不満が爆発。翌年にフツ人によるツチ人虐殺が行われ約二万人が犠牲となった。その後、一九五九年から一九六四年の間に一五万人のツチ人が隣国に避難したという。一九七三年に成立したハビャリマナ政権は国家開発革命運動（ＭＲＮＤ）独裁体制の下で両者の融和を試みたが成果は上がらず、抗争は政府首脳をも巻き込んで続いた。そしてツチ系の亡命者・難民を主体にウガンダでルワンダ愛国戦線（ＲＰＦ）が結成される。このＲＰＦが一九九〇年にルワンダへ侵攻したのを契機に、本格的な内戦が始まった。

この内戦は周囲にも波及し、例えばコンゴのツチ系住民バニャムレング人が反政府闘争を開始している。かくしてルワンダ内戦は国際問題化した。一九九三年にアルーシャ和平合意が成立し、国連は支援団を派遣したが、一九九四年にハビャリマナ大統領が暗殺されたのを契機にフツ過激派の民兵組織がツチやフツ穏健派の虐殺を開始。虐殺の犠牲者は三ヶ月間で八〇〜一〇〇万人に達したとされている。この年七月、ＲＰＦはフツ過激派を軍事的に打倒して全土を掌握。ここに多くの犠牲を出した内戦は一応の収束を見せた。こうして新たに大統領となったのがパスツール・ビジムングである。そして副大統領にはＲＰＦ司令官であったポール・カガメが就任した。

ビジムングとカガメ

ビジムングは一九五一年にフツ人家庭に生まれ、学生時代にフツ過激派組織に加入。その後はツチ人女性を妻とするなど穏健派となったようだ。ハビャリマナ政権時代、当初は国有会社エレクトロガスの支配人として政権を支持していたが、一九九〇年に彼と対立してウガンダへ逃れＲＰＦのスポークスマンとなる。大佐であった兄弟が処刑されたのが契機であったとも言われる。一九九三年にはタンザニアでの和平交渉を担当し、また同年には総選挙を睨んだＲＰＦにより内務大臣に擬せられた。一九九四年に大統領として選出されたが、ＲＰＦ指導者のカガメが実権を握っているのではと考える人々も多かったようだ。

カガメは一九五七年にツチ人家庭にルワンダ南部で生まれたが、一九六〇年に独立直前の騒擾で三〇年間にわたり家族共々国内各地で逃亡生活を送る。その後、ウガンダでムセベニが率いる反政府ゲリラ部隊に参加しウガンダ内戦を戦い、ムセベニが新政権を樹立した際には将校として遇された。一九九〇年にはルワンダへ戻り、ＲＰＦの指揮をとり、フツ過激派と戦って一九九四年にこれを撃破し、ルワンダの政権を奪取する。

新政権は内戦と大虐殺の傷痕を乗り越えようと努力した。政権が樹立された一九九四年には出身部族を示す証明書を廃止。それでもＲＰＦ政権成立に伴い二〇〇万にのぼるフツ人が難民として流出していたが、これも一九九六年から帰還が始まる。一九九九年には国民和解委員会・国民事件委員会を設置。このようにツチ・フツ間の融和を推進した。同年には内戦終結以降初めての地区レベル選挙を実現。平和的な民主化のステップも歩み始める。

しかし二〇〇〇年、国会議長と首相に公金横領疑惑が露見。その責任問題でビジムングも辞任に追い込まれる。後任として副大統領のカガメが昇格した。ビジムングはその後に新党を立ち上げたが民族間対立を煽るものとして禁止され、やがて逮捕され、前国家元首の特権をはく奪されるに至っている。

汚職追放と経済発展

さてカガメ時代に移った後も、ルワンダ政府による秩序回復と民主化への努力は継続されている。二〇〇三年八月、大統領選挙が実施されカガメ大統領が再選を果たし、同年の上院・下院議員選挙や二〇〇八年九月の下院議員選挙では与党ＲＰＦが勝利。また政府は治安の回復、汚職の追放を推進し大きな成果を上げている。これはカガメらの力量・熱意によるものである事は論を俟たないが、軍事的な全国制圧を背景に樹立された政権であり強力な運営が可能である事、比較的小規模な国土であり、全土把握がしやすい事がプラス要因となった可能性は考えられる。

さて内乱からの復興で何より重要なのは、経済再建である。既にビジムング時代の一九九六年に「公共投資計画」を策定し、経済復興へ向け意欲的で、一九九九年には内戦前の水準には回復していた。だが、経済成長が本格化するのはカガメ政権以降であった。彼は、ルワンダの地理的条件を利用しようと考える。かくして大統領に就任した際、こう宣言した。

「ルワンダをアフリカのシンガポールにする」

ルワンダはアフリカ大陸中央部に位置する。ならば、環境を整備すれば航空路線の要所として発展が見込めるのではないか。この考えに基づき、巨大ハブ空港の建設が推進されている。更に交通要所化に対応できるよう道路網・航空路の整備にも力を注ぐ。また訪問者の増加を見越して、ゴリラで知られるアカゲラ国立公園等の観光資源の活用にも積極的である。

経済発展のためには資金や人材を確保しなければならない。カガメは、ツチ人亡命者たちに目を付けた。内戦時に亡命したツチ人は二〇〇万人に上る。彼らの多くは高等教育を受けており、世界的企業で活躍した人材も多い。資金面でも技術面でも、彼らの協力が国家再建には不可欠であった。それだけではなく、海外からの投資や企業参入も欠かせない。そのため、彼らが新規参入しやすいよう必要な行政手続きが一度に完了できるワンストップサービスを導入。そして上述の汚職追放・治安対策も投資を呼び込むためには欠かせない。公正な行政や安全が確保され得ない場所では、ビジネスを成り立たせるのが難しいからだ。現に、アフリカ諸国でこの二点が足枷となっている事例は少なくないという。

こうした施策は、上手く時流に乗って実を結び始める事となる。独立を果たして以来長らく、アフリカ諸国は多額の援助を受けながらも経済成長を果たせずにきた。しかしながら、石油・金属の価格高騰や経済のグローバル化によって二〇〇三年頃からアフリカ経済は急激な成長曲線を描き始める。中国に代表される新興国が急成長し、資源需要が拡大。アフリカも資源供給源として世界経済における役割が急拡大したのである。既に九〇年代からアンゴラや赤道ギニアなどでは石油採掘開発が進んでいるが、こうした動きがアフリカ諸国で見られ始めた。ルワンダでもキブ湖でのメタン開発が進められており、発電効率の劇的改善が期待されている。そしてそれに連動する形で、金融・鉱業・通信などの投資額も上昇、民間消費も増大し始めている。カガメ政権のルワンダは、見事にそうした好条件を捉えたのであった。ルワンダは急速な経済成長を果たし、現在では周辺地域にとって希望の星となりつつある。二〇一〇年現在でGNP成長率は七・五%であり、二〇一一年での一人当たりGDPは一四〇〇ドルである。国民の生活レベルも確実に上昇しており、二〇〇六年に六%でしかなかった携帯電話普及率は二〇一二年に四五%に達した。またインターネット使用率は二〇〇八年から二〇一二年までで八九〇〇%の上昇を見せている。乳児死亡率や国内格差も徐々にではあるが、改善傾向を示しているといわれる。

そして更なる経済成長を見越し、ルワンダは先進国との関係に重点を置いている。また周辺諸国との関係にも気を配り、東アフリカ共同体や東南部アフリカ共同市場に加盟。二〇〇九年に英国連邦（コモンウェルス）へ加盟したのも、そうした政策の延長上にあるであろう。

今後の課題

ただ、今後の展望として課題も存在する。カガメ政権は劇的な戦後復興を遂げた一方で、人権侵害への批判があるのも事実である。また人口の八五%が農業に従事している反面、農産物は生産額の三一%にとどまっており、農業の近代化が急務だ。降水量の多い気候から良質な穀物生産が期待される一方、都市化に伴い消費量が激増するポテトチップ用のジャガイモなど換金力の高い作物生産を考慮する向きもある。いずれにせよ、ルワンダの農業は発展途上であると同時に寄せられる期待値も大きいようだ。

ルワンダにとどまらず、アフリカ全体に通じる問題もある。アフリカ全体の好景気を支えるのは資源であるが、経験則として資源に依存した経済成長は製造業の成長を阻害し、貧困頻度も必ずしも改善しないとされている。となると、好景気の間にどれほど製造業を育成できるかが鍵となる。ルワンダを含めアフリカ諸国もそれは承知しているようで、外国企業誘致による製造業育成に熱心な例が見られる。

また、もう一つの課題が交通の便である。ルワンダの主要輸出品はコーヒーや茶など農産物であるが、内陸国であるが故に輸送費が高くつくのが問題点として指摘されている。そして輸出港として重要な、インド洋に面した国々は様々な問題を抱え、周辺諸国の貿易を阻害する傾向が生じている。まずタンザニアでは貿易に関連する制度の整備が遅れており、通関手続きが煩瑣な上に港が渋滞し、停電やコンピュータの故障も流通の遅れを招いているという。ケニアでは鉄道の発達が十分でなく、港からの運送に余り寄与できていない。こうした事情もあって、周辺諸国での輸送費は中国やインドの六倍に相当するという。現在、こうした問題を改善するための方策として、半官半民型の投資によるインフラ整備に期待が寄せられている。

むすび

内戦と民族浄化によって、凄絶な被害を受けたルワンダ。しかしビジムングやカガメら指導者たちの努力もあって、ルワンダは逞しく復興、そして発展への道を歩みつつある。大虐殺はあってはならぬ悲劇であったが、その過ちを反面教師としてツチ・フツの協調体制を志している点も評価できる。まだ乗り越えねばならぬ課題は多いが、ルワンダの戦後復興は周辺諸国に対しても大きな希望を与えているのは間違いない。

コラム11

ビアフラ戦争後のナイジェリアと戦後復興石油がもたらす急成長

二十世紀後半に独立を果たした後も、長らく政情不安・内戦等により発展を妨げられていたアフリカ。しかしながら、今世紀に入ってからの経済成長は目覚ましいものがある。そうしたアフリカ諸国の中で、最大級の大国として挙げられるのがナイジェリアであろう。

ナイジェリアは豊富な石油を産出する地域であるが、民族問題に悩まされ、悲惨な内戦を経験した。ビアフラ戦争である（詳細は拙著『敗戦処理首脳列伝』を参照）。そして内戦終結後も、政情不安定は相変わらずだった。だが、中国を始めとする新興国の台頭と、それに伴う石油需要の増大による価格高騰はナイジェリアにも経済成長の風をもたらした。この好機に乗じ、ナイジェリアは内戦の傷跡から復興しつつあると言えよう。

今や、ナイジェリアは北西アフリカ随一の成長株である。潤沢な石油と天然ガス。そして豊かな人口は巨大市場に成長する期待を抱かせるに十分だ。更に広大な土地は、農業開発にうってつけに見える。魅力的な条件には事欠かないのだ。

ナイジェリア政府は、この機会を捉えて海外からの融資を呼び込むべく治安の改善に取り組んだ。警察組織を再編・強化して、現地における生命・財産の安全を確保しよう。そして、機密保持にも力を入れなければならない。

こうした方針は一定の成果を上げ、海外投資家の目を惹きつける事に成功した。中でも多国籍石油メジャーが多数進出。政府は更にビザ獲得を容易にする事で、海外労働者の誘致にも力を入れた。そして港湾事業者はインフラ整備に積極的に取り組み、自国のみならずアフリカ全体の窓口にしようと志している。かくしてナイジェリアのGDP成長は、年七%前後を維持するようになった。二〇一二年にも鈍化したとはいえ六・七%の数値をたたき出している。

今や、経済成長によって生まれた富裕層により新たな潮流が生まれ始めた。彼らは高級車や高級住宅地の顧客として内需に貢献しつつある。またスマートフォンもステータスシンボルとみなされ急速に普及。ブラックベリーが大きなシェアを占めているようだ。こうした人々の間で需要が増大しつつある携帯電話・服飾・量販店といった分野は、現地企業が育っていない。そこで南アフリカなどの外国企業が、新たな市場開拓のため進出しつつある。また、富裕層に生まれた生活の余裕は文化にも影響を与えており、国際的に評価を受ける芸術家も陸続しているという。

この流れは、国際的な人の動きにも影響せずにはおられない。かつて、ナイジェリアの知識層はアメリカ等へ流出するのが常であった。だが今日では、彼らが祖国へ戻り始めている。そして留学先で得た学識を活かして貢献しようとしているのだ。

とはいえ、ナイジェリアの前途は決して順風満帆とは言い難い。解決しなければならない課題は、まだまだ多い。第一に、輸出の八八%を原油に依存しており、経済の基盤が脆いのは否めない。政府は石油化学工業の振興を図り、また農業・インフラ整備へも外資誘致を目論んでいるが、必ずしも軌道に乗ってはいない。そしてその石油産業も、海外の石油メジャーに牛耳られており、自国企業は十分に育っていない。自国企業のシェアは五%程度の二〇〇万バレル／日に過ぎないのが実情だ。とはいえ、最初の地元石油会社ファースト・ハイドロカーボン・ナイジェリア社が二〇一一年には一億ドルの売り上げを上げるに至っており、希望がないわけではないようである。

急速な経済成長にインフラ整備が追い付いていない事による、社会の歪みも課題として見逃せない。最大都市ラゴスでは、交通手段が整っておらず、エネルギー供給にも問題を抱えている。また石油産業による環境汚染も深刻で、健康を害する国民も多い。

経済成長の反面で格差が広がっているのも大きな社会問題である。国民の三分の二が未だに一日一ドル以下での生活を余儀なくされており、失業率も二〇一一年時点で二三・九％と高値だ。更に石油産業で潤う南部との格差拡大により、北部ムスリム社会は影響力低下に伴う焦燥を募らせており、イスラーム過激派伸長を招いている。放置しては再び内戦がおこる火種になりかねないであろう。

経済格差・失業が治安悪化につながるのは言うまでもない。石油産出地帯では武装組織による石油関連施設の破壊や労働者の誘拐、石油強奪が深刻な問題となっている。政府は武装組織構成員に職を斡旋する事で武装解除を図っているが、与えられる仕事が不足しており、難航しているのが実情だ。

だがこうした多くの課題を抱えているとはいえ、世界経済上でナイジェリアが魅力的とみなされているのは間違いない。これを契機に経済大国へと脱皮するのか、それとも抱える課題に押しつぶされるのか。この国が貧富の差を改善させ、全ての国民を平和の裡に食わせる事ができるようになる日は果たして来るのであろうか。ナイジェリアから、目が離せない日々は続きそうである。

内乱で荒廃するも石油とダイヤで急成長、
その前には旧宗主国も膝を折る

内戦後のアンゴラとジョゼ・エドゥアルド・ドス・サントス

ジョゼ・エドゥアルド・ドス・サントス
Jose Eduardo dos Santos
1942～　大統領在職 1979～

アフリカ中部における成長株がルワンダで北西部の希望の星がナイジェリアならば、南西部のそれに相当するのはアンゴラであろう。アンゴラも長らく内戦に苦しめられたが、新世紀に入っての追い風に乗り、目覚ましい成長を遂げている。

アンゴラの独立と内戦

かつてポルトガルの植民地であったアンゴラで

あるが、アンゴラ解放人民運動（ＭＰＬＡ）を中心とした独立運動により一九七五年に独立を果たす。しかし、生まれたばかりの国家は間もなく内戦に陥る。政府を組織したＭＰＬＡがソ連・キューバの支援を受けていた事に反発し、南アフリカやアメリカの援助を得たアンゴラ全面独立民族同盟（ＵＮＩＴＡ）が挙兵。アンゴラ全土は戦火に包まれた。国際社会が事態を収拾すべく仲介に入り、一九九一年・一九九四年に和平が成立したものの長続きせず、戦闘状態が慢性化する。内乱による国土の損害は大きく、農地は壊滅的打撃を受けたという。

事態が動いたのは二〇〇二年。ＵＮＩＴＡの指導者ジョナス・サビンビが戦死し、それに乗じる形で同年四月に停戦合意がなされた。指導者を失い、弱体化したＵＮＩＴＡは更なる武力抗争を断念し、武装解除・復員に応じる。かくして長きにわたる内乱は終止符を打った。

「技師」ドス・サントスと石油資源

長い内戦を通じて政府を率い、勝利に導いたのがジョゼ・エドゥアルド・ドス・サントス大統領である。ドス・サントスは一九四四年にルアンダ州ルアンダで生まれ、一九六一年にＭＰＬＡに参加。しかし同年に国外追放され、キンシャサやブラザビルで活動を継続。一九六三年にはソ連へ留学し、一九六九年にバクー石油・ガス研究所を卒業して石油工学学士となった。そのため、大統領になった後も敬意を込めて「技師」と呼ばれる事があるという。

一九七〇年には帰国してポルトガルとの戦いに参加し、中央委員会や政治局といった幹部職を歴任して独立時には外務大臣・副首相に就任。大統領に昇格したのは一九七九年である。以降、ＭＰＬＡの指導者として権力を維持し、内乱を戦い抜いた。何しろ、当初はマルクス主義を奉じていたにもかかわらず、内戦終了後には市場経済や複数政党制を導入する柔軟さをも備えた、強かな指導者である。

　内乱終結後も、ドス・サントスは政権の座に留まり、戦後復興の任に当たった。二〇〇八年には一六年ぶりの国会議員選挙が施行され、与党MPLAが圧勝する。彼の権力基盤はなお安泰であった。とはいえ、前途は多難である。上述のように農地は荒廃しており、かつて主産業の一つであったコーヒー栽培は当てにできない。だが、アンゴラは幸運だった。中国などの新興国が急成長し、資源需要が増大。アフリカの資源に注目が集まる。そして、アンゴラには石油とダイヤモンドがあった。

「奇貨、置くべし」

　これが、ドス・サントスの心境であったろう。果たして、アンゴラは急激な経済成長を果たす。一時期には年一〇%を超えるGDP成長率を呈した位であった。その後はやや減退したとはいえ二〇一二年にもGDP成長率は八・二%と高値である。天然ガスの採掘も開始され、石油産出量の増加が見込まれている。加えて、コバルト鉱脈も発見されており、投資先としてアンゴラは魅力を増しつつあるのだ。

　アンゴラの石油産業を支えているのは国有企業ソナンゴル社である。内戦中を通じても政府と結び付きを有しており、内戦終結後は金融・不動産にも手を伸ばし、経済の死命を制する格好だ。そして国内にとどまらずロンドンにも支社を持ち、イラクやブラジルにも石油権益を保有している。まさしくソナンゴル社に繋がる一握りのエリートがアンゴラ経済を牛耳っているのだ。

　さて他のアフリカ諸国と同様、アンゴラも中国との関係が深い。一例として挙げられるのが「ベンゲラ鉄道」の再開発であろう。ベンゲラ鉄道とは、港湾都市ベンゲラから東方の内陸へ植民地時代に敷設された鉄道である。内戦の影響もあって一時は運行が中断していたが、中国からの投資によってザンビアの銅を運搬できるまで延長する計画が立てられている。

課題と展望

このように急激な復興・成長を遂げているアンゴラであるが、まだまだ内戦の傷跡は深く、課題も多い。石油等の豊かな資源に助けられたものの、農地の復興は未だ十分とは言えず、農業再建はこれからである。また内戦によって多数が都市部に逃れ、現在でも人口の四分の一が首都ルアンダのスラム街で居住している有様である。かつてよりは減少したとはいえ、貧困層は国民の約四五％と推測され、貧富の差も深刻だ。失業率は二〇一二年で二六％に及んでおり、若年層に至っては約半数が職にありつけていない。またドス・サントスの支配は安定しているとはいえ、三〇年以上の長期政権への不満が蓄積しつつあるのも否めない所である。無論、政府はこうした問題に手をこまねいている訳ではなく、貧困対策として社会福祉に国家予算の三三・二％を費やす方針を固めている。

こうした問題を割り引いてもアンゴラは活力に満ちている。中でも注目されるのが旧宗主国ポルトガルとの関係だ。不況に苦しむポルトガルから、好況にあるアンゴラへと職を求めて出稼ぎする人々が後を絶たない。一方でアンゴラの富裕層はポルトガルの住居や高級アパート、ワイン醸造、そしてポルトガル企業の株を買い漁っている。中でもドス・サントス大統領の長女イザベラがポルトガルの有料テレビ局ゾン・マルチメディア社の筆頭株主であり、ＢＰＩ銀行の大株主でもある事は有名だ。また二〇一一年一一月にアンゴラを訪問したポルトガルのペドロ・パッソス・コエーリョ首相はアンゴラからポルトガルへの出資を強く希望したという。旧宗主国と旧植民地の力関係は、もはや逆転したと言って良い。アンゴラ経済界にとって、溜飲が下がる思いであろう事は想像に難くない。これらの事実を思うに、アンゴラは国民に誇りを与える事は出来たと考えてよいのではないか。これからは、如何に平和を保ち、どうやって全ての国民に豊かさを分け与えるかを重視すべき段階であろう。

むすび

三十年近い内戦に苦しめられたアンゴラ。それが急激な成長・復興を遂げられた背景には、豊富な資源に恵まれる幸運だけでなく、ドス・サントスによる支配が安定していた事も大きい。政敵サビンビ死後は彼を脅かす者はなく、それが国家権力による安定とそれによる海外投資誘致に繋がった。だが、もはや彼も高齢であり、世代交替を見据える必要が生じている。二〇一二年現在、後継者として擬されているのはソナンゴル社の総裁を一二年務めたマニュエル・ビセンテであるが、国家首脳としての力量は未知数である。アンゴラにとって、吉と出るか凶と出るか。それは天のみぞ知る所であろう。

民族紛争は掃討した、さあ再建だ
〜長年の戦禍が終結したその後は？〜

内戦後のスリランカとラージャパクサ

マヒンダ・ラージャパクサ
Mahinda Rajapaksa
1945〜
大統領在任 2005〜

スリランカ内戦

インド南端よりやや南に浮かぶ島国スリランカ。この国は、長らく泥沼の民族紛争に苦しんできた。それは、独立直後より採用されてきた多数派シンハラ人への優遇に対するタミル人の不満に起因する。スリランカの北部・東部を中心に居住するタミル人は待遇改善を求めてきたが受け入れられず、一九七〇年代になると

もはや、政治的折衝でタミル人が浮かぶ瀬はない。

と考える者が増えてきた。かくして「タミル・イーラム解放の虎（ＬＴＴＥ）」などの武装組織が結成され、分離独立を求め戦闘状態へと入る。政府軍とＬＴＴＥは一九八三年以降、本格的な内戦状態に突入。

両者の間で和解の動きが持たれなかった訳ではない。例えば二〇〇二年にはノルウェーを介して停戦がなされる。そしてその後もしばしば交渉が行われたが、停戦合意違反が常態化しているのが実情だった。スリランカ政府は、やがてこう判断するようになる。

「もはや、この停戦には実態がない」

かくして二〇〇八年一月、政府は停戦合意から脱退。ＬＴＴＥへ本格的な攻勢をかけ、その拠点を陥落させていく。二〇〇九年三月にはその残存勢力を北部海岸地帯に追い込む事に成功した。ＬＴＴＥは二〇万人を超える国内避難民を「人間の盾」として連行し、攻撃を手控えさせようとしたが、五月中旬には「人間の盾」とされた避難民は救出されたという。かくして同年五月一八日、ＬＴＴＥ指導者ブラバカランを殺害し、ＬＴＴＥの組織的抵抗を壊滅させる。翌日、大統領は戦闘終結を宣言すると共に、以後は避難民の再定住や国民間の和解を進める旨を表明。ここに、数十年にわたる長い内戦は政府軍の勝利で終わりを告げた。マヒンダ・ラージャパクサ大統領時代での出来事である。かくして、スリランカはようやく戦後復興へと踏み出せるようになった。

インフラ重視の政治家としてデビュー

ラージャパクサは、一九四五年にスリランカ南部のウィーラケティアに生まれ、シンハラ仏教の伝統にのっとって育てられた。他の一族と同様に南部のゴール市にあるリッチモンド大学で学ぶ。

後にナーランダ大学やサースタン大学に移る。コロンボ法科大学で法学を修め、弁護士資格を取得、人権問題に興味を抱いた。学生時代には左翼政治運動にも参加した事があるという。一九七〇年、二五歳で国会議員に選出された。中道左派の立場をとり、やはり国会議員であった叔父や父と同様に南部零細農民の利益を代表する形で政治活動を行う。一九七七年に一度議席を失うものの、一九八九年には返り咲き。一九九四年にクマーラトゥンガが大統領となるとその下で労働大臣・漁業大臣等を歴任する。その期間の活動としてはハンバントタの港湾建設を主導した事が挙げられる。二〇〇四年四月に首相就任。高速道路建設をはじめ道路網の整備を重視する政策を採用した。ここまでの経歴からは、インフラ整備を重視する政治家の姿が伺える。

民族対立の解消へ向けて

二〇〇五年、ラージャパクサは大統領に当選。この際、テロの根絶、民主化の進展、民族問題の交渉による解決を公約として掲げた。当初は公約に従い、二〇〇五年一二月から翌年四月までLTTEと交渉の姿勢を見せるが、自爆テロを契機に軍事攻撃へと方針を転じたのは上述の通りである。

LTTEを軍事的に制圧する一方で、ラージャパクサはタミル人との和解を並行してアピールする。彼らの中から、LTTEへの賛同者を出さないためである。LTTEから分派したヴィナヤガムルティ・ムラリタランが国家再統合・再建担当大臣として政権に参加したのはその一例である。二〇〇七年に東部州からLTTE勢力を駆逐した際、東部州議会選挙でかつてLTTEの少年兵であったシヴァネサトゥライ・チャンドラカンタンが議長に選出されたのもそうした流れの中で生まれた事象であるようだ。また「東部の夜明け」政策を打ち出し、インフラ整備や投資誘致による同地方の経済発展を図っている。経済発展による生活水準の改善が、タミル人の不満を緩和させられるとの狙いもあろうか。
内戦終結後、北部地方でも選挙が行われた。ラージャパクサは全政党と接触し、国家再統合へ向けた改革への同意を取り付ける。

「再びの内乱を防ぐためには、タミル人との和解を進め不満を爆発させないようにしなくてはならない」

そうした方針の下、タミル人の生活再建へ向けた政策も打ち出される。まず三〇万人に上るタミル人難民の帰還・再定住を推進。二〇一〇年一月には八万人まで難民を減少させた。

「元LTTE兵士にも社会に受け皿を作らねば、再び社会不安要因となってしまう」

そこで元兵士に再就職の斡旋を図ったり、少年兵は親と再会させ、学校へ参加させる事で戦後における居場所の確保を進めようとしている。

インフラ整備と経済再建

また、民族を問わず戦争で荒廃した人々の生活を再建すべく、インフラ整備へ更に力を注ぐ。上述のように元来インフラには熱心であり、大統領選挙の公約にも道路網の整備は盛り込まれていた。実際、彼の時代に五〇〇〇キロメートル以上の道路が新設あるいは再建された。新たな高速道路の建設で主要都市が結ばれ、交通事情は著しく改善。建設されたのは道路だけではなかった。ハンバントタに港湾や国際空港を建設、新たな高速道路の建設で主要都市を結び、北西地方のノロチョライに石炭式の火力発電所、中央部の上コトマレに水力発電所、西ガンパハ地方に火力発電所が作られている。新設された設備による経済発展だけでなく、建設による経済効果もまた期待されている事は言うまでもないだろう。
ラージャパクサの経済政策として目に付くもの

としては、政府・地方自治レベルでのＩＴ導入促進がある。ＩＴ使用率は彼が大統領になってからの四年で二五％まで上昇し、携帯電話の普及も進展しているという。国民の健康増進も彼の関心事の一つであるようで、タバコやアルコールの依存症防止、狂犬病予防にも熱心である。

内戦終結以前から、サービス業の成長もあってＧＤＰ平均成長率は年六％以上が保たれていた。特に内戦終結後の二〇一〇年・二〇一一年は八・〇％以上という高値をたたき出している。経済が好調になったことで失業率も低下し、二〇一〇年で四・九％に低下。一方でインフレ率は内戦終結に伴う供給体制の改善、輸入品の国内価格抑制などもあり二〇一〇年に五・九％でとどめられた。輸出品目も、かつては農産物に依存していたのが製造業の発展により繊維工業製品が中心になりつつある。平和の到来によって治安が改善し、観光収入も増加した。二〇一一年で一人当たりＧＤＰは五七〇〇ドルである。ＩＭＦからは中所得国に認定されるに至っている。

こうした経済における好調は、スリランカの国際的地位向上にもつながっているようだ。ラージャパクサが二〇〇八年に南アジア連盟地方会議（ＳＡＡＲＣ）議長に選出されたのはその一端であろう。なお、二〇一二年にはG15サミット（アルジェリア、アルゼンチン、ブラジル、チリ、エジプト、インド、インドネシア、イラン、ジャマイカ、ケニア、マレーシア、メキシコ、ナイジェリア、セネガル、スリランカ、ベネズエラ、ジンバブエ）の議長をも務めている。

むすび

ラージャパクサは、強力な方針で三十年近い内戦を収束させた。

「タミル人との対話・待遇改善は進める。だが、テロは許さない」

そうした姿勢を貫いたのが成功と高い支持につながったのであろう。スリランカは破壊の時代をようやく潜り抜け、建設の時代へと入ることができたように見える。とはいえ、シンハラ人系政府による政策が、タミル人の間に不満・不安の種を植え付けているのも事実だ。政府はタミル人への配慮を示そうとしているものの、かつて合意した連邦制やタミル人自治の導入は曖昧となっている。シンハラ人による強圧支配を恐れる人々も多いのである。内戦克服後のスリランカに待ち受ける未来は、果たしていかなるものになるであろうか。

コラム12

祖国は遠きにありて想うもの〜亡命者・海外移住者たちの復興への貢献〜

戦後復興を行うためには、先立つものが必要である。古今東西、これについては例外がないようだ。そのための資金は、国内には望めない事も多い。戦禍で荒廃している以上、当然であろう。となると、外部から調達するしかない。そのための手段として、特に戦後に著明なのが海外援助である。だが、外部のお情けに頼っている状況では、思うに任せないのも事実である。そこで、重きをなすのが国外に逃れた亡命者たちである。彼らが富裕な地域に逃れ、そこで稼いだ外貨はしばしば貴重な復興資金として活用されている。

まず、内乱を経て成立したフランコ政権時代のスペインを見よう。国内の混乱が一段落した第二次大戦後、ラテンアメリカや西欧への移民が本国に仕送りを行なう。それがスペインの経済成長を支えていた。移民先として多かったのはフランス・ドイツ・スイス。やがてスペインに帰還した移民には、職業技術や民主的思想を持ち帰る者もおり、フランコ死後の民主化に大きな影響を与えたとされる。

スエズ戦争から脱落し、国家再建を目指すサダト時代のエジプトでも、富裕な産油国に出稼ぎをする人々からの送金に少なからず助けられたという。

現在、そうした現象が見られるのがアフリカである。内乱や飢餓等によって、アフリカ人口の五％は海外に亡命していると言われている。ナイジェリアやガーナからはアメリカへ、マリやセネガルからはフランスへ亡命する事例が目立つという。現在、ルワンダを始めとして急速な経済成長を遂げる事例がアフリカの国々で目立つが、やはり亡命者からの送金が成した貢献は大きい。例えばウガンダは、二〇〇六年のみで六〇億四二〇〇万ドルにのぼる海外送金を受けている。

戦争が起こると、戦乱を避けて国外へ逃れる人々が出るのは通例と言える。だが、彼らも好き好んで祖国を捨てるわけでは決してない。故郷に残した知人や血族との繋がりが残っている場合も多い。残された人々と亡命者たちとの絆が、故郷の復興に大きな力となっているのである。そして、戦争状態が終わると帰ってくる者も出る。その中には、亡命先で教育・医療などのスキルを身に付け、戦後の祖国で人材として貢献する事も少なからずある。

第三部

名誉ある失敗者たち

戦後の体制復興に尽力しても、それが報われるとは限らない。この章では、力及ばず成功できなかった人々について扱う。彼らは祖国への思いに満ち溢れており、力量にも不足はしていなかった。しかしながら天運与せず、失敗者の仲間入りをしてしまった人々といえよう。

とはいえ、ただ運だけの問題にしてしまう訳にもいかない。

「勝に不思議の勝あり、負に不思議の負なし」
（山田次郎吉編『剣道集義』東京商科大学剣道部、四三六頁）

徳川中期の大名・松浦静山が『剣談』で述べ、プロ野球の名将・野村克也氏が引用した事で今日では知られる言葉である。この言葉が示すように、戦後復興で成果を残せなかったこれらの人々にも、相応な理由があった。ビジネスにおいても、失敗例から学ぶ事が多いのは常といえる。

彼らの失敗は、以下のタイプに分類できる。

①過去の栄光を追いすぎ、現実に対応しきれなかった（例：スラ、金の世宗）

真面目で有能な人物ほど、陥りやすい罠である。「あるべき姿」へのこだわりは、時代の流れを見極める目を曇らせる事がある。無論、本人が優秀で、一時的に成功した事例も存在する。だが、それとても首脳の卓越した個人的力量を前提とする危うい「成功」に過ぎなかった。彼らが表舞台から去るや否や、矛盾が表面化し、破綻に直面する運命にある。優れた個人の力も、時代の大きな流れの前には無力であるという格好の実例といえる。中には、過去の栄光が崩れるのを防ぐため安易な手段に頼る事例もある。

②既得権益者を抑えきれなかった（例：グラックス兄弟、王安石）

時代の流れはよく把握し、それに対する処方箋もほぼ的確であった。にも関わらず成功者となれなかった人々である。だが、それが実行できるかどうかは別問題という事だ。第一章で述べた通り、既得権益保持者の抵抗を抑えられるかどうかが死命を制するポイントである。改革というものは、既得権益保持者は激しく抵抗し、一方で改革から利益を得られる筈の人々は効能に懐疑的であるため積極的な支持者にはなりにくい。そう述べたのはマキャベリであるが、戦後復興に限らず体制変革の難しさはいつの時代も変わらないもののようだ。うまくたらしこむか、力で抑えつけるか。方法は人それぞれだろうが、ここを乗り切れるかどうかが最難関といえる。

③逆に、既得権益者に妥協しすぎた（例：アンドリュー・ジョンソン）

言うまでもなく、こちらも問題である。今度は、権益保持者に反発する層が敵に回る。おまけに、時代の流れに沿った政策が取れない事を意味するため、戦後復興体制も不十分に終わりやすい。何より、①のように確固たる意志で過去の体制に戻すのならまだしも、この場合は守旧的とも革新的ともつかない中途半端な迷走に陥る危険がある。しかも、守旧派・革新派双方から反発を食い、孤立する事も起こりがちである。

更に、気の毒としか言い様がないものとして

④余りに時代や相手が悪すぎた（例：ティプー・スルタン）

基本的に、力量は高いし、打つ手も間違いではなかった。だが、産業革命を経て近代を迎えたイギリスと正面から対立せざるを得なかったのが不幸だった。

いつの世でも、失敗から学ぶことは多い。という訳で、いくつかの失敗事例を以下では概観しよう。

不公正を是正して、市民兵再建を目指したが、既得権益有する有力者たちに潰される

ポエニ戦争後のローマとグラックス兄弟

グラックス兄弟
兄ティベリウス　Tiberius Sempronius Gracchus
前 162 ～前 133　護民官在任前 133
弟ガイウス　Gaius Sempronius Gracchus
前 153 ～前 121　護民官在任前 123 ～前 122

覇権に酔うローマに忍び寄る危機

三度にわたるカルタゴとの戦争を通じ、地中海世界最強国となったローマ。しかし、勝者であるローマは内側から蝕まれつつあった。

ハンニバルがイタリア半島に攻め入った第二次ポエニ戦争を契機に、イタリア南部の農地が荒廃

394

し、離農が進んでいた。また、支配領域拡大に伴いイタリア半島外部から穀物が入るようになり、イタリアの自作農を直撃する。それだけでなく勢力拡大は商業によって富裕となった「騎士《エクイタス》」と呼ばれる階層を台頭させた。貴族や騎士ら富裕層は大規模に土地を買い占め、小農民没落は更に深刻化していく。つまりは、貧富の差が拡大し、兵役を担えるだけの中産階級が減少しつつあった。これは国防上ゆゆしき問題である。そして没落した農民が都市に流入し、大量の失業者が生まれていた。こうして支配階層と被支配階層の固定化が進行。「負け組」というべき人々の不平は鬱積しつつあった。この時期、大農園で労働する奴隷達の反乱が頻発するようになったのは、その一例である。

　覇権と勢力拡大に酔いつつあったローマに忍び寄る危機。それに気づき、対処しようとした最初の事例と言えるのが、グラックス兄弟である。

兄が倒れ……

　グラックス兄弟の実家は、ポエニ戦争を通じ支配層に組み入れられた富裕な家系である。第二次ポエニ戦争最大の英雄・大スキピオの娘コルネリアを母に持つ。祖父もハンニバル戦役で解放奴隷による部隊を率いて活躍した事で知られる。さて、兄ティベリウスが改革を志したのは、前一三七年の事。スペインへ会計検査官として赴く途中、トスカーナ地方の農園で働いているのが外国出身の奴隷ばかりであることにショックを受けたのが契機であるという。

「自分の土地を持つローマ市民がいなくなりつつある。これでは、余りに不公正だし国も守れやしない」

　かくして前一三三年、ティベリウスは護民官に立候補した。プルタルコスによれば、彼はこの際このように演説したという。

「イタリアの野に草を食ふ野獣でさへも穴と寝所とを持つてゐてそれぞれ自分の休み場としてゐるのに、イタリアのために戦つて死ぬ人々は空気と光の他何物も與へられず妻や子供と家もなく落着く先もなくさまよひ、しかも全権を握る将軍は戦場に於て兵士に墳墓と神殿のために敵と戦へと励まして嘘を吐いてゐる。実はこれ程多くのローマ人が一人として父の祭壇も先祖の家廟も持たず他人の贅澤と富のために戦つて斃れ世界の覇者と称せられながら自分自身の土地としては土塊一つないのだ」（『プルターク英雄伝（十）』河野与一訳、岩波文庫、八〇～八一頁）

当選したティベリウスは、さっそく貧窮した市民の救済策に乗り出す。まずは土地所有における不公正への対策である。そのため彼は土地法案を提出。国有地の借用を一人あたり一二五ヘクタールに制限し、他者への譲渡禁止を規定したものである。当時、国有地の借用制度を不正利用する有力者は後を絶たなかったのだ。そこで、土地法案はそうした不正利用を禁じ、超過分を没収した上で、没落農民に分与すると定める。だが既得権益を有する人々は当然ながらこれに反発、ティベリウスの同僚護民官を抱き込んだ。反対派曰く、

「私的生活への助成金を国庫から出すことには、問題がある」

これに対し、ティベリウスは民会でその同僚を罷免する議決をさせるという荒技にでた上で、法案を通過させた。だがこの際に、財源として新たにローマ領となった旧ペルガモン王国の財産を当てようとしたのが問題となる。元老院は、自分たちを無視する独断としてこれに反発。かくしてティベリウスは、この国の特権階級の多くを敵に回す事となった。そうした中、彼は改革を貫徹させるため、護民官への再選を目指す。

「自作農を再建し、兵役可能な市民を増やさねば。そのためには、一年の任期だけでは足りはしない」

それが、ティベリウスの思いだった。だが、護民官への連続再選は法で禁じられてはいないものの前例がなかった。これも元老院の反感を買う。

「彼は元老院の集団指導体制を無視し、独裁者になろうとしているのではないか」

このような憂慮を口にする者も現れた。かくして、護民官選挙の際、ティベリウス・グラックスとその支持者たちは、反対派と衝突し、撲殺される。ここに、没落市民の救済とローマ社会の再建を目指した動きはいったん挫折した。救いがあるとすれば、その後も土地法はある程度骨抜きになったとはいえ継続された事だろう。これによって、目的であった中産階級の増加はある程度成功を収める。兵役可能な市民の人口は、前一三六年には約三一・八万に落ち込んでいたのが前一二五年には三九・五万まで回復しているのである。とはいえ、これも次第になし崩しとなっていく。

そして弟も

時は流れて前一二三、再び「グラックス」の名を持つ男が護民官の地位に就いた。亡きティベリウスの弟ガイウス・グラックスである。ガイウスの表舞台への登場は、兄の土地法制定に伴って新設された土地分配委員の一人としてである。それだけに、彼もまた兄の遺志を継ごうという思いは強かった。彼が護民官としてまず手を付けたのが、骨抜きになっていた土地法の再建であった。そして、ガイウスの改革はそれにとどまらなかった。

彼は穀物法を定め、ローマ市の民衆に穀物を安価で供給することとした。失業者にまずは生活面での救済を行うものである。その財源には、旧ペルガモン領の直接税が充てられた。

また、各地属州総督の不正を裁く常設裁判は、従来は元老院議員で構成されていた。そのため、身内へのかばい合いがしばしばであった。そこでガイウスはこの常設裁判の構成員を半分「騎士」身分とする事で、平民にも風通しを良いものとする。またこれは、新興「騎士」身分の政治的影響力を増加させる効果ももたらした。

失業者には、食料を与えるだけでは安定は得られない。そこで彼は公共事業でインフラ整備を行い、失業者に仕事を与える。同様な目的で、旧カルタゴに新たな植民市建設も計画した。失業者たちを移住させると共に廃墟になっていた要地カルタゴを再建しようというのである。もっとも、これは反対派に反撃の隙を与える結果となった。下準備のため、ガイウスは一時ローマを離れる必要が生じ、その間に同僚護民官がイタリア半島に十二箇所の植民市建設計画を対抗案として提出。人気取りによってガイウスの票を奪おうとしたのである。

それでもガイウスは護民官への再選は果たした。だが、三選は難しかった。これを契機に反対派との摩擦が過激なものとなり、それを口実に元老院から反逆者として宣告を受けた。ガイウスは追い詰められ、自決を余儀なくされる。こうして、グラックス兄弟による改革は再び頓挫。その後、彼らによる改革はほぼ取り消された。

ツケが高く付いた元老院派の暴挙 ～内乱の一世紀へ～

グラックス兄弟もその反対派も「ローマを護るため」動いた。これは一応事実であるだろう。グラックス兄弟は「ローマ市民による国防体制を再建するため」、そして反対派は「独裁者の出現を防ぎ、元老院による集団指導の伝統を守るため」。とはいえ、後世の価値観で過去を裁くのはタブーではあるが、現代から両者の「正義」を比較するとグラックス兄弟に共感を覚えるのは致し方ないところである。彼らは貧困に苦しむ人々を救い、社会の不公正を是正しようとした。これは、古今東西を問わず正しいとされる行いではなかろうか。一方、反対派に関して言えば彼らの重視する「共和制」は少数特権層の権益維持にすぎなくなりつつあった。元老院派の「正義」は、彼らだけの「正義」に堕してはいなかったろうか、と思わずにはいられない。

無論、グラックス兄弟側に問題がなかったわけではない。彼らのやり方が強引であったのは、否定できないだろう。彼らは若さ故もあり、妥協・手回しが巧みとは言えなかった。そしてそれを押し通すにも、反対派を黙らせるだけの軍事力があった訳でもない。それを考えると、失敗は必然であったといえる。

とはいえ、反対派の失点に比べるとそれも些細なものに思える。彼らが政争を通じて現役の護民官をおおっぴらに殺害した事は、「殺った者勝ち」の前例を作った。これは以降のローマ政治史を「殺られる前に殺る」という血塗られたものとする。その結果が、一世紀に渡る内乱であった。反対派が犯した罪はそれを考えると重いし、安易かつ重大な失策であったと言わねばなるまい。そして結局、元老院派は内乱を通じて没落し「帝政」の時代を迎える事になるのだが、これは別に語られるべき話であろう。

非常手段で
「共和制」の伝統を再建しようと奮闘したが、
それには「有能な独裁者」が不可欠な矛盾生じる

「内乱の一世紀」のローマとスラ

ルキウス・コルネリウス・スラ
Lucius Cornelius Sulla
前138?～前78
独裁官在任前82～前79

ルキウス・コルネリウス・スラ

グラックス兄弟による改革が挫折したのを契機に、ローマは長い混迷に陥った。「内乱の一世紀」である。周辺の外敵との戦いが引き続く一方で、国内の政争も武力抗争にしばしば発展した。そうした中で、卓越した力量によってローマの実権を掌握し「古きよき」ローマを再建しようとした人物がいた。ルキウス・コルネリウス・スラである。

スラは、まずまずの家柄に生まれはしたものの決して裕福ではなかったらしい。また、酒色を生涯にわたり好んでおり、生活ぶりは当時のローマ人から見て賞賛されるものではなかったようだ。

マリウスと兵制改革

さて当時、新興の家系出身であるマリウスが軍才を発揮し、存在感を増しつつあった。没落する市民が増加し、市民に兵役を担わせる従来の兵制を維持する事が困難になる中、彼は没落市民を雇用するという新たな方策を採用。マリウスの指揮下に入った無産市民たちは、以降その強力な支持基盤となる。ここに、有力者が私兵を抱えて外征や政争に臨む時代が訪れた。

こうして軍勢と支持者を得たマリウスは、ヌミディアとのユグルタ戦争で活躍し、名声を高める。この時、彼の副将として力量を発揮したのがスラであった。そしてイタリアにキンブリ・テウトニ人が侵入した際もマリウスの下で活躍。

これらの軍功によって政界での発言力を大きなものとしたマリウスは、無産市民を味方とし、彼らの救済を図る。だがその政治運営は強引なものであり、伝統的特権層の反発を買い、失墜していく。折からイタリア半島内部で勃発した同盟市戦争で、マリウスは手腕の衰えを露呈。代わって功を上げ、台頭したのがスラであった。マリウスに敵対する元老院の伝統的特権層にとって、スラは希望の星となる。前八八年、執政官に当選したのは彼らの期待を反映したものであろう。

終身独裁官スラ

閑話休題、この頃の小アジアではポントス王国のミトリダテス六世が勢力拡大を図り、ローマと衝突。ミトリダテスとの戦いにおける指揮権をめぐり、スラはついにマリウスと正面から激突。両者が私兵を保有しての抗争である。結果として、元老院を味方にしたスラがマリウスを追放し、一旦はけりがついた。ところが、指揮権を手に入れたスラが遠征へ赴いた際に事態は急変。本国に残した留守役がスラに離反し、これと結んだマリウスが復権したのだ。
だが、スラの面白い所はそれでもミトリダテスとの戦いを優先した事である。

「慌てて反転すると、ミトリダテスの追撃を食う。そもそも、公的地位を失った事で兵士たちが動揺し軍が崩壊しかねない」

そう考えたかどうかは分からない。だがともかく、彼がイタリアへ引き返したのはミトリダテスを撃破した後の前八三年であった。内戦の末にマリウス派を破り、軍を率いてローマに入ったスラは政敵を容赦なく殺戮する恐怖政治を布く。そして翌年、終身独裁官に就任し、権力を一手に収めた。これも彼にしてみれば、「戦後処理」のつもりであったろう。スラの目的ははっきりしていた。

「新興勢力の台頭を防ぎ、古き良き共和制の伝統を再建する」

これが彼の信条であった。そのために打ち出した彼の施策を概観しよう。

・**元老院を増員し、新興商業階層も取り込む**
新興勢力が敵対するのを防ぐと同時に、元老院の定数を増やす事で共和制を担う有能な人物が台頭しやすくした。

・**行政官の序列を厳密化する事で、年功序列化を目論む**
若く有能な人物が急激な台頭をする事は、共和制の秩序を乱す。それがスラの考えだったようだ。

・**総督の不正を監督する常設裁判構成員を元老院議員のみに戻す**
これも、新興勢力により伝統的支配層が脅かされるリスクを防ぐためである。

・**護民官経験者が他の官職に就けないよう定める**

グラックス兄弟時代のように、護民官が無産市民の支持を集め、元老院を脅かす事態はスラにとって避けたいものであった。この措置によって有為の人材は護民官を避けるようになり、護民官の質が低下。マリウスにつながる派閥が無産市民の支持を背景に台頭する事を防ぐ狙いは、この時点では図にあたった。

スラの政策は、元老院を強化する事で少数の支配層による共和制を再建しようという意図に沿ったものである事が分かる。支配層の既得権を守る守旧的な方向に流れるのは自然であろう。改革が一定の成果を上げたと判断したのか、前七九年にスラは政界を引退。人々を驚かせた。なるほど、考えてみれば納得はいく。彼の集団指導体制を重んじる政治的信条からすれば、単独の人物が長期に権力を握るのは望ましくないからだ。

その後のスラは、享楽的に晩年を過ごす。没したのは翌年。国葬で遇されたという。

「**その味方にとって、スラほど良い事をした者はない。その敵にとって、スラほど悪しきことをした者はない**」

これが、彼の墓碑銘である。確かに、その通りには違いない。戦争においても政争においても彼に敵う者はいなかった。スラは自らを「幸運者」と称したように、同時代の人々から見て彼は時代から選ばれた人物と映ったであろう。

スラ体制の崩壊

だが、スラが築き上げた体制に綻びが露呈するのは、わずかに彼の死から数年後であった。元老院による集団指導体制は、拡大したローマ周辺の有事に即応できず、結局は卓越した指導者を時代は求める。スラの改革がその生前は軌道に乗ったように見えたのも、スラの個人的力量が前提だったのだ。かくして、スラの死後にはポンペイウスやクラッススといったスラ門下で育った人材たちが、スラの（本人としてはやむを得ず用いた）超法規的手段を模倣する形で元老院秩序を揺さぶっていく。この流れは、カエサルやオクタビアヌスを経て帝政へと収束。スラは、その意図とは裏腹に「共和制」崩壊への道筋を付けた一人となったのである。

対遼・西夏戦後の北宋と王安石

合理主義を正面に　新機軸を次々打ち出すも
既得権益を崩せず政争化

王安石
1021 ～ 1086
宰相在職 1070 ～ 1076

疲弊した北宋と王安石の登場

北宋は、その歴史を通じて対北方民族で苦しめられた王朝であった。相手となった北方民族とは、すなわち契丹人国家の遼、そしてタングート人国家の西夏である。軍事衝突の末、これらの国に金品を与える事で平和を贖う方法も採られたが、その後も軍事抗争がしばしばであった。かくして外交・軍事による出費は国庫を圧迫。そうした中、国家の再建に乗り出したのが王安石である。戦時・平時の協会が不分明な時代ではあるが、戦いによって疲弊した国家の立て直しに挑んだ彼の自責は、広い意味で戦後復興の一種と見て良かろう。

王安石は一〇四二年に科挙に及第したが、長らく地方官を務めた。中央政府に復帰した後、『万言の書』により政治改革を訴える。彼の本格的な出番は、一〇六八年に神宗皇帝の即位からであった。新皇帝に政治顧問として取り立てられた王安石は、翌年に副宰相となり、政治改革へと邁進する。

最初に、「制置三司条例司」を設置。皇帝直属の審議機関として、改革にあたるスタッフを集めた。翌年に王安石が宰相となると廃止されたが、それまで様々な改革案がここで作られる。一連の王安石による改革は、「新法」と通称された。

聖域なき構造改革「新法」①産業改革

まず一〇六九年のうちに、均輸法・青苗法・農田水利等法を制定。均輸法は徴税に関する改革である。まず中央で予算を立て、必要な物資の種類と量を物資集積地・揚州に報告。その上で、極力近く安価な場所から調達させるという者である。無駄が多かった物資調達を合理化し、民の負担をも減らす目的があった。青苗法は貧農に小口の低利資金を常平倉より貸し出す、というものだ。当時、貧農は地主から高利で借金せざるを得ず、その返済が負担となっていたのである。農田水利等法は灌漑・水路整備について定めたもの。この年の法令は、農民・農業対策が主であった。

翌年には保甲法が成立。国境付近の農民に組合を作らせ軍事訓練し、治安に当たらせる事を定めた。これによって、国家が抱える将兵を削減する事がねらいである。農民に馬を貸与して農作業に用いさせ、戦時には軍馬として徴用する保馬法も農村・軍事対策を兼ねるものであった。一〇七二年には土地を測量した上で適切な課税を行うとする方田均税法が制定されたが、必ずしも実行には至らなかったようだ。また飢饉の祭に迅速な対応が出来るよう、地方財政の独立化を目指した。農民救済というだけでなく、飢饉では流民が生じて反乱という事態が多発しているため、重大な治安対策という側面もこの政策にはある。

そして、農民の負担となっていた労役も改められる。一〇七一年、募役法が成立し、労役を免役銭の納付で代用できる事とした。また、これまで労役を免除されてきた官僚・寺院といった特権階級にも民の半額ながら免役銭納入を命じる。これを元手に、募集人員で労働を行わせるのである。これ農民と特権階級の負担差を小さくすると共に、農民の負担も軽減し、政府としても無駄をなくす狙いであった。なお、商工業者組合からも従来の独占権益への冥加金の代わりに免行銭を徴収しているが、これも同様の用途と思われる。

王安石による改革のメスは鋭かった。農民だけでなく、商業にもその手は及ぶ。一〇七二年、市易法によって商人の品物が売れないときに主要都市で買い取り、資金を貸与する事とした。当時の商業は豪商の組合が牛耳っており、参入を果たせないでいる中小商人への救済である。これによって、独占を打破し、市場を活性化しようとしたのである。

「聖域なき構造改革「新法」②役人対策

あと、職務に当たる役人への対策も重要だった。**役人たちの汚職も何とかしなくては。民の負担という点でも、政府の増収の面でも。**

そう考えた王安石は、政権初期の一〇七〇年に河倉法を定める。伝統的に実務担当の役人は給与がなく、賄賂で生計を立てていた。だが、彼らに充分な給与を与える一方で汚職への厳罰を定める事を定めたのである。これは、革命的な試みであったといえる。

革命的といえば、王安石は人材育成と採用についてもこのような思いを抱いていた。

「儒教の教養を重んじる科挙では、現実政治には十分に対応できていないのではないか」

かくして、彼は大学での官僚養成・採用をもくろむ。法律を学ばせ、その卒業者をそのまま官僚に任命しようとしたのである。

意図に反し、政争の具となる

これらの政策は、中国の伝統的価値観から大きく外れたものも多い。基本的に合理精神で立案された政策が目立ち、中には今日ですら解決に至らない社会問題への対策も見られる。これらには民間人からの提案を採用したものも多いと言う。なるほどと思われる。現場の実情を知る声が、反映されたとすれば納得はいきやすい。

だが、多くの前例を破るこれらの改革案は、当然ながら強い反発を受ける。中でも既得権益を侵された大地主・官僚・豪商らはその急先鋒であった。彼らを背景に、政界にも強硬な反対派が生まれた。彼らは「旧法党」と呼ばれる。有名なところでは、司馬光・蘇軾らがいた。こうした反対にもかかわらず、神宗皇帝の支持を受け、実行に移される。これらの政策には効果を上げたものも少なくなかったが、「新法」の強行は政治的分裂の契機となった。王安石は一〇七六年に引退したが、その後において旧法党と新法党の対立が宿痾となったのである。また、両党の間で政権が交代するたびに新法が廃止・復活を繰り返し、社会混乱の原因となる。かくして、政治的な迷走を重ねながら北宋は衰亡へと向かうのであった。

むすび

王安石の改革は、後世からすれば合理的に思えるものであった。だが、当時の政界ではあまりに常識はずれなものだったのは否めない。加えて、王安石自身も対人能力・調整能力に優れているとは言い難い人物であった。根回しや妥協で合意に持ち込むより、正面突破を選ぶ傾向はあった。これが乱世であったなら、政敵を物理的に排除する事もできたであろうが、流石に文治政治の時代でそうはいかない。それに、無論ながら「物理的排除」が可能な世の中が望ましいはずもない。ともあれ、王安石は政策立案に関しては歴史的な偉人であったが、「政治技術」に関しては得手ではなかったようである。「政治屋」的側面が強いのは論外だが、王安石のようにあまりにそうした「技術」がないのもこれはこれで問題であった。あまりに政策が斬新であり、あまりに既得権益者が強すぎ、あまりに政治屋的技術に乏しかった。そしてタイミング良く（悪く）、政争の種になってしまった。これが、彼の国家再建がさらなる政治的混迷という結果に終わった理由であろう。

采石磯の戦い後の金と世宗

「聖人」皇帝の理想、都市化・軟弱化の前に歯が立たず

世宗
1123〜1189
在位 1161〜1189

統一を夢見た皇帝、敗北する

かつて統一王朝であった宋王朝は、北方民族由来の金王朝によって中国北部を奪われ、江南の地方政権に転落。やがて宋（南に移ってからを南宋と呼ぶ）が金に従属する形で和平が成立したのは第一章で見たとおりである。その関係は、途中でやや変化を見せた。それは、主に金側の事情に由来する。

一一六一年のこと。金の第四代皇帝・海陵王は

中国統一を目論み、南宋討伐の兵を起こした。だが、これに強い反発が起こる。

「せっかく平和になったのに、わざわざ戦う必要はあるまい」

　今の国力では、南宋全土を制圧するには無理がある。

　そうした声が、人々の間で挙がっていた。だが、中国文化に心酔する海陵王にとって、中国統一は宿願であった。反対派への容赦ない弾圧と共に、南宋遠征は強行される。その兵力は六十万。海陵王が親征する金軍は大軍にものを言わせ、揚州を陥落させる。だが、南宋もさるものであった。長江下流南岸にあたる采石磯で金軍を迎え撃ち、これを食い止める。

　一方、金の本国では皇帝に対する反乱が勃発。海陵王は、簒奪により帝位に就き、強権を振るったためか、反発を買っていた。被支配民族の契丹人、そして支配層である女真人の間ですら謀反の火の手が上がったのである。渤海人・女真人からなる反乱勢力は、対立皇帝を擁立し、海陵王に対抗。これが世宗である。

　この知らせを受けた海陵王は、やむなく兵を引き返そうとするが、途上で部下に暗殺された。防衛戦に勝利した格好となった南宋軍は、追撃をかける。金軍は、何とかそれは撃退した。だが、金側が和平を破棄し、挙げ句に一敗地に塗れた事には変わりない。新皇帝・世宗には、その後始末が待っていた。

南宋と和平し、事態を収拾

　ここで、世宗がどのような人物かについて少し見ておこう。世宗は、金の初代皇帝・完顔阿骨打《アクダ》の孫として生まれた。名は烏禄《ウル》。その胸には、七つの黒子があったと伝えられる。帝室の一員として曹国公に任じられたが、海陵王からは警戒され、阻害されていた。反乱軍の旗印として擁立されたのは、その故であったろうか。海陵王没後、唯一正統の金王朝皇帝となった世宗。その舵取りが注目を集めたであろう事は、想像に難くない。

まず、世宗は国内の秩序回復から手を付けた。南宋との戦いは前線崩壊を免れており、しばらくは様子を見ていても大丈夫、そう判断したようである。六二年、世宗は契丹人の反乱を鎮圧。そもそも金は女真人が契丹人王朝・遼を打倒して樹立した王朝である。それだけに、女真人による契丹人支配を揺るがせるわけにはいかなかったのだ。

国内が片付くと、次は南宋との和平である。第一章で見たとおり、金は南宋を属国とし、多額の金品を受け取る形で国交を結んでいた。だが、ここに金側の外交的失点と軍事的敗北が加わった。金が更なる戦いを望まない以上、両国の関係は南宋有利な形で変わらずにはおれない。和平が成立したのは、一一六五年の事だった。条件は以下の通り。

・従来は金皇帝が「君主」で南宋皇帝が「臣下」だった関係をそれぞれ「叔父」・「甥」に変更
・南宋から金に毎年贈る「歳貢」も「歳幣」に改め、額も銀五万両・絹五万匹ずつ減額
・金皇帝から国書を与える際も、南宋皇帝が壇から降りる必要をなくす

金優位の関係である事は変わらないが、南宋の地位がやや改善したと言える。双方とも戦争を継続する意志がなく、軍事的には依然として金が強国と考えられた。となると、この辺りが落としどころであったろう。

財政再建

「外は片付いた、次は内政だ」

世宗が次に取り組んだのは、国内改革である。南宋との戦い、そして契丹人の反乱を経て、金は

（国名と裏腹に）財政難に陥っていた。更に、支配層である筈の女真人が窮乏に陥りつつあったのである。いずれも、放置できない問題であった。

まず、財政再建について見てみよう。世宗は人々の財産を査定した。そして、それに基づいて課税する物力銭の制度を開始。貧富の差を考慮し、なおかつ効率よい徴収ができるようにしたのである。更に、収入増加のため売位売官まがいの事すら行った。まず、仏教教団に度牒（僧侶の免許）・師号（高僧への称号）を売りつける。更に富豪階層に対しては、米や粟を上納した者に官職を与えた。収入を増やす一方で、支出を減らすのは財政再建の常道である。世宗は自ら倹約を行うと共に、余剰な官庁を削減した。

次に、女真人への救済政策である。女真人の特権階級である猛安・謀克は金の軍事力を担う存在であり、その再建は急務だった。一一八〇年、世宗は全国の土地調査を行い、富裕な豪族から土地を没収して貧困に苦しむ女真人に分け与えた。また、彼は女真人の中国化を問題にした。彼らが中国文化に染まり、華美に慣れる事で軟弱化し、貧窮すると考えたのである。そこで、女真人固有の文化を振興しようと力が注がれた。都に女真国士学を設立して女真語教育を行い、更に漢籍の女真語訳や女真語での科挙（高等文官任用試験）も行っている。

時計の針は戻せない

世宗の時代は、敗北の後始末から始まった。敗戦そのものは、大きな問題ではなかった。だが、それを契機に表面化した国内の矛盾への取り組みが、世宗の生涯にわたる課題となった。彼による一連の政策は、一定の成果を上げる。それもあってか『金史』は世宗を古代の聖人にたとえ、「小堯舜」と称えた。我が国で言えば徳川政権第八代将軍・徳川吉宗に近いであろうか。

しかしその効果は長続きしなかった。女真人の中国化を止める事はできず、また女真人への土地給付も一過性の救済に終わる。支配民族が少数派で被支配民族の文化力が高い場合、支配層がその文化に染まる事は避けられない。それは、権力による強制ではどうにもならないものであった。この辺も、徳川吉宗に似ているかもしれない。支配層たる女真人を軍事力の要としていた金にとって、その弱体化や窮乏を避けるのは必須と考えられた。だが、女真支配を貫き通す事自体が、もはや困難であったといえる。世宗の改革は、破滅の到来をやや送らせたに過ぎなかった。

防衛戦後の国内混乱　権力強化で突破図るも混乱招き逆効果

元寇後の日本と北条貞時

北条貞時
1271 ～ 1311
執権在職 1284 ～ 1301

モンゴル来襲は防いだけれど

十三世紀のユーラシア世界を襲ったモンゴルの嵐。ユーラシアの東岸に位置する日本列島も、これとは無縁ではいられなかった。中国を征服し、国号を「元」と称したモンゴルは日本に臣従を求めたが、日本はこれを拒絶し、その侵攻を受ける。幸い、日本はその軍事的征服から何とか免れることができた。

当時の日本を支配していた鎌倉幕府は北条時宗を指導者として戦時体制を採る。元もこれを放置するはずもなく、大軍を派遣。日本は元軍の二度にわたる侵攻に苦しめられるものの奮戦し、地理的条件や天候にも助けられ、防ぎ切った。この元による日本侵攻を「元寇」と呼ぶ。

こうして世界レベルの旋風を乗り切った日本だったが、その傷跡は確かに刻まれていた。戦いに動員された武士、すなわち地方豪族出身の戦士たちの経済をこの戦いは直撃したのである。幕府は武士たちの庇護者として君臨し、彼らを軍事力としていた。故に、こうした武士たちを救済する必要に迫られる。また、別種の問題もあった。この頃、西日本を中心に商業が発達。それにより台頭した新興豪族は、しばしば国家権力の掣肘から離れた行動を取るようになる。彼らは「悪党」と呼ばれ、大きな治安問題であった。そして、上記の理由で困窮した武士たちには、「悪党」の一味に加わる者も少なくなかったのである。それだけでなく、元による三度目の来襲にも備えねばならない。幕府にとって、戦後処理の課題は山積みであった。

北条貞時が執権、すなわち政権首班として君臨した期間は、まさしくそうした時代だったのだ。

安達泰盛の試み～新興豪族も組み入れよう～

貞時は元寇に対処した北条時宗の嫡男に当たる。弘安七年（一二八四）、時宗が没したため若くして執権を継承。とはいえ自ら政治を行うにはいまだ幼く、この時点では亡父の側近たちが権限を握っている。余談ながら、貞時は建治三年（一二七七）に既に元服しており、当時の北条氏は若年での元服・執権就任が通例となっていた。歴代の北条氏当主が有能だが、早世する事例が多い事が影響していたのだろうか。

当初において幼少の貞時を補佐し、政権を牽引したのは外戚の安達泰盛である。彼は、時宗が没した直後に早くも武士救済の方策を探りに入った。幕府が動かせる土地を調査し、武士たちに恩賞として与える所領の準備を行ったのだ。何しろ、武士たちは戦いには手弁当で参加し、それが原因で経済的に困窮する者も多数いた。彼らに報いるためにも、新たな領地を与える事が必要だった。また、元寇で動員され戦ったのは、鎌倉幕府と主従関係にある武士（御家人）だけではない。幕府に従属していなかった地方豪族も多数、戦いに参加しており、彼らの処遇を決定するのも急を要する問題であった。

そこでこの年の五月、泰盛は三十八ヶ条からなる「新御式目」を制定。

それまで幕府に従属していなかった豪族たちも、その所領に関する権利は保証する。その上で、彼らも新たに御家人として政権に組み込まれる。

これがその基本精神であった。だが、これに従来からの御家人が反発する。

「古くから鎌倉のために仕え働いてきた自分たちと、彼ら新入りとが同じ扱いなのか」

従来の御家人にして見れば、既得権益を侵されるように感じたのである。彼らの中には、幕府に属していない豪族達との間に土地を巡る係争を抱えている人物も少なくなかった。となると、土地問題に関して従来の御家人が幕府に保護される保証がなくなる。彼らにとっては死活問題であった。

絶えない流血～霜月騒動と平頼綱の粛清～

そして、政権内部にも泰盛の権勢に反感を持つ動きが募っていた。何しろ、泰盛は貞時が執権就任する前から積極的な動きを見せている（貞時の執権就任は七月）のだから、幕府を我が物にする腹積もりと勘繰る向きがあっても不思議はない。

かくして弘安八年（一二八五）十一月十七日、時宗の側近であった平頼綱が泰盛やその一派を粛清。霜月騒動である。流血の末に権力を握った頼綱は、頼綱は泰盛の方針を打ち消す。代わりに推進した方策は、

「非御家人にも功績に対し恩賞は与える。だが、彼らに御家人身分は与えない」

という妥協策であった。だが、こうした折衷策はしばしば双方の不満を買うだけに終わる。この時もまた然り。御家人・非御家人双方から不評を受けた。クーデターで権力を奪いながらも、支持を得られない頼綱。彼は自らの地位に不安を感じる。

「自分の権力基盤は、まだまだ脆弱だ」

そして頼綱は己の一族を要職に就け、勢力拡大に走ったのである。もっとも、彼としては主家をないがしろにしたつもりはなかった。北条氏あっての自分である事は理解していたためである。

さて、側近たちの権力闘争を横目に見ながら、貞時は成長し、次第に実務への影響力を増大させていた。権力を集めつつも反発を買っている頼綱を、貞時は獅子身中の虫と判断。かくして永仁元年（一二九三）四月、貞時は頼綱を討って実権を手にする。

貞時、懸案への試行錯誤　～裁判迅速化と借金救済策～

かくて、父の側近たちが解決できなかった難題に立ち向かう事となった貞時。彼はまず考えた。

「御家人救済、治安問題、国防問題……。とにかく、政権の処理能力をもっと高くしなければどうにもならない。そのためには、より権力を集中し

なければ」

そこで、貞時は手足となる人材を求め、家門・前例にとらわれない登用を進めた。さて、「九条道家」の項目（本書第一章）でも述べたが、当時の政務において最重要事項は土地をめぐる裁判である。そして多くの豪族たちにとって死活問題である事もあり、しばしば紛糾しがちであった。貞時は、この裁断を迅速化する事が処理能力向上に欠かせないと考えたのである。その一環として、合議で訴訟処理に当たる「引付衆」の廃止、と再審制の停止を試みる。しかしながらこれには反発が強く、なかなか貫徹できなかった。正応三年（一二九〇）にも自ら下した判決への再審請求を認めない法令を出しているが、四年後に撤回を余儀なくされている。こうした方向性は貞時時代を通じて一貫していたようで、正安四年（一三〇二）には所領に関する権利保障の手続きを簡略化したのも効率向上を目指したものだろう。

一方、窮乏する御家人の救済は急を要するものとなっていた。何しろ、借金の抵当として所領を失い、失墜する御家人が多発していた。そこで貞時は永仁四年（一二九六）に一つの法令を出す。概要は、

・御家人間での所領の売買・質入を禁止する
・非御家人、庶民に売買した土地は無償で取り戻せる
・金銭貸借に関するトラブルは訴えを取り上げない

というもの。御家人の救済を強権で行おうとしたものであった。とはいえ、これは御家人が新たに借金をする際の妨げとなり、混乱を招いた面もあったようである。なお、この法令でも貞時は再審制度撤廃を打ち出しているが、やはり反対が強く、二年後に取り消さざるを得なかった。

さて、当時は元軍の来襲に備え、九州の警備を強化していた。これも現地御家人たちの負担と

なっていたため、嘉元元年（一三〇三）にはこれを全国での当番制に変更。九州御家人への救済措置の一環である。また同年には、元寇への論功行賞を行った。御家人たちを経済的に助けると共に、幕府への求心力を再確認する意図があったろう。

強権政策が生んだ副作用

このように強力な指導力を発揮して問題を打開しようとした貞時。だが、その精力的な活動にも関わらず目覚しい成果が上がったとは言い難いようだ。正安三年（一三〇一）に貞時は執権職を退き出家したが、その後も事実上の最高権力者として君臨。没したのは応長元年（一三一一）である。その晩年はかつての精勤ぶりとは異なり、酒宴で過ごす日々だったという。失意のうちにあったのかもしれない。

代々のうちに強化された北条氏当主の権力。貞時の時代はそれが頂点に達した時期といって良い。その強権をもって、貞時は時代の荒波を乗り切ろうとした。そうした姿勢は人々から一定の評価を受けていたようで、名君として名高い祖父・時頼と同様な伝説が残っているという。すなわち、

「自ら各地を廻り、人々の暮らしぶりを直に見聞した」

というものである。

とはいえ、貞時の強権路線にはマイナス面も大きかった。権力の中枢に存在する一部の有力者の合議制で政治運営がなされるようになり、彼らが利権を独占し、一般御家人を抑圧していく。また、強健路線は内外に蓄積する様々な問題が全て幕府に持ち込まれる結果を招き、その処理能力を超えるようになった。かくして幕府への不満が蓄積し、十四世紀における南北朝の動乱に至る。

むすび

鎌倉北条氏は、民政に意を注ぐ為政者が多い政

権であった。貞時の政治も、その例に漏れないものと言ってよい。だが、社会が激変し不安定化する一方で、政権は代を重ねる事で先例やしがらみに縛られるようになる。貞時の奮闘も、破局を先延ばしにするに過ぎなかった。北条氏は、歴史の荒波に飲み込まれていく。そして、やがて乱世を経て台頭する新たな英雄たちも、社会的転換期にある日本をどう安定させるかに苦悩する事となるのである。

金と地位とをばら撒いて
分裂克服しようとしたけれど
やっぱり無理がありました

カイドゥの乱後の元とカイシャン《武宗》

カイシャン　海山
1281 ～ 1311
在位 1308 ～ 1311

モンゴル帝国の内紛

十三世紀のユーラシア大陸における主役は、何といってもモンゴル帝国である。モンゴル高原を統一したチンギス・ハーンが中央ユーラシアに勢力を伸ばし、その息子たちもよく協力して中国やロシア方面を征服した。だが、第三世代となると帝国内部での対立が表面化。既にモンゴル帝室は家ごとに国（ウルス）を形勢していたが、一応の統一は保たれていた。だが一二六〇年にトゥルイ家のフビライが大ハーン（皇帝）位を称した辺りから、オゴタイ家のカイドゥを中心に反フビライ勢力が形成されていく。フビライが中国を征服し、国号を「元」とする一方、カイドゥは中央ユーラシアに勢力を張った。フビライが死去し、孫のテムル（成宗）が後継となると、カイドゥは公然と挙兵。しかし国力では中国を領有する元にかなわず、カイドゥは敗死。もはや反フビライ勢力にも元と表立って抵抗できるものはいなかった。かくして、長きにわたったモンゴル内部の争いは一端収束する。

さて、元の皇帝テムルが早世すると、皇后ブルガンは後継者として安西王アーナンダの擁立を図る。テムルの従兄弟に当たり、モンゴル帝室としては傍流である。テムルの甥であるカイシャンとアユルバルワダがいたにもかかわらず、アーナンダを彼女が立てた背景には有力な嫡流が即位する事で自らの権力が弱まるのを嫌ったためだという。一説によれば、カイシャンらの母ダギをテムルが娶ろうとした事への怨念があるとも伝えられる。

だが、中央政府関係者にはこれをブルガンの専権として反発する者もいた。彼らはカイシャンら兄弟に使者を送り、事態を知らせる。これに応じて都近くに駐屯していたアユルバルワダは、宮廷に入り、自らの政権を樹立しようとした。一方、アルタイ西麓にいたカイシャンもアユルバルワダに後れを取る形にはなったが、東へ急行。彼は一七歳からハイドゥらとの戦いに従事して勇名を轟かせ、現地軍の兵士たちから強く支持されていた。一三〇七年三月、カイシャンは兵を率いてカラ・コルムに入る。それから味方する諸族を三隊に分けて首都・大都へ進軍。精鋭が兄については、大都のアユルバルワダらに勝ち目はない。大都はカイシャンに門を開き、降伏した。同年五月、クリルタイ（大会議）を開き、カイシャンが大ハーンに選出された。中国皇帝としては武宗と呼ばれる。カイシャンは寛大な為人で知られ、アーナンダは処刑し、ブルガンも流刑としたが、アユルバルワダ一派は助命し、宥和策を選んだ。

寛大とバラマキで再統一を

さて、カイシャンは長きにわたる内乱で動揺した帝国の威信回復に意を注ぐ。まず、即位直後に儒教保護を宣言。中国各地にその詔を記した石碑を立てた。これは中国で人心を得るのに一定の効果があったと思われる。以後、元の歴代皇帝は即位時に儒教保護を宣言するのが習わしになる。

「次は、モンゴル帝室の融和だ」

そう考えたカイシャンは、帝室の有力国との和平を図った。かくして一三〇八年七月、西方のチャガタイ・ウルスのコンチェク、ジョチ・ウルスのトクタ、フレグ・ウルスのオルジェイトゥに平和を約する使節が送られる。内乱を通じて勢力を伸ばしたチャガタイ・ウルスにとっては、悪い話ではなかった。旧来のジョチ・ウルスやフレグ・ウルスと同様の地位を大ハーンから承認される形になったからである。かくして再びモンゴル帝国は緩やかな連合体として分裂を乗り越えた。これらの地域間の交流は経済・文化に留まらず政治的にも活発化する。

「この再統一を、何とか維持しなくては。各ウルスに不満の種を持たせてはいけない」

そう考えたカイシャンが選んだのは、バラマキ政策である。彼は莫大な賞与を全領域に乱発し、一挙に十三の最高待遇を受ける家門が新設されたという。また帝国各地域に、高位高官を与えられる有力者が出現。既にフビライ時代から、王族たちが定期的に政府から銀を下賜され、投機で富を得る傾向があった。東西交通が更に活性化し、バラマキも行われたカイシャン時代には、それに拍車がかかった事は想像に難くない。かくしてモンゴルの名門は栄華を誇ったが、これが放漫財政の上に成り立っているのは否めなかった。実際、信憑性は別として役者・僧侶・道士すら大臣に任じられたという話もあるようだ。

カイシャン死後

一三一一年カイシャンは急に病となり、死去する。カイシャン時代の重臣たちはことごとく追放か処刑され、その上でアユルバルワダが大ハーンとなった。中国皇帝としては元の文宗と呼ばれる。権力継承の経緯から、暗殺の可能性を疑う説もある。さて一三一〇年代に入ると、中央ユーラシアを中心に異常気象がおこり、人心が不安定となった。そうした中でアユルバルワダは制限つきながら科挙（高等文官採用試験）を再開し、中国知識人から支持を取り付けようとした。そして彼の時代以降、元は内向的となる。能力の不足する大ハーンが相次ぐようになり、次第にその権威は失墜。王族内部の争いも再び絶えなくなり、親衛隊を勤める諸族が実権を握る。そして一三四二年ごろ、黄河の相次ぐ氾濫を契機に江北で反乱。江南に武装勢力が乱立し、穀倉地帯を失った元は経済力を奪われ弱体化。ついには中国支配を諦め、モンゴル高原に撤退するに至る。

やはり無理が大きかったか

カイシャンの時代には、モンゴル帝国の分裂は乗り越えられたように見えた。だが、モンゴルの支配する領域は広大になりすぎていた。各ウルスが異なる文明圏を支配する事も珍しくなく、家同士の対立だけでなく、文明間の衝突という側面も内包するようになる。それを、物欲を満たすことで弥縫するカイシャンの政策は、短期的には効果を示し、経済も活性化させたが破綻が避けられないのは明らかであった。寛容を旨とするバラマキ政策は、自領の搾取に頼らざるを得ず、国土の疲弊を招きかねないのだから。そしてバラマキによって各地の勢力が力を付けることは、長期的には大ハーンからの独立傾向を強める結果になりかねないのである。

　根本的にモンゴル帝国全体をまとめ直すには、再征服しかない。だが元朝のみに視点を絞っても、弟を始め不平分子が存在した。直轄領支配も貫徹できぬ状況で、モンゴル帝国全体を抑えるのは至難の業と言わねばならない。

　カイシャンは覇気とカリスマに不足しない傑物ではあったろうが、生まれた時期に恵まれたとは言えず背負った課題が困難であった。更に時間にも恵まれなかったのは、気の毒としか言いようがない。もっとも、政策的には余りに安易に過ぎた。破綻を直接見ることなく没したのは、ある意味で幸運だったのかもしれない。

第二次・第三次マイソール戦争後のマイソール王国とティプー・スルタン

「インド」は危機にあり
近代化で乗り越えようとしたけれど、
余りに相手が悪かった

ティプー・スルタン　Tipu Sultan
1750～1799

ハイダル・アリー
Haidar Ali
1722～1782

群雄割拠のインドに忍び寄るイギリスの脅威

十七世紀のインドでは、ムガル帝国が栄華を極めていた。だが皇帝アウラングゼーブの時代にインド南端部近くまで勢力を拡大した後、十八世紀初頭に急激な衰退を遂げる。その後のインドは様々な勢力が割拠する時代となった。有力な勢力としては北デカンのマラーター同盟、中部デカンのハイデラバード、南デカンのマイソール王国などが挙げられる。

そうなると、西欧勢力が乱世に付け込んで勢力を伸ばし始める。中でも熱心だったのがイギリスとフランスであった。彼らはムガル帝国が強力な時期は沿岸での貿易利権のみに甘んじていたが、今や群雄割拠の力関係に介入して内部に権益を拡大する余地が生まれたのだ。やがてイギリスがフランスを駆逐する形で、インドの利権独占へと動き始める。

そうした中、南のマイソール王国でイギリスの野心に直面し、それに対抗する事に執念を燃やした父子がいた。ハイダル・アリーとその子ティプー・スルタンである。

マイソールの英雄ハイダル・アリー

ティプーは一七五〇年一一月一〇日、バンガロール近郊北のデヴァンハリで生まれた。父ハイダル・アリーは傭兵から身を起こした叩き上げ軍人であり、マイソール王国の有力武将として次第に発言力を拡大。一七六一年には実質的な支配権を有するに至る。

その後もハイダルは周辺地域の平定に力を注ぎ、一七六六年にはアラビア海に面したマラバール地方を勢力下に組み入れた。良港の多いこの地域を手に入れた事で、海外貿易の展望が開けた。またアラビア馬を入手しやすくなり、騎兵隊の拡大につながっていく。

さて、マイソール王国は一七五〇年代から大勢力マラーター同盟と争っていた。ハイダルが力を伸ばすことができたのは、マラーターとの戦いが継続し、武勲を立てる機会が多かったのも大きい。

一七六七年、マラーターがマイソールに侵入。勢力拡大を狙うイギリスや、ハイデラバードもマラーターと組んで参戦した。第一次マイソール戦争である。しかしハイダルは巧みな交渉能力を見せ、マラーターに譲歩して撤兵させ、ハイデラバードに利益を約束して味方に寝返らせ、敵をイギリス一本に絞る。その上でイギリス勢力圏に兵を進めるが、ハイデラバードは敗北し離脱。結局は単独で戦わざるを得なくなったハイダルも一七六九年にイギリスと和平した。マイソール王国は周辺勢力と対抗するため、この段階ではイギリスと正面から敵対するのは難しいと判断したのである。だがその後もマイソールは北部へ進出し、マラーターと衝突を繰り返した。

第二次マイソール戦争

その頃、イギリスはインド諸侯の争いを利用するかたちで勢力を拡大。諸侯に外交権を放棄し、イギリス軍を駐留させる軍事保護条約を受け入れさせ、支配下に入れていく。そして一七八〇年、マラーターの内紛に英仏が介入。当時のマラーターの最有力者は、イギリスに対抗するためハイダルに同盟を申し入れた。イギリスが和平協定違反を繰り返していたのに不信感を募らせていたハイダルもこれに同意。更にハイデラバードを加え、三国でイギリスに戦いを挑む事となった。第二次マイソール戦争である。しかしイギリスは間もなくマラーターやハイデラバードを懐柔し、離脱させる事に成功。またもマイソールは単独でイギリスと戦わねばならなくなった。それでもマイソール軍は善戦。この時、若きティプーも軍を指揮し、ポリロールの戦いやクンバコナムで快勝している。戦いは膠着化し、一七八二年にハイダルは病死。ここにティプー・スルタンが表舞台に立つこととなったのである。

さてマイソールの最高司令官となったティプーは戦線を縮小し、マラバール地方の回復に全力を注ぐ。ティプーの善戦もあり、一七八四年に一応戦争は終結し、それぞれの旧勢力を確認する形での痛み分けとなった。以降、ティプーはこう考えるようになった。

「イギリスは、ただの外来勢力ではない。やがてはインド全体の脅威となるであろう」

かくして、彼はイギリスに対抗するため国家の再建に力を注ぐようになる。彼と戦ったイギリス軍人インズ・モンローは、ハイダル父子をカルタゴのハミルカルとハンニバルになぞらえる者もあった。確かに、祖国を脅かす強敵への敵意と不屈の精神を受け継いだ点で二組の父子は共通しているといえよう。

軍事改革と集権化

若き権力者の目の前には、戦いで疲弊した国土の再建と強敵イギリスへの対抗という難題が立ちふさがっていた。国力、ひいては軍事力強化のため、ティプーは様々な改革に乗り出した。特に力を入れたのは、軍制改革・中央集権化・農業改革・貿易振興・攻守同盟締結である。

既にハイダル・アリー時代に、マイソールではフランスを手本に西欧式軍隊が作られようとしていた。歩兵軍団を中核としてヨーロッパ人将校による訓練が施され、一八七三年には軍の編成や将校の任務を定めた軍学書が編まれている。またマンガロール港に造船所が設けられ、艦隊も建造されていた。だがティプーはそれに飽き足らなかった。

「自国で、先進的な兵器も十分な質と量で作れるようにしたいものだ」

こうした彼の考えに沿って、官営作業場が設けられ、大砲や銃を大量に鋳造。軍需産業の育成に力が注がれた。軍の人事も、彼の意に沿った人材登用が行われるようになる。軍備は軍需省が、人事は軍政省が担い、集権的な軍政改革が行われた。

また、内政面でも集権化は行われた。従来は豪族の連合体であった王国を、州・県・郡・村に再編成したのである。従軍する豪族が戦死した時などを好機として、彼らの領地が直轄地へと組入れられた。また世襲的在地役人を中央からの役人に置き換え、中間搾取層を排除。例えば一七八八年にはヒンドゥー寺院の所領を没収し、農民に分け与えている。また農業振興のための公共基金も創設し、灌漑の整備にも力を注ぐなど農業生産の拡大に意を注いだ。

そして派遣された地方役人には、中央からの管理が行われる。その職責や手続きは成文化された。また彼らは定期的に召集され、徴税事務の手続き確認や実情把握が行われている。中央官制も再編され、軍需省・軍政省・財務省などの省庁が置かれた。

だが性急な改革は反発を買い、特に既得権益を奪われた豪族の中にはイギリスに通じる者も現れる。

外交攻勢〜海外貿易と対英同盟の試み〜

また、ティプーは海外貿易の振興にも熱心であった。領内から産出される胡椒や白檀、象牙、金などを専売。盛んに海外に使節を送り、外国商人を招いた。その甲斐あってマイソールにはオマーンやアルメニアから商人が訪れる。マイソール王国側も、マスカットに現地商館を置いた。マスカット以外にもホルムズ、アデン、バスラ、ジッダなどにも商館を設置する話があったという。これら国内外の商館は商務省の管轄である。

そしてこれらの交易を通じ、海外から技術者を招いた。彼らの力を借り、時計・刃物などの製造をさせたという。上記した武器産業の育成も、同様にして行われたのである。

ティプーが派遣した使節は貿易だけでなく、イギリスに対抗するための攻守同盟締結の使者という意味合いもあった。例えば一七八六年、オスマン帝国に遣使。だが同盟の件は不調であった。当時のオスマン帝国はロシアに対抗するため、親英路線をとっていたのである。一七八八年にはフランスにも使節を送るが、フランスは革命前夜で国内が混乱。同盟どころではなかった。

第三次マイソール戦争での敗北と再建

このように国力強化に勤しんでいたティプーであるが、思わぬ方向から破局が訪れる。彼は熱心なムスリムであり、領内の異教徒にも恩恵としてイスラーム化を推進していた。だがこれは異教徒側からは当然押し付けに過ぎなかった。かくして反乱が起こり、ティプーはその対応に手を取られる。反乱軍は南のトラバンコール王国に逃げ込んだため、一七九〇年にティプーはトラバンコールに侵攻。かねてよりティプーを警戒していたイギリスはトラバンコールに味方する形で参戦する。第三次マイソール戦争である。更にマラーターやハイデラバードもイギリスに付いたため、マイソールは敗北。一七九二年、半分の領土を連合軍に割譲し、賠償金を支払う条件でようやく王国の存続が許された。マラーター、ハイデラバード、イギリスは緩衝地帯としてマイソールを存続させる事を選んだのである。

かくして手痛い挫折を強いられたティプー。再び国土の復興に乗り出さねばならなくなった。だが、流石に国土が半減したのは堪えたようだ。しばらくは周辺勢力を刺激する動きはしていない。そして領土が激減した事による減収を、どう補おうか頭を悩ませる事となる。

「国内からの収入が望めないなら、海外貿易の更なる振興しかない」

こう考えたティプーは、以前にもまして海外使節の派遣に力を入れた。マスカットの首長、ペルシアの王、アフガニスタンの王に友好と交易を呼びかけている。一方、イギリスに対抗するためフランスと同盟するのも諦めていなかった。革命フランスに使節を送り、攻守同盟を呼びかけている。革命政府の歓心を得るべく、ティプー自身も革命急進派からなるジャコバン・クラブに入会したという話も残っている。現代から見れば奇妙にも思えるが、ティプーは西欧の啓蒙思想にも接しており、彼自身としては違和感はなかったのかもしれない。

破局〜第四次マイソール戦争〜

だが、こうした動きが最終的にはティプーの致命傷となった。一七九七年、彼はフランス領モーリシャスに使節を送り、出兵を求める。そして現地の長官がこれに応じ、義勇軍募集を布告。ティプーのイギリスへの敵意が表面化する格好となった。これが、イギリスに新たな開戦の口実を与える。

ティプーがイギリスに激しい敵意を燃やしたように、イギリス側でも何度か軍事的に苦汁を飲ませられたティプーを強く憎悪していた。先にハイダルとティプーをハミルカルとハンニバルにたとえたが、それで言えばイギリスにも「カルタゴ滅ぼすべし」と強硬論を唱える「大カトー」は少なくなかったのである。敗北の屈辱を別にしても、インドに権益を確立する上ではティプーと相容れないのは明らかであり、いずれ最終的な衝突は避けられなかった。かくして一七九九年、イギリスは諸侯とともにマイソールに戦いを挑む。第四次マイソール戦争である。ティプーは最後まで奮戦するが、もはや対抗する術はなく首都城外で戦死。以降、イギリスは旧王家を擁立してマイソールを支配下に収める。ここにイギリスの南インド支配は確立したと言ってよい。

むすび〜時に理あらず〜

ティプー・スルタンはイギリスがインド全土に野心を持つと危険を看破し、これとの敵対に生涯を注いだ。西洋が軍事技術においては優れていることも率直に認め、これを吸収しようとすると同時に中央集権化によって国力強化に意を注いだ英傑である。彼の内政は戦後復興ではあったが、単なる復旧ではなかった。戦争前以上の力を蓄え、再戦の機会あらば次こそ必ず勝つ、そのための備えだった。

だが、当時のインドは様々な勢力に分裂し、ティプーのマイソール王国はその一つに過ぎなかった。そしてティプー自身も旧マイソール王国からすれば簒奪者であった。インド内部に敵が多く、「敵の敵は味方」としてイギリスと結ぶ者も少なくなかった。そして外交においては、欧州の割拠を生き抜いたイギリスに一日之長があった。かくしてティプーは常に多勢に無勢での戦いを余儀なくされる。更にイギリスは本国が遠く離れており、ティプーらが一時的な勝利をものにしても決定的打撃を与えることはできなかった。

結論としては、

「ティプーは善戦した。だが余りにも時代が、そして相手が悪すぎた」

こう言うほかはないように思う。

「北風か太陽か」
反乱指導者たちへの処遇をめぐり議会と衝突、
旧敵地も反発し空中分解

南北戦争後のアメリカとアンドリュー・ジョンソン

アンドリュー・ジョンソン
Andrew Johnson
1808 ～ 1875
大統領在職 1865 ～ 1869

リンカーンの後継者

アメリカ合衆国にとって最大の戦争は、といえば南北戦争のようである。北部と南部の産業構造や文化の相違が国家を二分するに至った内戦は、国力に勝る北部が南部を再併合する形で幕を下ろした。だがその直後、リンカーン大統領が暗殺される。戦争を北部の勝利に導き、国家分裂の危機を乗り切った偉大な大統領の死は、人々に大きな衝撃を与えた。この事件に伴って副大統領から大統領へと急遽昇格したアンドリュー・ジョンソンは、そうした波乱含みの中で戦後処理に当たらねばならなくなったのだ。

ジョンソンはノースカロライナ州の貧農出身で、テネシー州で仕立屋から身を起こした。次第に信望を集め、市会議員、州民主党下院議員、州上院議員、連邦下院議員、テネシー州知事、連邦上院議員とキャリアを上昇。まさに叩き上げである。南北間の主要対立点の一つである奴隷制に関しては、これを容認するなど南部に同情的といえる立場だった。だが、南部が離脱する事には断固として反対。北部陣営の一員としてテネシー州軍政官を経て、一八六四年にリンカーン大統領の副大統領となっていた。

リンカーン生前の南部処遇案

さて、ジョンソンが対処すべき最大の課題。それは、降伏した南部諸州の処遇をどのようにするべきか、という事である。戦争が終結する以前から、この問題は北部陣営の中では議論の種となっていた。生前のリンカーンは、寛大な処置を考えていたようである。一八六三年一二月、彼は「一〇%プラン」を提案。曰く、

「南部諸州は有権者の一〇%が合衆国に忠誠を誓い、奴隷解放に同意する事。そうすれば、新しい州政府建設を認めよう」

というものである。そして黒人参政権については「知性にすぐれた者、兵士としてわが大義に身を捧げた者」には参政権を認めるべきだと表明。これには、南部に親リンカーン勢力を扶植し、次の選挙を有利にするという政治的意図が裏にあったようだ。一方、議会はリンカーンの穏健策に反発し、一八六四年七月にウェイド・デイヴィス法案を可決。こちらは、

「南部諸州においては、白人有権者の半数が南部

を自発的に支持したことはないと表明しない限り、州政府建設は認めない」

という内容であった。なお、こちらは黒人の参政権については言及していない。

戦争の大義名分として唱えられた黒人奴隷解放であるが、北部もどこまで本気で黒人解放を考えていたかは疑問である。リンカーンを含めた北部指導者たちは、当初は反乱を恐れてか黒人兵の採用を拒否していたのが一例であろう。だが、北軍の苦戦に伴いいやむなくこれを認め、彼らの勇戦ぶりが評価されるに至った。そのため、黒人の間では戦後における権利拡大が期待されていた。

ジョンソン、南部有力者に妥協する

そして、リンカーン亡き後、後継者ジョンソンはどうするのか。全米の注目はそこに集まった。

「従来、彼は南部の小農民を擁護し大地主に対しては厳しく批判していた。そのため、大地主が多い南部有力者に断固たる態度を取るのではないか」

そうした観測が多数を占めていた。だが、ジョンソンの考えは別にあった。

「今は、再びの国家分裂は避けなくてはいけない。とりあえずは、南部諸州の合衆国復帰が最優先だ」

かくして、南部指導層に対して寛大な条件が打ち出される。すなわち州権を重視するのを原則とし、黒人参政権に関しては南部諸州が自発的に認めるなら賛成というものだった。とはいえ少なくとも当初は、ジョンソンも南部指導者たちを無条件で容認するつもりはなかった。

「旧指導者層を排除した上で南部各州知事が憲法

会議を召集、奴隷制度廃止と合衆国からの脱退を無効とする内容を盛り込んだ州憲法を起草する」

これを南部の復帰条件として考えていた。だが、実施された選挙では南部の分離独立を推進した指導者たちが勝利し、任命人事にも返り咲く。更に一八六五年一二月には、南部連合（分離した南部各州の国名）に参加した議員の多数が合衆国議員として復帰。そして南部の州憲法のうちいくつかは合衆国脱退の非を認めないと表明した。この動きを見たジョンソンはこれらを追認し、旧南部指導者たちの恩赦も与える決定を出す。

議会の反発と大統領弾劾

しかし、当然ながら北部出身議員はこれに反発。それはそうであろう。穏健すぎると彼らの反発を食っていたリンカーンでさえ、南部指導者たちへのペナルティは付ける方針だったのだ。

「これでは、反乱者たちへの示しがつかない。けじめがなさ過ぎる」

彼らがそう考えたのは無理もない。大統領の方針に不信を抱くようになった彼らは、別途の再建計画を打ち出す。まず、彼らは代議権の資格審査権限を行使。

「南部連合に参加した議員は、合衆国議会議員たる資格がない」

との決議を下し、彼らを締め出そうとする。更に急進派の中には、

「南部諸州は反乱の罪により、准州に格下げするか被征服国として扱うべきだ」

とさえ唱える者も出た。流石にそれには同調しなかった穏健派も、南部諸州は議会の管轄下に

入ったと主張するに至る。そうした雰囲気の中、議会は大統領や南部に対し態度を硬化させ、強硬な方針を次々に打ち出した。例えば一八六五年には憲法修正第十三条を定め、奴隷制の廃止を決定。これに伴って奴隷解放局が設けられた。更に一八六七年には憲法修正第十四条を制定。ここでは、

- 主要な旧南部指導者の政治指導権を停止し、その解除には議会の三分の二を必要と定める
- 解放黒人に関してはその市民権を認めるよう義務付け、黒人投票権を認めない州は議員定数を削減する

とより踏み込んだ内容が定められている。その結果、南部の州憲法会議では共和党が躍進し、黒人代議員も誕生したという。

こうした、共和党急進派が主導した法案に対し、ジョンソンは拒否権を発動して対抗するが、効果は見られなかったようだ。それどころか、一八六七年には彼が弾劾裁判にかけられる事態となる。議会の急進派に同調する陸軍長官を罷免したところ、官職保有法に反するとがめられたのだ。裁判の結果、ジョンソンは何とか弾劾は免れたものの、一票差で救われたに過ぎなかった。以降、彼は任期終了まで職に留まったものの影響力は極めて弱いものとなってしまう。

黒人たちの戦いはこれから

一方、議会による南部への強硬な政策に南部白人は反発。そうした空気の中、一八六七年に秘密結社クー・クラックス・クラン（ＫＫＫ）が結成され、しばしばテロ行為に出た。政府はこれに対し、一八七〇年に戒厳令や人身保護令状請求権の停止で対抗し、ＫＫＫを取り締まる。だが、ＫＫＫは地下に潜伏し、大きな成果は上げられずに終わる。

また、黒人への権利拡充も大きな進展は見せな

かった。彼らに土地が与えられる事はなかった。黒人への教育事業も行われたが、学校設立が人種隔離の前例となってしまう始末。そして黒人の選挙権も納税額や識字能力による制限を行う州が多かったのだ。黒人たちにとって、北部に参加して多くの犠牲を払ったにもかかわらず得たものは少なかった。あえて言えば、法的に奴隷から解放された事で、ようやく差別との戦いのスタートラインに立ったという一点だろうか。再び黒人の人権問題が注目を浴びるのは、第二次大戦後の公民権運動を待つ必要がある。

無原則な妥協、意志統一の欠如

アンドリュー・ジョンソンは国家の再統合を最優先し、旧敵に寛大な態度で臨もうとした。それ自体は、前任者の基本方針を踏襲したもので決して間違いとはいえない。だが、これは状況に流されて無原則に赦免してよいという事を意味するものではなかろう。そもそも、そのまま放置する事ができないレベルの対立があったからこそ、同一国内で武力抗争という事態に至ったのである。それが一方の勝利という形で決着した以上、その勢いを利用して争いの火種は消すべきでなかったか。さもなければ、同じ事の繰り返しになりかねない。北部出身議員たちの反発は

「何のために血を流してまで争ったのか。このように大きな犠牲を出した戦争で、何を正義と信じて兵士たちが死んでいったのか。大統領はそれを余りに蔑ろにしている」

という感情が底流にあったのではあるまいか。

そしてもっと拙かったのは、議会と歩調を合わせられなかったことである。双方が態度を硬化させ、対立をエスカレートさせた感がある。結果、旧南部指導者たちは地元での勢力は保ちつつも、中央政治からは排除されるという中途半端な形となった。その結果は、彼らの不満爆発によるテロ

横行および陰湿な差別の継続である。旧南部指導層を徹底的に潰すにせよ、寛大な方針で宥めるにせよ、中央の意思が統一され首尾一貫しておれば、もう少し違う展開があったのではなかろうか。

だが現実には問題が棚上げされ、流血と破壊の結果が残った。南北双方ともフラストレーションをためるのは無理もない。下手をすると、

「もう一度、戦争で決着を付けよう」

という最悪の展開があってもおかしくなかった。戦いの犠牲が大きく、双方にその余力がなかったのはかえって幸いだったかもしれない。本書第三章のタイトルは「名誉ある失敗者たちへ」としたが、残念ながらアンドリュー・ジョンソンは「名誉ある」存在であったとは言いがたいようだ。

南部のその後

その後の南部再建について概観しておこう。やがて、南部の共和党は白人の支持を求めるようになり、民主党も黒人票を手に入れようとし始める。ここに妥協点を求める動きが生まれ、両党は工業化という点で一致していく。戦場となり、荒廃した南部を再建するには、工業化が最も効果的と考えられるようになった。かくして工業先進地域である北部から資本招致政策が取られる。結果、二〇年で工場数が一二倍になり、綿花・タバコ工業が盛んになっていく。また北部資本家の援助で鉄鋼や炭鉱、鉄道も誘致されるようになるが、戦争による被害はやはり大きかった。この傷跡は北部との大きな経済格差として現れる。一八八〇年の段階で、北部の平均所得は一三五三ドル。一方で南部は三七六ドルに過ぎなかったのだ。そして、大農場主に代わって増加したのが、借地人や小作人といった零細農民である。小農民の擁護者として台頭したジョンソンにとっても、非常に不本意な展開であったろう事は想像に難くない。結局、南部の戦後復興は捗々しい成果を得られなかった。

南部の工業化が進展し、経済発展の契機をつかむのは二十世紀前半、ニューディールによる公共事業を待つ必要がある。

アメリカ史上最大の戦争、南北戦争。その傷跡を乗り越える事は、同時代ではかなわなかった。南北戦争をいかに克服するか、それが二十世紀アメリカにとっての大きな課題だったのは間違いない。

あとがき

戦火が去った後——いや、戦争に限らず惨禍が過ぎ去った後に人々が望むものは何か。まず何よりも「食える事」、そして「恐怖がない事」すなわち社会秩序・治安・インフラ等が維持されている事ではないでしょうか。

となると、必要なのは金です。食わせるためにも、社会を維持するだけの強制力を保つためにも。本書をまとめた際の感想を率直に申し上げると、

「結局、金とコネと対人能力だなあ、問題になるのは」

という身も蓋もないものになりましたし。戦後復興に限った話ではないんでしょうが、本書で扱った話は経済をどうするかというものがほとんどでした。そして金を引っ張ってくるためには、コネがいる。そして、国内から資金調達するためにも外部から投資を呼び込むためにも、紛争の鎮火は絶対条件。更に、コネを活用したり新たなコネを作るため求められるのが、マメな対人能力、自国の魅力をアピールするプレゼン能力でしょう。ついでに、時流に乗れるか乗れないかも大きな問題。

そして、紛争が再燃する要因を除くためにも、力と対人能力は不可欠。力で押し切るなり、交渉で妥協しつつ取り込むなり手段は問わない。平和を維持した結果が第一。

それらに比べると、主義・主張、倫理に人格は二の次、三の次といわざるを得ません。これらが不要と言う訳では決してないですが、優先順位というものがあります。イデオロギーも高潔さも腹を満たしてはくれないのですから。この辺については時代の流れに沿って、臨機応変にやるしかないでしょう。

その辺りの順序を間違えると、大概はしっぺ返しを食らうようです。「失われた祖国の栄光」とか「ぼくのかんがえたりそうのこっか」とかに拘って失敗した事例のなんと多い事か。無論、有能な個人の力量で一時的に押し切れる場合だってありますが、それとても無理に無理を重ねているに過ぎませんから長続きするものではありません。必要とあれば、かつての成功体験や大国であったプライドを捨てられるか。これも、成否を分ける極めて重要な要因といえます。

　危機の時代における国家の指導者としての「大義」は「食える事」と「恐怖がない事」、更に加えると「未来もそうであると信じる事が出来る事」という事になるのではないでしょうか。あと個人的には、現代だと「人間の自由・尊厳が尊重されている事」も「恐怖がない事」を実現するために不可欠だと思います。他は、「小義」だと割り切って優先順位を後回しにする位の方が良いのかもしれません。

　以上が、戦後復興とそれに関わった首脳たちの物語から得られる教訓という事になりましょうか。平凡な内容ですが、それだけに普遍性が高いのではないかとも思います。

　この国は、下り坂にあるといわれて久しい状況です。「大義」と「小義」が混同される事なく、時代に沿った形で立ち直る事ができますように。

　最後になりますが、本書を御購入いただきました皆様、そして編集を担当され、暖かく励まし見守っていただきました社会評論社の濱崎誉史朗氏に心からの御礼を申し上げます。皆様の未来が明るいものでありますように。

麓直浩

ドーソン・田中萃一郎訳『蒙古史（下)』岩波文庫
稲畑耕一郎監修・アン・パールダン・月森左知訳『中国皇帝歴代誌』創元社
『日本大百科全書』小学館

第二次・第三次マイソール戦争後のマイソール王国とティプー・スルタン

渡辺建夫『インド最後の王　ティプー・スルタンの生涯』晶文社
辛島昇編『世界歴史大系　南アジア史３　南インド』山川出版社
『日本大百科全書』小学館

南北戦争後のアメリカとアンドリュー・ジョンソン

メアリー・ベス・ノートン他・本田創造監修・白井洋子・高橋裕子・中條献・宮井勢都子訳『アメリカの歴史３　南北戦争から二〇世紀へ』三省堂
紀平英作編『世界各国史 24　アメリカ史』山川出版社
『アメリカ大統領と南部』慶應義塾大学出版会
ジェームス・M・バーダマン『ふたつのアメリカ史　南部人から見た真実のアメリカ』東京書籍
『アメリカを知る事典』小学館
『日本大百科全書』小学館

参考文献

『日本大百科全書』小学館

「内乱の一世紀」のローマとスラ
村川堅太朗『世界の歴史２　ギリシアとローマ』中公文庫
塩野七生『ローマ人の物語　勝者の混迷（下）　７』新潮文庫
河野与一訳『プルターク英雄伝（六)』岩波文庫
『日本大百科全書』小学館

対遼・西夏戦後の北宋と王安石
『世界歴史大系中国史３』山川出版社
宮崎市定『中国史　下』岩波全書
三浦國雄『王安石濁流に立つ』集英社
宮崎市定『世界の歴史６　宋と元』中公文庫
『日本大百科全書』小学館

「聖人」皇帝の理想、都市化・軟弱化の前に歯が立たず
『世界歴史大系　中国史３』山川出版社
『中国史人名辞典』新人物往来社
『中国人名事典』日外アソシエーツ
『金史　一　紀』中華書局
『日本大百科全書』小学館

元寇後の日本と北条貞時
網野善彦『蒙古襲来　下』小学館文庫
細川重男『鎌倉幕府の滅亡』吉川弘文館
細川重男『鎌倉政権得宗専制論』吉川弘文館
黒田俊雄『日本の歴史８　蒙古襲来』中公文庫
佐藤進一『日本中世史論集』岩波書店
奥富敬之『鎌倉北条氏の興亡』吉川弘文館
佐々木馨『執権時頼と廻国伝説』吉川弘文館
『日本古典文学大系太平記　一～三』岩波書店
『日本大百科全書』小学館

カイドゥの乱後の元とカイシャン（武宗）
杉山正明『モンゴル帝国の興亡　下』講談社現代新書
松丸道雄・斯波義信・浜下武志・池田温・神田信夫編『世界歴史大系　中国史３』山川出版社
杉山正明・北川誠一『世界の歴史９　大モンゴルの時代』中公文庫

(http://www.africaneconomicoutlook.org/en/countries/southern-africa/angola/)
『Financial Times』2012/7/18号
「CENTRAL INTELLIGENCE AGENCY」(https://www.cia.gov/index.html) より
「ANGOLA」
(https://www.cia.gov/library/publications/the-world-factbook/geos/ao.html)
『日本大百科全書』小学館

内戦後のスリランカとラージャパクサ

辛島昇編『世界歴史大系　南アジア史３　南インド』山川出版社
「CENTRAL INTELLIGENCE AGENCY」(https://www.cia.gov/index.html) より
「SRI LANKA」
(https://www.cia.gov/library/publications/the-world-factbook/geos/ce.html)
「www.president.gov.lk」(http://www.president.gov.lk/index.php)
「外務省」(http://www.mofa.go.jp/mofaj/index.html) より
「スリランカ民主社会主義共和国」
(http://www.mofa.go.jp/mofaj/area/srilanka/index.html)
吉田一郎『消滅した国々』社会評論社
『日本大百科全書』小学館

祖国は遠きにありて想うもの～亡命者・海外移住者たちの復興への貢献～

ダンビナ・モヨ・小浜裕久監訳『援助じゃアフリカは発展しない』東洋経済新報社
関哲行・立石博高・中塚次郎編『世界歴史大系スペイン史 2』山川出版社
山口正彦『アラブ経済史 1810-2009』明石書店
rwandandiaspora(http://www.rwandandiaspora.gov.rw/index.php?id=15)

第三部　名誉ある失敗者たちへ

野村克也『負けに不思議の負けなし』朝日文庫

「近代デジタルライブラリー」(http://kindai.ndl.go.jp/) より
「山田次郎吉編『剣道集義』東京商科大学剣道部」
(http://kindai.ndl.go.jp/info:ndljp/pid/970373)

ポエニ戦争後のローマとグラックス兄弟

村川堅太朗『世界の歴史２　ギリシアとローマ』中公文庫
塩野七生『ローマ人の物語　勝者の混迷（上）　６』新潮文庫
河野与一訳『プルターク英雄伝（十)』岩波文庫

(https://www.cia.gov/library/publications/the-world-factbook/geos/rw.html)
「外務省ホームページ」(http://www.mofa.go.jp/mofaj/index.html) より
「ルワンダ共和国」(http://www.mofa.go.jp/mofaj/area/rwanda/data.html)
「rwandandiaspora」(http://www.rwandandiaspora.gov.rw/index.php?id=15)
「BBC News」(http://www.bbc.co.uk/news/) より
「From president to prison」(http://news.bbc.co.uk/2/hi/africa/3728807.stm)
「allAfrica.com」(http://allafrica.com/) より
「Pasteur Bizimungu」
(http://myafrica.allafrica.com/view/people/main/id/07NbcgbuG5QlRH1g.html)
「Paul Kagame」(http://www.paulkagame.com/index.php) より
「President - Paul Kagame」(http://www.paulkagame.com/biography.php)
「FT.com」(http://www.ft.com/home/asia) より
「Barriers to trade: Lack of harmony on road to smooth cross-border trade」
(http://www.ft.com/intl/cms/s/0/03eae9f8-1988-11e1-9888-00144feabdc0.html#axzz1wAuvPJ8f)
「Infrastructure: In urgent need of serious investment」
(http://www.ft.com/intl/cms/s/0/186512c2-16b4-11e1-bc1d-00144feabdc0.html#axzz1wAuvPJ8f)
「African Economic Outlook」(http://www.africaneconomicoutlook.org/en) より
「Ruwanda」
(http://www.africaneconomicoutlook.org/en/countries/east-africa/rwanda/)

コラム　ビアフラ戦争後のナイジェリアと戦後復興　石油がもたらす急成長

「外務省サイト」(http://www.mofa.go.jp/mofaj/index.html) より
「ナイジェリア連邦共和国」
(http://www.mofa.go.jp/mofaj/area/nigeria/index.html)
「African Economic Outlook」(http://www.africaneconomicoutlook.org/en) より
「Nigeria」
(http://www.africaneconomicoutlook.org/en/countries/west-africa/nigeria/)
『Financial Times』2012/11/28号、2012/7/24号、2012/11/12号
『日本大百科全書』小学館

内戦後のアンゴラとジョゼ・エドゥアルド・ドス・サントス

「外務省サイト」(http://www.mofa.go.jp/mofaj/index.html) より
「アンゴラ共和国」(http://www.mofa.go.jp/mofaj/area/nigeria/index.html)
「African Economic Outlook」(http://www.africaneconomicoutlook.org/en) より
「Angola」

「CENTRAL INTELLIGENCE AGENCY」(https://www.cia.gov/index.html) より
「CROATIA」
(https://www.cia.gov/library/publications/the-world-factbook/geos/hr.html)
「外務省」(http://www.mofa.go.jp/mofaj/index.html) より
「クロアチア共和国」(http://www.mofa.go.jp/mofaj/area/croatia/index.html)
「BBC news」(http://www.bbc.co.uk/news/) より
「Croatia's PM Sanader steps down (http://news.bbc.co.uk/2/hi/europe/8128746.stm)
「Croatian ex-PM Ivo Sanader arrested in Austria」
(http://www.bbc.co.uk/news/world-europe-11969520)
『日本大百科全書』小学館

「十日間戦争」後の経済成長とミラン・クーチャン　～ユーゴ解体、スロベニアの場合～

Lester H. Brune, *The United States & the Balkan crisis, 1990-2005 conflict in Bosnia & Kosovo,* Regina Books
Leopoldina Plut-Pregelj & Carole Rogel, *Historical Dictionary of SLOVENIA,* The Scarecrow Press, Inc.
月村太郎『ユーゴ内戦　政治リーダーと民族主義』東京大学出版会
「CENTRAL INTELLIGENCE AGENCY」(https://www.cia.gov/index.html) より
「SLOVENIA」
(https://www.cia.gov/library/publications/the-world-factbook/geos/si.html)
「外務省」(http://www.mofa.go.jp/mofaj/index.html) より
「スロベニア共和国」(http://www.mofa.go.jp/mofaj/area/slovenia/index.html)
『日本大百科全書』小学館
「Let's feel sLOVEnia」(http://letsfeelslovenia.wordpress.com/) より
「About Milan Kucan」
(http://letsfeelslovenia.wordpress.com/2011/06/14/about-milan-kucan/)

ルワンダ内戦後のルワンダとビジムング、カガメ

平野克己『アフリカ問題　開発と援助の世界史』日本評論社
片山正人『現代アフリカの悲劇』叢文社
「プレジデント』2010年5月17日号、プレジデント社、面澤淳市『沸騰！　九億人「最後の黄金マーケット」の真実』
Learthen Dorsey, *Historical Dictionary of Ruwanda,* The Scarcrow Press, Inc.
『Financial Times』9/15号
『日本大百科全書』小学館
「CENTRAL INTELLIGENCE AGENCY」(https://www.cia.gov/index.html) より
「RWANDA」

（http://www.irinnews.org/report.aspx?reportid=58146）
ダンビナ・モヨ、小浜裕久監訳『援助じゃアフリカは発展しない』東洋経済新報社
北川勝彦・高橋基樹編『現代社会経済叢書８　アフリカ経済論』ミネルヴァ書房

戦後アフリカで「戦後復興」が進まなかった理由　～政府に国民生活「復興」する意図があるのは、実は決して当たり前じゃありません～

ダンビナ・モヨ・小浜裕久監訳『援助じゃアフリカは発展しない』東洋経済新報社
平野克己『アフリカ問題　開発と援助の世界史』日本評論社

イラン・イラク戦争後のイランとラフサンジャニ・ハタミ

吉村慎太郎『イラン現代史』有志社
「外務省」（http://www.mofa.go.jp/mofaj/index.html）より
「イラン・イスラム共和国」（http://www.mofa.go.jp/mofaj/area/iran/index.html）
「BBC」（http://www.bbc.co.uk/）より
「Profile: Mohammad Khatami」（http://news.bbc.co.uk/2/hi/3027382.stm）
『日本大百科全書』小学館

サダム・フセインのイラクと三つの「戦後」

アンドリュー・コバーン、パトリック・コバーン・神尾賢二訳『灰の中から　サダム・フセインのイラク』緑風出版
チャールズ・トリップ、大野元裕監修、岩永尚子・大野美紀・大野元己・根津俊太郎・保苅俊行訳『イラクの歴史』明石書店
『週刊朝日百科　世界の地理 92　イラク・シリア』朝日新聞社
『日本大百科全書』小学館
「外務省」（http://www.mofa.go.jp/mofaj/index.html）より
「イラク共和国」（http://www.mofa.go.jp/mofaj/area/iraq/index.html）

カンボジア内戦後のフン・セン

廣畑伸雄『カンボジア経済入門　市場経済と貧困削減』日本評論社
上田広美・岡田知子編『カンボジアを知るための 60 章』明石書店
「外務省」（http://www.mofa.go.jp/mofaj/index.html）より
「カンボジア」（http://www.mofa.go.jp/mofaj/area/cambodia/index.html）
『日本大百科全書』小学館

ユーゴ紛争後のクロアチアとサナデル

Robert Stallaerts, *Historical dictionary of Croatia,* The Scarecrow Inc, Press
月村太郎『ユーゴ内戦　政治リーダーと民族主義』東京大学出版会

中東戦争後のエジプトとサダト、ムバラク

鏡武著『中東戦争　その百年の相克』有斐閣選書

山口直彦『エジプト近現代史』明石書店

山口正彦『アラブ経済史 1810-2009』明石書店

Arthur Gold Schmidt Jr., *Historical Dictionary of Egypt,* The Scarecrow Inc, Press.

ジェトロ・カイロ・センター編『ビジネスガイド　エジプト』JETRO

『日本大百科全書』小学館

「戦後復興」と「開発独裁」 ～海外援助が期待できる時代の一類型～

平野克己『アフリカ問題　開発と援助の世界史』日本評論社

『日本大百科全書』小学館

チュオン・チン、グエン・バン・リンド・ムオイ

William Duker, *Historical Dictionary of Vietnam,* The Scarecrow Press, Inc.

Tucker, *Encyclopedia of Vietnam War,* OXFORD

トラン・ヴァン・トウ『ベトナム経済発展論』勁草書房

古田元夫『ドイモイの誕生　ベトナムにおける改革路線の形成過程』青木書店

今井昭夫・岩井美佐紀編『現代ベトナムを知るための 60 章』明石書店

『日本大百科全書』小学館

「外務省」(http://www.mofa.go.jp/mofaj/index.html) より

「ベトナム社会主義共和国」

(http://www.mofa.go.jp/mofaj/area/vietnam/index.html)

「World Statesmen.org」(http://worldstatesmen.org/) より

「Vietnam」(http://worldstatesmen.org/Vietnam.html)

ウガンダ内戦後のウガンダとムセベニ

『海外事情 2005 年 4 月号』拓殖大学海外事情調査所』より

鈴木敏央『ウガンダにおける貧困克服の試み』

吉田昌夫・白石壮一郎『ウガンダを知るための 53 章』明石書店

『日本大百科全書』小学館

「CENTRAL INTELLIGENCE AGENCY」(https://www.cia.gov/index.html) より

「UGANDA」

(https://www.cia.gov/library/publications/the-world-factbook/geos/ug.html)

「外務省ホームページ」(http://www.mofa.go.jp/mofaj/index.html) より

「ウガンダ共和国」(http://www.mofa.go.jp/mofaj/area/uganda/data.html)

「IRIN」(http://www.irinnews.org/) より

「UGANDA: Profile of Yoweri Kaguta Museveni」

『New York Times』1984年12月18日
(http://www.nytimes.com/1984/12/18/world/new-bulgarian-plot-it-may-be-fake-scotch.html に掲載)
『日本大百科全書』小学館
R.J.クランプトン、高田有現・久原寛子訳『ブルガリアの歴史』創土社

ブルガリア、その「敗戦続き」の事情

K・J・クランプトン、高田有現・久原寛子訳『ブルガリアの歴史』創土社
『日本大百科全書』小学館
今東光『毒舌日本史』文春文庫

第二次大戦後のユーゴスラビアとチトー

『世界各国史18　バルカン史』山川出版社
Zeljan Suster, *Historical Dictionary of the Federal Repblic of Yugoslavia,* The Scarecrow Inc, Press.
『週刊朝日百科世界の地理64　ユーゴスラビア　アルバニア』朝日新聞社
『日本大百科全書』小学館

朝鮮戦争後の韓国と朴正熙

『朴正熙の時代　韓国の近代化と経済発展』東京大学出版会
武田幸男編『世界各国史2　朝鮮史』山川出版社
『韓国近現代史』明石書店
『世界史の中の現代朝鮮』明石書店
Andrew C. Nahn, *Historical Dictionary of the Repblic of Korea,* The Scarecrow Press, Inc.
『日本大百科全書』小学館

独立戦争後のアルジェリアとブーメディエン

私市正年『アルジェリアを知るための62章』明石書店
山口正彦『アラブ経済史　1810～2009』明石書店
Phillip Chiviges Naylos and Alf Andrew Heggoy, *Historical Dictionary of Algeria Second Edition,* The Scarcrow Press, Inc.
『週刊朝日百科世界の地理97　アルジェリア　チュニジア』朝日新聞社
『日本大百科全書』小学館
「外務省ホームページ」(http://www.mofa.go.jp/mofaj/) より
「アルジェリア民主人民共和国」
(http://www.mofa.go.jp/mofaj/area/algeria/data.html#01)

『スペイン・ポルトガル史』山川出版社
Angel Smith, *Historical Dictionary of Spain,* The Scarecrow Inc, Press.
『スペイン・ポルトガルを知る事典』平凡社
『日本大百科全書』小学館

第二次大戦後の西ドイツとアデナウアー
『世界歴史大系ドイツ史３』山川出版社
『世界各国史ドイツ史』山川出版社
『日本大百科全書』小学館

第二次大戦後の東ドイツとウルブリヒト
『世界歴史大系ドイツ史３』山川出版社
『世界各国史ドイツ史』山川出版社
『週刊朝日百科世界の地理 61　東ドイツ　ポーランド』朝日新聞社
『日本大百科全書』小学館

第二次大戦後の日本と幣原喜重郎・吉田茂
北康利『吉田茂　ポピュリズムに背を向けて』講談社
戸川猪佐武『吉田茂と復興への選択』講談社文庫
シドニー・メイヤー、新庄哲夫訳『第二次世界大戦ブックス 30　日本占領』サンケイ新聞社出版局
『内閣総理大臣ファイル』GB
『日本大百科全書』小学館

第二次大戦後のイタリアとデ・ガスペリ
クリストファー・ダガン、河野肇訳『ケンブリッジ版世界各国史イタリアの歴史』創土社
北原敦編『世界各国史 15　イタリア史』山川出版社
『日本大百科全書』小学館

第二次大戦後のブルガリアとトドル・ジフコフ
Ｒ・Ｊ・クランプトン・高田有現・久原寛子訳『ブルガリアの歴史』創土社
『週刊朝日百科世界の地理 64　ルーマニア　ブルガリア』朝日新聞社
『日本大百科全書』小学館

コラム　ブルガリアの偽ウイスキー事件
『New Straits Times』1984 年 12 月 18 日
『The Hour』1984 年 12 月 17 日

石書店
マーティン・ユアンズ、金子文雄監修・柳沢圭子・海輪由香子・長尾絵衣子・家本清美訳『アフガニスタンの歴史』明石書店
前田耕作・山根聡『アフガニスタン史』河出書房新社
Ludwig W. Adamec, *Historical Dictionary of Afganistan second edition,* The Scarecrow Press, Inc.
『日本大百科全書』小学館

パラグアイ戦争後のパラグアイとカバジェーロ、エスコバール

増田義郎編『世界各国史　ラテン・アメリカ史Ⅱ　南アメリカ』山川出版社
R.ANDREW NICKSON, *Historical Dictionary of PARAGUAY,* The Scarecrow Inc.
Barbara A., *Encyclopedia of Latin American History and Culture 1,2,* Tenenbaum
麓直浩『敗戦処理首脳列伝』社会評論社

太平洋戦争（南米）後のペルーとピエロラ

増田喜朗・柳田利夫『ペルー　太平洋とアンデスの国』中央公論新社
増田義郎編『世界各国史 26　ラテン・アメリカ史Ⅱ南アメリカ』山川出版社
麓直浩『敗戦処理首脳列伝』社会評論社

太平洋戦争後のボリビアと指導者たち

増田義郎編『世界各国史　ラテン・アメリカ史Ⅱ南アメリカ』山川出版社
ハーバート・S・クライン・星野靖子訳『ボリビアの歴史』創土社
Encyclopedia of Latin American History and Culture 1, 4
『日本大百科全書』小学館

第一次大戦後のソ連とスターリン

木村英亮『増補版　ソ連の歴史』山川出版社
『世界歴史大系ロシア史３』山川出版社
藤本和貴夫・松原広志編『ロシア近現代史』ミネルヴァ書房
Boris Raymond and Paul Duffy, *Historical Dictionary of Russia,* The Scarecrow Press, Inc.
『日本大百科全書』小学館

スペイン内乱後のスペインとフランコ

関哲行・立石博高・中塚次郎編『世界歴史大系スペイン史２』山川出版社
色摩力夫『フランコ　スペイン現代史の迷路』中公叢書
立石博高・若松隆編『概観スペイン史』有斐閣選書
立石博高・関哲行・中川功・中塚次郎編『スペインの歴史』昭和堂

百年戦争後のフランスとシャルルル七世・ルイ一一世

樋口淳『フランスをつくった王　シャルル七世年代記』悠書館

『世界各国史　フランス史』山川出版社

『世界歴史大系フランス史1』山川出版社

大野一道・立川孝一監修、立川孝一・真野倫平責任編集『ミシュレ　フランス史Ⅱ』藤原書店

『日本大百科全書』小学館

薔薇戦争後のイングランドとヘンリー七世

『世界歴史大系イギリス史２』山川出版社

川北稔編『世界各国史11　イギリス史』山川出版社

『日本大百科全書』小学館

日本・清による侵攻後の朝鮮と英祖・正祖

『世界各国史朝鮮史』山川出版社

梶村秀樹『朝鮮史』明石書店

旗田巍『朝鮮史』岩波全書

『朝鮮人物時点』大和書房

『日本大百科全書』小学館

オーストリア継承戦争後のオーストリアとマリア・テレジア

ゲオルク・シュタットミュラー、矢田俊隆解題・丹後杏一訳『ハプスブルク帝国史　中世から1918年まで』刀水書房

江村洋『ハプスブルク家』講談社現代新書

アンドリュー・ウィートクロフツ、瀬原義生訳『ハプスブルク家の皇帝たち』文理閣

江村洋『ハプスブルク家の女たち』講談社現代新書

『日本大百科全書』小学館

米英戦争後のアメリカとマディソン、モンロー

メアリー・ベス・ノートン他、本田創造監修・白井洋子・高橋裕子・中條献・宮井勢都子訳『アメリカの歴史２　合衆国の発展』三省堂

紀平英作編『世界各国史24　アメリカ史』山川出版社

『アメリカ大統領と南部』慶應義塾大学出版会

『日本大百科全書』小学館

第二次アフガン戦争後とアブドゥラフマーン・ハーン

ヴィレム・フォーヘルサング、前田耕作・山内和世監訳『アフガニスタンの歴史と文化』明

参考文献

第一次大戦後のトルコとケマル・アタチュルク

新井政美『トルコ近現代史』みすず書房

大島直政『ケマル・パシャ伝』新潮選書

『日本大百科全書』小学館

第二次大戦後のフィンランドとパーシキヴィ

ディヴィッド・カービー、百瀬宏・石野裕子監訳、東眞理子・小林洋子・西川美樹訳『フィンランドの歴史』明石書店

『外務省調査月報 2000／ＮＯ 2』外務省より石垣泰司『戦後の欧州情勢の変化とフィンランドの中立政策の変貌』

マルッティ・ハイキオ、岡沢憲芙監訳、藪長千乃訳『フィンランド現代政治史』早稲田大学出版部

百瀬宏・熊野聰・村井誠人『世界各国史 21　北欧史』山川出版社

David Wilsford, *Political leaders of contemporary Western Europe: a biographical dictionary,* Greenwood Publishing Group

麓直浩『敗戦処理首脳列伝』社会評論社

『日本大百科全書』小学館

第二次大戦後、植民地独立と英仏

ピーター・クラーク、西沢保・市橋秀夫・椿建也・長谷川淳一他訳『イギリス現代史 1900 ～ 2000』名古屋大学出版会

佐々木雄太・木畑洋一編『イギリス外交史』有斐閣アルマ

北川勝彦編『イギリス帝国と二〇世紀　第四巻　脱植民地化とイギリス帝国』ミネルヴァ書房

柴田三千雄・樺山紘一・福井憲彦編『世界歴史大系フランス史３』山川出版社

福井憲彦編『世界各国史 12　フランス史』山川出版社

麓直浩『敗戦処理首脳列伝』社会評論社

吉田一郎『消滅した国々』社会評論社

『日本大百科全書』小学館

第二部 廃墟より甦れ

同盟市戦争後のアテナイとエウブロス

澤田典子『アテネ最期の輝き』岩波書店

安達正編著『語古代ギリシア・ローマ人物地名事典』彩流社

『古代ギリシア人名事典』原書房

『日本大百科全書』小学館

ナポレオン戦争後のスウェーデンとカール一四世ヨハン
武田龍夫『物語スウェーデン史』新評論
I. アンデション、J. ヴェイブル　潮見憲三郎訳『スウェーデンの歴史』文眞堂
鹿島茂『ナポレオン　フーシェ　タレーラン』講談社学術文庫
Irene Scobbie, *Historical Dictionary of Sweden,* The Scarecrow Press, Inc.
『日本大百科全書』小学館

ナポレオン戦争後のフランスとルイ一八世
鹿島茂『ナポレオン　フーシェ　タレーラン』講談社学術文庫
ツワイク、高橋禎二・秋山英夫訳『ジョゼフ・フーシェ―ある政治的人間の肖像』岩波文庫
ダフ・クーパー　曽村保信訳『タレイラン評伝（上）（下）』中公文庫
柴田三千代・樺山紘一・福井憲彦編『世界歴史大系フランス史３』山川出版社
Gino Raymond, *Historical Dictionary of France,* The Scarecrow Press, Inc.
『日本大百科全書』小学館

クリミア戦争後のアレクサンドル二世
藤本和貴夫・松原広志編著『ロシア近現代史』ミネルヴァ書房
田中陽兒・倉持俊一・和田春樹 編『世界歴史大系ロシア史３』山川出版社
麓直浩『敗戦処理首脳列伝』社会評論社
『日本大百科全書』小学館

普墺戦争後のオーストリアとフランツ・ヨーゼフ
ゲオルク・シュタットミュラー、矢田俊隆解題・丹後杏一訳『ハプスブルク帝国史　中世から 1918 年まで』刀水書房
江村洋『ハプスブルク家』講談社現代新書
江村洋『フランツ・ヨーゼフ　ハプスブルク「最後」の皇帝』東京書籍
アンドリュー・ウィートクロフツ、瀬原義生訳『ハプスブルク家の皇帝たち』文理閣
『日本大百科全書』小学館

第一次大戦後のドイツとシュトレーゼマン
『世界歴史大系　ドイツ史３』山川出版社
ハンス・モムゼン・関口宏道訳『ヴァイマール共和国史』水声社
林健太郎『ワイマル共和国』中公新書
武田知弘『ヒトラーの経済政策』祥伝社新書
『日本大百科全書』小学館

本郷和人『天皇の思想』山川出版社
本郷和人『中世朝廷訴訟の研究』東京大学出版会
『日本大百科全書』小学館

第四回十字軍後のビザンツ帝国再建とミカエル八世

ギボン・村山勇三訳『ローマ帝国衰亡史（9）』岩波文庫
井上浩一・栗生沢猛夫『世界の歴史 11　ビザンツとスラブ』中公文庫
尚樹啓太郎『ビザンツ帝国史』東海大学出版会
『世界伝記大事典 11』ほるぷ出版
井上浩一『生き残った帝国ビザンティン』講談社学術文庫
樋口倫介『中世のコンスタンティノープル』講談社学術文庫
『日本大百科全書』小学館

南北朝動乱後の日本と後小松天皇

森茂曉『増補改定南北朝期公武関係史の研究』思文閣出版
小野智之『室町時代公武関係の研究』吉川弘文館
佐藤進一『日本の歴史　南北朝の動乱』中公文庫
『日本の歴史　下剋上の時代』中公文庫
中世後期研究会編『室町・戦国期研究を読みなおす』思文閣出版
児玉幸多編『日本史小百科天皇』近藤出版社
今谷明『象徴天皇の発見』文春文庫
奥野高廣『戦国時代の宮廷生活』続群書類従完成会刊
『日本大百科全書』小学館

薩摩の琉球侵攻と羽地朝秀

伊藤陽寿『「危機の時代」の沖縄』新典社新書
安里進・高良倉吉・田名真之・豊見山和行・西里喜行・真栗平昭『沖縄県の歴史』山川出版社
『日本大百科全書』小学館

対ロシア戦後のオスマン帝国とマフムト一世セリム三世マフムト二世

『トルコ近現代史』みすず書房
アラン・パーマー『オスマン帝国衰亡史』
『日本大百科全書』小学館
「World Statesmen.org」（http://worldstatesmen.org/）より
「Turkey」（http://worldstatesmen.org/Turkey.html）

村井章介『中世日本の内と外』筑摩書房
『日本大百科全書』小学館

安史の乱後の唐と楊炎

『世界歴史大系　中国史２』山川出版社
宮崎市定『中国史　上』岩波全書
宮崎市定『世界の歴史７　大唐帝国』河出書房新社
『中国史人名辞典』新人物往来社
『日本大百科全書』小学館

対イスラーム戦争後のビザンツ帝国と皇帝たちニケフォロス一世、アレクシオス一世

ギボン・村山勇三訳『ローマ帝国衰亡史（７）（９）』岩波文庫
井上浩一・栗生沢猛夫『世界の歴史 11　ビザンツとスラブ』中公文庫
尚樹啓太郎『ビザンツ帝国史』東海大学出版会
井上浩一『生き残った帝国ビザンティン』講談社学術文庫
樋口倫介『中世のコンスタンティノープル』講談社学術文庫

承平・天慶の乱の衝撃と村上天皇

『消された政治家菅原道真』文春新書
北山茂夫『日本の歴史４　平安京』中公文庫
児玉幸多編『日本史小百科天皇』近藤出版社
福田豊彦『中世成立期の軍制と内乱』吉川弘文館
福田豊彦編『いくさ』吉川弘文館
坂上康俊『律令国家の転換と「日本」』講談社
福田豊彦『平将門の乱』岩波新書
『週刊朝日百科世界の地理 56　佐賀・長崎』朝日新聞社

対金戦争における南宋と秦檜

『中国史３』山川出版社
外山軍治『岳飛と秦檜』冨山房
宮崎市定『中国史　下』岩波全書
井波律子『裏切り者の中国史』講談社選書メチエ
『宋史　三九　伝』中華書局
『日本大百科全書』小学館

承久の乱後の朝廷と九条道家

佐藤進一『日本の中世国家』岩波書店

参考文献

対マケドニア戦争後のアテナイとリュクルゴス栄光との決別

桜井万里子・本村凌二『世界の歴史５　ギリシアとローマ』中公文庫

澤田典子『アテネ最期の輝き』岩波書店

安達正編『物語古代ギリシア・ローマ人物地名事典』彩流社

ダイアナ・バウダー編　豊田和二・新井桂子・長谷川岳男・今井正治訳『古代ギリシア人名辞典』原書房

第二次ポエニ戦争後のカルタゴとハンニバル・バルカ

松谷健二『カルタゴ興亡史』白水社

長谷川博隆『ハンニバル』講談社学術文庫

塩野七生『ハンニバル戦記　ローマ人の物語３～５』新潮文庫

『日本大百科全書』小学館

軍人皇帝時代後のローマとディオクレティアヌス、コンスタンティヌス

ギボン・村山勇三訳『ローマ帝国衰亡史（２）（３）』岩波文庫

塩野七生『ローマ人の物語　最後の努力（上）（中）（下）』新潮文庫

桜井万里子・本村凌二『世界の歴史５　ギリシアとローマ』中央公論社

村川堅太郎『世界の歴史２　ギリシアとローマ』中公文庫

『日本大百科全書』小学館

西晋の動乱と元帝（司馬睿）・王導

『世界歴史大系　中国史２』山川出版社

宮崎市定『世界の歴史７　大唐帝国』河出書房新社

井波律子『裏切り者の中国史』講談社選書メチエ

三崎良章『五胡十六国』東方書店

『中国史人物辞典』新人物往来社

『晋書　一　紀』中華書局

『晋書　六　伝』中華書局

『日本大百科全書』小学館

白村江の戦い後の日本と天智天皇

直木孝次郎『日本の歴史２　古代国家の成立』中公文庫

森公章『「白村江」以後』講談社選書メチエ

大北方戦争／**スウェーデン**／ウルリカ・エレオノーラ、フレデリック一世
ナポレオン戦争／**フランス**／シャルル・モーリス・ド・タレイラン・ペリゴール、
ジョゼフ・フーシェ、【参考】ナポレオン二世
第二次エジプト・トルコ戦争／**オスマン帝国**／アブデュルメジト
米墨戦争／**メキシコ**／ペドロ・マリア・アナーヤ、マヌエル・デ・ラ・ペーニャ
クリミア戦争／**ロシア帝国**／アレクサンドル二世
ウィリアム・ウォーカー戦争／**ニカラグア**／マキシモ・ヘレス、トマス・マルティネス
パラグアイ戦争／**パラグアイ**／シリロ・アントニオ・リバロラ、【参考】ファクンド・マチャイン
第二次長州出兵／**徳川幕府**／徳川慶喜
普仏戦争／**フランス**／アドルフ・ティエール
第二次アフガン戦争／**アフガニスタン**／ヤークーブ・ハーン
太平洋戦争（南米）／**ペルー**／ニコラス・デ・ピエロラ、フランシスコ・ガルシア・カルデロン、
リサルド・モンテーロ、アンドレ・アヴェリーノ・カセレス、ミゲル・デ・イグレシアス
太平洋戦争（南米）／**ボリビア**／ナルシソ・カンペーロ
フランス・マダガスカル戦争／**メリナ王国**／ラナバロナ三世
ボーア戦争／**トランスバール共和国**／シャーク・ウィレム・バーガー
ボーア戦争／**オレンジ自由国**／クリスチャン・ルドルフ・デ・ウェット
第二次バルカン戦争／**ブルガリア**／ヴァシル・ラドスラヴォフ
第一次世界大戦／**ソビエト連邦**／ウラジミール・レーニン
第一次世界大戦／**ブルガリア**／アレクサンドル・マリノフ
第一次世界大戦／**墺洪二重帝国**／カール一世、オットカール・ツェルニン伯爵、
イストファン・ブリアン伯爵、アンドラーシ・ギューラ伯爵
第一次世界大戦／**オスマン帝国**／メフメト六世、メフメト・タラート・パシャ、アフメト・イズト・パシャ、アフメト・テウフィク・パシャ、ケマル・アタチュルク(トルコ共和国)
第一次世界大戦／**ドイツ帝国**／マクリミリアン・フォン・バーデン、
フリードリヒ・エーベルト（ワイマール共和国）
チャコ戦争／**ボリビア**／ホセ・ルイス・テハダ・ソラノ
第二次世界大戦／**フランス**／フィリップ・ペタン
第二次世界大戦／**イタリア**／ピエトロ・バドリオ
第二次世界大戦／**フィンランド**／カール・グスタフ・マンネルヘイム
第二次世界大戦／**ドイツ第三帝国**／カール・デーニッツ
第二次世界大戦／**大日本帝国**／小磯国昭、鈴木貫太郎、東久邇宮稔彦
スエズ動乱／**イギリス**／ハロルド・マクミラン
アルジェリア戦争／**フランス**／シャルル・ド・ゴール
ベトナム戦争／**アメリカ合衆国**／リチャード・ニクソン
ベトナム戦争／**ベトナム共和国**／チャン・ヴァン・フォン、ズオン・ヴァン・ミン、
グエン・バ・ガン、ブ・バン・マウ
ビアフラ戦争／**ビアフラ共和国**／フィリップ・エフィオング
エリトリア独立戦争／**エチオピア**／メレス・ゼナウィ

敗戦処理首脳列伝

祖国滅亡の危機に
立ち向かった真の英雄たち

2200円+税
2011年5月25日
四六判並製、400頁

パニックに陥る国民を宥める
人徳とカリスマ性！
戦争継続派、傀儡志願者を
封じ込む説得力と権謀術！
寛大・有利な講和条件を
引き出す交渉術と人間力！
それでも彼らは
「戦犯」「売国奴」
呼ばわりされた！

登場する人物達と戦争

ペロポネソス戦争／**アテナイ**／テラメネス
ギリシアの反マケドニア戦争／**アテナイ**／フォキオン、デマデス
秦末の動乱／**秦**／子嬰
晋の呉攻略／**呉**／張悌
靖康の変／**北宋**／欽宗
モンゴルの南宋攻略／**南宋**／文天祥、【参考】恭帝、端宗、帝昺
カイドゥの乱／カイドゥ・ウルス／ドゥア
コソボの戦い／**セルビア**／ミリカ公妃、ステファン・ラザレヴィッチ
南北朝動乱／**南朝**／後亀山天皇
タンネンベルクの戦い／**ドイツ騎士団**／ハインリヒ・フォン・プラウエン
土木の変／**明**／景帝、于謙
コンスタンティノープル陥落／**ビザンツ帝国**／コンスタンティノス一一世
ブルゴーニュ戦争／**ブルゴーニュ公国**／マリー・ド・ブルゴーニュ
スウェーデン独立戦争／**スウェーデン**／クリスティーナ・ユレンシェルナ
アルカセル・キビールの戦い／**ポルトガル**／エンリケ一世
沖田畷の戦い／**竜造寺氏**／竜造寺政家、鍋島直茂
デカン戦争／**ムガル帝国**／フサイン・アリー・ハーン・サイイド

戦後復興首脳列伝

祖国を廃墟から甦らせた真の盟主たち

2013年9月11日初版第1刷発行

麓直浩（ふもと・なおひろ）

和歌山県生まれ。京都大学医学部卒。勤務の傍らで、歴史に関連して読書やあれこれと書き散らす事を魂の慰めとする。現在、気に入っている分野である日本の南北朝時代や日本娯楽文化史などを中心に、気の向くままに手を出している。本居宣長を個人的に敬愛。著書に『ダメ人間の世界史』と『ダメ人間の日本史』、『敗戦処理首脳列伝』がある

http://trushnote.exblog.jp/

著者　麓直浩
編集　濱崎誉史朗
装幀　濱崎誉史朗
発行人　松田健二
発行所　株式会社 **社会評論社**
東京都文京区本郷 2-3-10
Tel 03-3814-3861 Fax. 03-3818-2808
http://www.shahyo.com
印刷 & 製本　倉敷印刷株式会社